国家教育体制改革领导小组办公室组织编写

完善家庭经济困难学生资助体系

总 主 编 袁贵仁

本册主编 张光明

人民教育出版社

中国教育改革发展丛书·序

教育是民族振兴、社会进步的基石，是提高国民素质、促进人的全面发展的根本途径，寄托着亿万家庭对美好生活的期盼。党和国家历来高度重视教育。经过新中国成立六十多年特别是改革开放三十多年的不懈努力，我国建成了世界最大规模的教育体系，保障了亿万人民群众受教育的权利。教育事业的发展，极大提高了全民族素质，有力地促进了科技创新、经济发展、民生改善和文化繁荣，为实现我国从人口大国向人力资源大国的转变作出了不可替代的重大贡献。

纵观我国教育事业发展的实践历程，根本经验在于探索和走出了一条中国特色社会主义教育发展道路。这条道路，是中国特色社会主义道路的重要组成部分，凝结了中国共产党领导人民发展教育事业的基本经验，体现了中国国情和时代特征，反映了世界教育发展规律，继承了我国教育的优良传统，从根本上明确了“培养什么样的人、怎样培养人”“办什么样的教育、怎样办教育”等重大理论和实践问题。

2010年7月，党中央、国务院召开了新世纪第一次全国教育工作会议，颁布了《国家中长期教育改革和发展规划纲要（2010—2020年）》，确定了“优先发展、育人为本、改革创新、促进公平、提高质量”的方针，描绘了我国未来教育改革发展的宏伟蓝图，指明了教育事业科学发展的新方向，开启了我国从教育大国向教育强国、从人力资源大国向人力资源强国迈进的历史新征程。《教育规划纲要》的颁布，统一了思想，明确了任务。各级党委政府狠抓落实，社会各界关心支持，各级各类学校改革创新，广大教育工作者锐意进取，贯彻落实工作开局良好、进展顺利。两年来，教育优先发展的战略地位进一步落实，教育投入大幅增加，育人为本观念深入人心，教育改革有序推进，教育质量稳步提高，教育公平迈出更大步伐。全社会对教育的理论思考和实践探索不断深入，新思想、新经验、新成果不断涌现，教育事业进入了最好的发展时期，中国特色社会主义教育发展道路充满生机与活力。

组织编写出版中国教育改革发展丛书，集中展示近年来中国教育改革发展的重要成就，总结推广教育改革发展的成功经验，广泛汇集国内各方面专家学者关于教育改革发展的思想智慧，有利于全党全社会更好地了解教育、关心教育、支持教育，有利于深化教育改革、激发教育活力，有利于更好地凝聚共识，形成合力，推动《教育规划纲要》贯彻落实，促进教育事业科学发展。相信丛书的出版，必将进一步丰富和发展中国特色社会主义教育理论，为开创教育事业科学发展新局面，为全面建设小康社会和中华民族伟大复兴作出更大贡献！

刘延东

二〇一二年七月

目 录

典型案例（高校）

典型案例（地方）

前　　言

教育是民族振兴的基石，教育公平是社会公平的重要基础。建立健全国家学生资助政策体系，保障家庭经济困难学生的受教育权利，是我们党以人为本、执政为民理念的具体体现；让所有的公民都有平等接受教育的机会，通过教育公平促进社会公平，逐步缩小城乡差别、区域差别和不同群体之间的差别，是实现国家长治久安、建设社会主义和谐社会的本质要求；通过国家资助减轻家庭经济困难学生的负担，让他们感受到党和政府的关怀，感受到社会主义大家庭的温暖，是保障和改善民生的重要举措；保障每个公民的受教育权利，对于巩固义务教育普及成果、加快普及高中阶段教育步伐、进一步提升高等教育大众化水平具有重要作用，也是我国教育事业科学发展、建设人力资源强国的迫切需要。

党中央、国务院始终高度重视家庭经济困难学生就学问题。党的十七大报告提出，要“健全学生资助制度”。胡锦涛总书记在中共中央政治局第34次集体学习会上强调指出，要进一步完善帮助贫困家庭学生上学的资助制度和扶持政策，保障人民享有接受教育的机会。温家宝总理多次强调要坚持教育公平，建立和完善家庭经济困难学生的助学体系，促进社会的和谐与稳定。中共中央政治局委员、国务委员刘延东在2007—2008学年度国家奖学金颁奖大会上强调，“无论遇到多么大的困难，国家促进教育公平的决心不会改变，扶助经济困难学生的政策措施不会改变，保障每一个孩子不因家庭经济困难而失学的承诺不会改变”。《国家中长期教育改革和发展规划纲要（2010—2020年）》把促进教育公平摆在突出的位置，明确提出，教育公平是国家基本教育政策，促进公平是教育改革发展的一项重要工作方针，将家庭经济困难学生资助列入教育改革发展的十个重大项目之一，并向全社会庄严承诺：“不让一个学生因家庭经济困难而失学”。

在党中央、国务院的亲切关怀和直接领导下，中央和地方各级有关部门以科学发展观为指导，不断完善并全力推动落实国家资助政策，我国家庭经济困难学生资助工作取得重大进展和显著成效。

—— 建立起较为完善的覆盖学前教育至高等教育的多元资助政策体系。2007 年以来，国家在以往资助政策基础上，又密集出台了一系列资助政策，建立起完整的覆盖学前教育至高等教育的学生资助政策体系。在高等教育阶段，建立了以国家奖助学金、国家助学贷款、学费补偿贷款代偿、勤工助学、校内奖助学金、困难补助、伙食补贴、学费减免等多种方式并举的资助政策体系；在中等职业教育阶段，建立了以国家助学金、国家免学费为主，以校内奖助学金和学费减免、顶岗实习等为辅的资助政策体系；在普通高中教育阶段，建立了以政府为主导，国家助学金为主体、学校减免学费等为补充，社会力量积极参与的资助政策体系；在义务教育阶段，全面免除了城乡义务教育阶段学生学杂费，对农村学生和城市家庭经济困难学生免费提供教科书，对家庭经济困难的寄宿生提供生活补助，同时推行农村学生营养改善计划；在学前教育阶段，按照“地方先行、中央补助”原则，对家庭经济困难儿童、孤儿、残疾儿童予以资助。建立健全国家资助政策体系，从制度上基本保证了家庭经济困难学生上得起学。可以说，家庭经济困难学生资助政策体系是国家对困难学生资助强度最大、资助范围最广、财政投入最多的制度安排，是困难学生得到实惠最多、人民群众最满意的制度安排。

——形成了较为完善的学生资助管理体制和工作机制。一是基本建立健全学生资助管理体制，形成了中央、省、市、县、学校自上而下的五级管理体系；二是明确了政府责任，建立了经费分担机制，保障了各级各类资助经费及时足额到位；三是基本健全管理制度与措施，有力推动了学生资助工作制度化和规范化；四是建立管理信息系统，有效推动了学生资助管理工作信息化和科学化；五是建立了监督考评机制，保证学生资助工作公开、公平、公正；六是建立了宣传工作机制，保证国家资助政策家喻户晓、深入民心，为学生资助工作营造了良好的社会舆论氛围。

——基本实现了“不让一个学生因家庭经济困难而失学”的目标。近些年来，国家加大财政投入，不断扩大资助范围，不断提高资助标准。2007—2011 年，全国普通高等教育、中等职业教育、普通高中教育和义务教育阶段受助学生累计达 3.4 亿人次，资助金额累计 3 526.17 亿元。2011 年全国各级各类学校受助学生达 7 874.08 万人次，较 2006 年增长了 2.12 倍，资助金额达 980.14 亿元，较 2006 年增长了 4.13 倍。国家学生资助政策的全面实施，让家庭经济困难学生得到了有效资助，基本实现“应助尽助”的工作目标，有力促进了教育公平。

为了系统介绍我国家庭经济困难学生资助体系建设成果，全面展示过去五年来我国各级各类学生资助工作取得的重大成就，大力宣传各级有关部门和学校在落实国家资助政策过程中探索出的宝贵经验，全国学生资助管理中心组织编写了本书。全书由“政策与成效”“实践与探索”“典型案例（高校）”和“典型案例（地方）”四部分组成。“政策与成效”部分系统介绍了我国高等教育、中等职业教育、普通高中教育、义务教育和学前教育资助政策出台的历史背景、发展历程、政策主要内容，以及过去五年来我国在学生资助工作中取得的重大成就；“实践与探索”部分主要从国家层面介绍五年来中央有关部门在完善和推动落实国家资助政策等方面开展的一些开创性、探索性的工作与亮点；“典型案例（高校）”部分重点介绍了有关高校在学生资助工作中探索出的成功做法与典型经验；“典型案例（地方）”部分重点介绍了有关省、市、县在学生资助工作中探索出的成功做法与典型经验。

本书旨在帮助广大读者全面了解我国家庭经济困难学生资助体系的建设过程和取得的重大成就，引导社会各界更多地关心、支持、参与对家庭经济困难学生的资助工作，共同促进教育公平，推动教育事业科学发展。

政策与成效

在党中央、国务院的正确领导下，中央有关部门不断建立健全家庭经济困难学生资助政策体系，从制度上基本保证了“不让一个学生因为家庭经济困难而失学”。各级政府有关部门和各级各类学校密切配合，精心组织，全力推动落实国家学生资助政策，使我国的学生资助工作取得举世瞩目的重大成就。

据统计[①]，2007—2011 年，全国累计资助普通高校、中职学校、普通高中、义务教育阶段[②]学生 3.4 亿人次，累计资助金额 3 526.17 亿元[③]。资助学生由 2006 年的 2 525.19 万人次迅速增长至 2011 年的 7 874.08 万人次（分年度数据见图 1–1），增长了 2.12 倍。资助金额由 2006 年的 191.16 亿元迅速增长至 2011 年的 980.14 亿元（分年度数据见图 1–2），增长了 4.13 倍。

政府是学生资助投入的主体，2007—2011 年，财政投入资助金额累计 2 431.71 亿元，占五年全国累计资助金额 3 526.17 亿元的 68.96%。财政资金中，中央财政投入 1 305.98 亿元，占财政资金比例 53.71%；地方财政投入 1 125.73 亿元，占比 46.29%。财政投入资助资金由 2006 年的 52.97 亿元增长至 2011 年的 685.1 亿元（分年度数据见图 1–3），增长 11.93 倍。其中，中央财政增长 19.19 倍，地方财政增长 7.82 倍。

---

① 各项统计数据均未包括香港特别行政区、澳门特别行政区和台湾省，部分数据因四舍五入的原因，可能存在分项与合计不等的情况。

② 义务教育免费教科书和免学杂费相关数据未计入本报告 2007—2011 年全国学生资助总计数据中。

③ 资助数据包括各级政府、学校、企事业单位、社会团体、个人等资助的人数和金额。

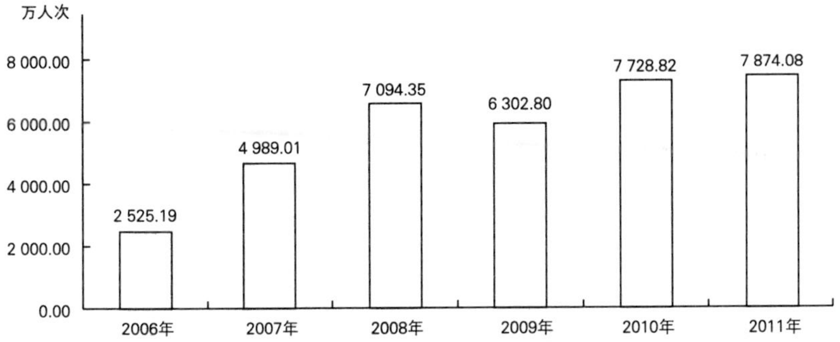

图 1-1　2006—2011 年全国资助学生数

注：2008 年资助学生数含汶川地震特殊资助等。

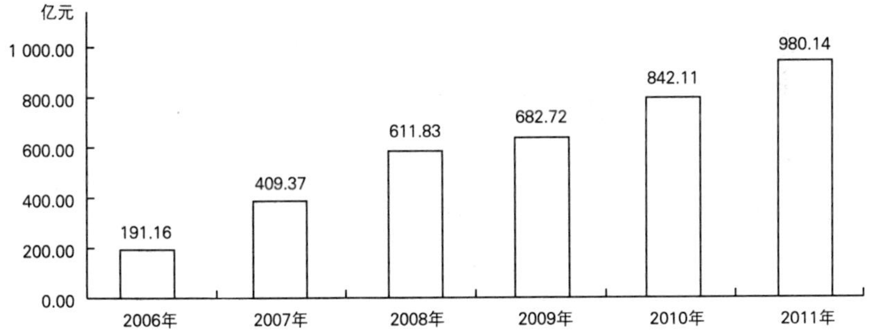

图 1-2　2006—2011 年全国资助学生金额

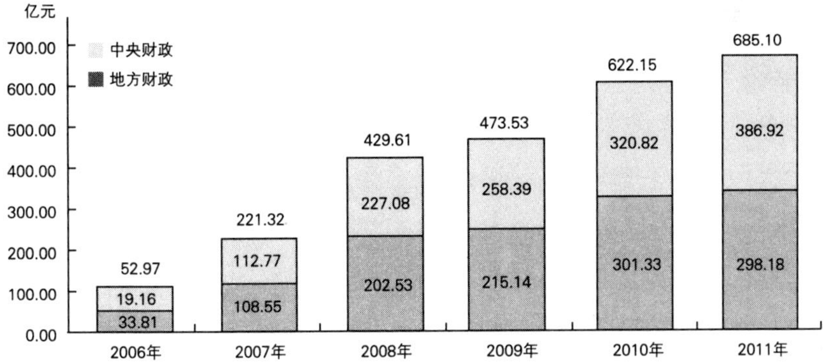

图 1-3　2006—2011 年全国财政投入学生资助资金

财政投入占当年资助总金额的比例由 2006 年的 27.71% 增长至 2011 年的 69.9%。其中，中央财政占比由 2006 年的 10.02% 增长至 2011 年的 39.48%，地方财政占比由 2006 年的 17.69% 增长至 2011 年的 30.42%（见

图 1–4)。

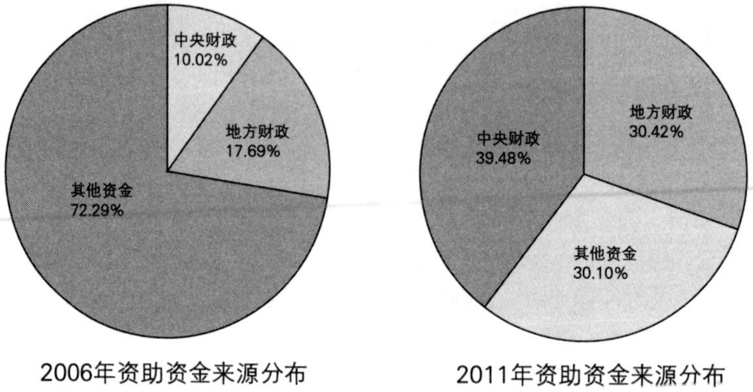

图 1–4 2006 年和 2011 年资助资金来源分布比较

此外，2007—2011 年，财政共支付国家助学贷款风险补偿金和贴息经费 98.85 亿元；中央财政安排国家助学贷款专项奖补资金 30.25 亿元，用于鼓励和支持地方推动国家助学贷款工作。

学校和社会也是学生资助的重要组成部分。2007—2011 年，学校和社会等其他资金①共计 1 094.46 亿元，占五年全国累计资助总金额的 31.04%，是资助资金的重要来源。其他资金由 2006 年的 138.19 亿元增长至 2011 年的 295.04 亿元（分年度数据见图 1–5），增长 1.14 倍。

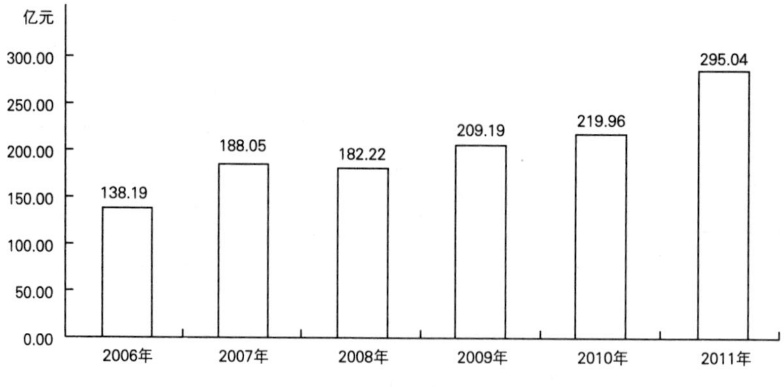

图 1–5 2006—2011 年其他资助资金

① 其他资金主要指学校从事业收入中提取资助资金，企事业单位、社会团体和个人捐助资金以及金融机构提供国家助学贷款资金等。

普通高等学校学生资助政策与成效

一、普通高等学校学生资助政策出台背景与发展历程

新中国成立至1988年，我国一直实行的是免费高等教育，高校学生的经济困难主要是生活费问题，高校学生资助经历了单一的人民助学金制度、人民助学金制度和奖学金制度并存、奖学金制度和校内无息借款制度等发展阶段。

自1989年起，我国探索高校收费制度改革，实行免费生和自费生并行的“双轨制”，1993年在部分高校开展高校收费“并轨”试点，1997年在高校全面实行收费制度，即所有本、专科学生均需按照生均培养成本的一定比例缴纳学费。为了配合高校收费制度改革，缓解收费给学生带来的经济压力，国家先后出台了多项资助政策。1993年，原国家教委、财政部发布《关于对高等学校生活特别困难学生进行资助的通知》，要求各高校从“奖贷基金”或“专业奖学金”总金额中提取困难补助经费，补助生活特别困难的学生。1994年，原国家教委、财政部发布《关于在普通高校设立勤工助学基金的通知》，要求高校设立“勤工助学基金”，用于家庭经济困难学生勤工助学活动的支出。1995年，原国家教委发布《关于对普通高校经济困难学生减免学杂费有关事项的通知》，要求对困难学生，尤其是孤残学生、少数民族学生以及烈士子女、优抚家庭子女实行减免学杂费政策。此外，国家还提高了校内无息借款的最高额度和

享受借款的学生比例。虽然国家采取了种种措施解决家庭经济困难学生的经济困难问题，特别是缴纳学费的困难，但资助范围比较小，资助力度不够大。尤其是1999年高校开始大幅度扩大招生规模，高校家庭经济困难学生人数不断增加，迫切需要建立健全高校家庭经济困难学生资助政策体系，在制度上保证每一个考上大学的学生都能顺利入学和完成学业。

（一）高校资助政策体系初步形成时期（1999—2006年）

1. 1999年建立国家助学贷款制度

自1996年，国家开始研究在高校实行国家助学贷款制度。1999年秋季，在北京等8个城市启动国家助学贷款试点工作，并于2000年秋季推广到全国。为解决经办银行因风险大、成本高而普遍存在的惜贷现象，导致多数家庭经济困难学生无法获得贷款的问题，2004年，国家建立了以风险补偿为核心的国家助学贷款新机制。从2004年新机制实施到2006年底，全国审批贷款学生205.9万人，审批合同金额182.5亿元，国家助学贷款的资助金额和资助人数超过新机制实施前五年的总和，全国年发放金额从前两年的20多亿元增加到2006年的60多亿元，国家助学贷款逐步成为资助高校家庭经济困难学生的重要措施之一。

2. 2000年建立新生入学“绿色通道”制度

2000年，教育部、国家计委、财政部下发《关于2000年高等学校招生收费工作若干意见的通知》，要求各高校建立“绿色通道”制度，即对家庭经济困难新生先办理入学手续，再根据核实后的学生家庭经济情况，采取相应措施给予资助。

3. 2002年起建立国家奖助学金制度

由于国家助学贷款工作刚刚起步，大部分高校家庭经济困难学生还不能通过贷款缴纳学费，在当时国家财力有限的条件下，财政部、教育部于2002年出台《国家奖学金管理办法》，在普通高校仅面向家庭经济困难学生设立国家奖学金，一方面鼓励家庭经济困难学生刻苦学习，另一方面帮助部分家庭经济困难学生解决学费。中央财政每年安排 2 亿元，按照每人每年 6 000 元和 4 000 元两档标准，资助和奖励 4.5 万名家庭经济困难、品学兼优的高校本、专科学生，同时减免这些学生当年的全部学费。这是新中国成立以来第一次冠以“国家”名称的奖学金，受到家庭经济困难学生和家长的普遍欢迎。为进一步加大资助力度，从 2005 年开始，我国将国家奖学金改变为国家助学、奖学金，面向家庭经济困难学生设立国家奖学金和国家助学金，一个学生在同一学年只能获得其中一项。中央财政每年投入 10 亿元，其中，国家奖学金每年资助奖励 5 万名家庭经济困难、品学兼优的高校学生，每人每年 4 000 元；国家助学金每年资助 53.3 万名家庭经济特别困难的高校学生，每人每年 1 500 元。这不仅奖励和资助了更多的家庭经济困难学生，而且还激励了广大学生刻苦学习、努力成才。

4. 2006 年实施国家助学贷款代偿政策

教育部、财政部印发《高等学校毕业生国家助学贷款代偿资助暂行办法》，决定对毕业后自愿到西部地区和艰苦边远地区县以下基层单位工作、服务期达到 3 年以上（含 3 年）的中央部属高校贷款毕业生实施贷款代偿，即由中央财政出资代为偿还国家助学贷款。同时要求各省制订吸引和鼓励高校毕业生面向本辖区艰苦边远地区基层单位就业的国家助学贷款代偿资助办法。

国家还要求高校从学费收入中提取 10% 的经费，用于开展勤工助学和家庭经济困难学生的补助；要求各高校认真执行国家制定的学费减免政策，对家庭经济困难的学生酌情减收或免收学费。至此，我国初步建立了以国家助学贷款为主体，“奖、贷、助、补、减”五位一体的高校家庭经济困难学生资助政策体系。

（二）高校资助政策体系发展完善时期（2007 年至今）

虽然到 2006 年，我国已经初步建立了高校学生资助制度，但政策体系不够完善，资助面偏窄，资助标准偏低，国家助学贷款政策落实还远没有达到预定目标。2006年，全国高校资助经费约为163亿元，而对于304万名家庭经济困难学生而言，这些经费难以满足所有家庭经济困难学生的基本上学需求，学生拖欠学费现象普遍存在，亟需进一步建立健全高校家庭经济困难学生资助政策体系。

2007年，国家重新设计高校家庭经济困难学生资助政策体系。2007年5月，国务院发布《关于建立健全普通本科高校、高等职业学校和中等职业学校家庭经济困难学生资助政策体系的意见》(以下简称《意见》)，做了以下7个方面的改进。一是改革原国家奖学金制度，设立国家奖学金和国家励志奖学金。国家奖学金主要奖励高校特别优秀的本、专科学生，不再以家庭经济困难为必要条件，每年奖励5万人，每生每年8 000元，比原国家奖学金奖励标准提高了一倍。国家励志奖学金奖励资助品学兼优的家庭经济困难学生，每生每年5 000元，人数占在校生总数的3%，是原国家奖学金覆盖面的10倍。二是加大国家助学金资助力度，资助标准从平均每生每年1 500元提高到2 000元，全国高校平均资助比例由3%提高到20%，基本覆盖了所有家庭经济困难学生。获得国家助学金的家庭经济困难学生，如果符合国家奖学金或国家励志奖学金的获奖条件，可以按品学优异程度获得其中一项奖励。三是进一步完善和落实国家助学贷款政策，大力开展生源地信用助学贷款，努力形成校园地国家助学贷款与生源地信用助学贷款互为补充、共同发展的局面。财政部、教育部指定国家开发银行，联合甘肃等五省市于当年秋季开展生源地信用助学贷款试点工作。四是规定高校从事业收入中足额提取4%~6%的经费用于资助家庭经济困难学生。五是进一步落实、完善鼓励捐资助学的相关优惠政策措施等。六是在6所教育部直属师范大学实行师范生免费教育试点。七是对普通本科高校和高等职业学校全日制本、专科学生，在校期间获得国家助学贷款、毕业后自愿到艰苦地区基层单位从事第一线工作且服务达到一定年限的，实行国家助学贷款代偿政策。《意见》以及相关配套文件的出台和实施标志着我国建立起较为完善的高校家庭经济济困难学生资助政策体系，从制度上基本解决了高校家庭经济困难学生的就学难题。

2008 年以后，国家进一步完善高校家庭经济困难学生资助政策体系。按照《意见》确定的“加大财政投入、经费合理分担、政策导向明确、多元混合资助、各方责任清晰”的基本原则，根据《国家中长期教育改革和发展规划纲要（2010—2020 年）》关于健全国家资助政策体系的有关规定，中央有关部门和地方各级人民政府，不断完善高校家庭经济困难学生资助政策体系，不断扩大资助范围，不断提高资助标准，不断延伸资助领域。2008 年，财政部、教育部、银监会在总结甘肃等五省市生源地信用助学贷款试点工作的基础上，报请国务院有关领导同意后，决定将这种比较适合我国国情的国家助学贷款模式向全国推广。2009 年，将原高校毕业生基层就业国家助学贷款代偿政策扩大到学费补偿贷款代偿，将政策覆盖范围扩大到中西部地区。同年，出台高校毕业生应征入伍服义务兵役学费补偿贷款代偿政策，国家对应征入伍服义务兵役的高等学校毕业生在校期间缴纳的学费实行补偿，对在校期间获得国家助学贷款的实行代偿。2010 年，实行国家助学金动态调整机制，将国家助学金平均资助标准由原来的每生每年 2 000 元上调至 3 000 元。2011 年，实施退役士兵教育资助政策，对退役一年以上，考入全日制普通高等学校的自主就业退役士兵给予学费资助。同年，将应征入伍服义务兵役的学费补偿贷款代偿范围扩大至在校大学生，复学后给予学费资助。

经过多年的努力，国家针对高等教育为非义务教育的特点，在普通高校建立起国家奖学金、国家励志奖学金、国家助学金、国家助学贷款（包括校园地国家助学贷款和生源地信用助学贷款）、师范生免费教育、退役士兵教育资助、学费补偿助学贷款代偿、勤工助学、学费减免等多种资助形式有机结合，无偿资助与有偿资助共存，奖学助学与奖岗助岗并举的高校家庭经济困难学生资助政策体系。其中，解决学费、住宿费问题，以国家助学贷款为主，以国家励志奖学金等为辅；解决生活费问题，以国家助学金为主，以勤工助学等为辅；为保证家庭经济困难学生顺利入学，国家要求各高校开设新生入学“绿色通道”。此外，国家还积极引导和鼓励社会团体、企业和个人面向高校设立奖学金、助学金，共同帮助高校家庭经济困难学生顺利入学并完成学业。

二、普通高等学校学生资助政策的主要内容

（一）国家奖学金

中央政府出资设立高校国家奖学金，奖励特别优秀的二年级以上（含二年级）的全日制普通高校本、专科（含高职、第二学士学位）在校生。国家奖学金每年奖励 5 万名学生，每生每年 8 000 元。学生无论家庭经济是否困难，只要符合规定条件，均可获得国家奖学金。同一学年内，获得国家奖学金的家庭经济困难学生可以同时申请并获得国家助学金，但不能同时获得国家励志奖学金。试行免费教育的教育部直属师范院校师范类专业学生符合规定条件的，同样可以获得国家奖学金。

（二）国家励志奖学金

中央和地方政府共同出资设立国家励志奖学金，奖励资助品学兼优、家庭经济困难的二年级以上（含二年级）的全日制普通高校本、专科（含高职、第二学士学位）在校生。国家励志奖学金资助面平均约占全国全日制普通高校本、专科（含高职、第二学士学位）在校学生总数的 3%，每生每年 5 000 元。同一学年内，申请国家励志奖学金的学生可以同时申请并获得国家助学金，但不能同时获得国家奖学金。试行免费教育的教育部直属师范院校师范类专业学生不再同时获得国家励志奖学金。

（三）国家助学金

中央和地方政府共同出资设立高校国家助学金，主要资助家庭经济困难的全日制普通高校本、专科（含高职、第二学士学位）在校学生的生活费用开支。国家助学金资助面平均约占全国全日制普通高校本、专科（含高职、第二学士学位）在校学生总数的20%。全国平均每生每年3 000元。同一学年内，申请并获得国家助学金的学生，可同时申请国家奖学金或国家励志奖学金。试行免费教育的教育部直属师范院校师范类专业学生，不再同时获得国家助学金。

（四）国家助学贷款

国家助学贷款是由政府主导，金融机构向高校家庭经济困难学生提供的信用助学贷款，帮助学生解决在校期间的学习和生活费用。国家助学贷款利率执行中国人民银行同期公布的同档次基准利率，不上浮。贷款学生在校期间的国家助学贷款利息全部由财政支付，毕业后的利息由借款人全额支付。为鼓励金融机构承办国家助学贷款的积极性，建立贷款风险分担机制，财政（高校）对经办银行给予一定的风险补偿。国家助学贷款是信用贷款，学生不需要办理贷款担保或抵押，但需要承诺按期还款，并承担相关法律责任。按照学生申办地点及工作流程，国家助学贷款分为校园地国家助学贷款与生源地信用助学贷款两种模式。

1. 校园地国家助学贷款

家庭经济困难的全日制普通高校本、专科生（含高职、第二学士学位）和研究生，可以通过本校学生资助部门向经办银行申请国家助学贷款，原则上每生每学年最高申请金额不超过6 000元。学生根据个人毕业后的就业和收入情况，在毕业后的1～2年内选择开始偿还本金的时间，6年内还清贷款本息。

2. 生源地信用助学贷款

家庭经济困难的全日制普通高校本、专科生（含高职、第二学士学位）

和研究生，向户籍所在县（市、区）的学生资助管理机构提出贷款申请（有的地区直接到相关金融机构申请）。借款人每学年申请的贷款金额原则上不超过 6 000 元。生源地信用助学贷款期限原则上按全日制本、专科学制加 10 年确定，最长不超过 14 年，其中，在校生按剩余学习年限加 10 年确定。学制超过 4 年或继续攻读研究生学位、第二学士学位的，相应缩短学生毕业后的还贷期限。学生在校及毕业后的两年为宽限期，宽限期后由学生和家长（或其他法定监护人）按借款合同约定，按年度分期偿还贷款本息。

（五）高等学校毕业生基层就业学费补偿贷款代偿

国家对中央部门所属全日制普通高等学校应届毕业生，自愿到中西部地区和艰苦边远地区基层单位就业、服务期达到 3 年以上（含 3 年）的，实施学费补偿和国家助学贷款代偿。毕业生在校学习期间每年实际缴纳的学费或获得的国家助学贷款低于 6 000 元的，按实际缴纳的学费和获得的国家助学贷款两者就高的原则，实行补偿或代偿，在校期间每年实际缴纳的学费或获得的国家助学贷款高于 6 000 元的，按照每年 6 000 元的金额实行代偿。每年代偿或补偿总额的三分之一，分 3 年代偿完毕。地方高校毕业生学费补偿贷款代偿由各地参照中央政策制定执行。

（六）应征入伍服义务兵役学费补偿贷款代偿及学费资助

从 2009 年起，国家对应征入伍服义务兵役的高等学校毕业生在校期间缴纳的学费或获得的国家助学贷款及其产生的利息实行一次性补偿或代偿。从 2011 秋季学期起，国家对应征入伍服义务兵役的高等学校在校生在校期间缴纳的学费或获得的国家助学贷款实行一次性补偿或代偿；对退役后复学的原高校在校生实行学费资助。学生应征入伍前每学年实际缴纳的学费或获得的贷款高于 6 000 元的按 6 000 元资助，低于 6 000 元的按实际缴纳的学费和贷款两者就高的原则，实行补偿或代偿。学生退役复学后每学年实际缴纳学费高于 6 000 元的按 6 000 元资助，低于

6 000 元的按实际缴纳的学费资助。

（七）师范生免费教育

从 2007 年秋季学期开始，国家在北京师范大学、华东师范大学、东北师范大学、华中师范大学、陕西师范大学和西南大学 6 所教育部直属师范大学实行师范生免费教育。免费教育师范生在校学习期间，免除学费，免缴住宿费，并补助生活费。

（八）退役士兵教育资助

从 2011 年秋季学期开始，对退役一年以上、考入全日制普通高等学校（包括全日制普通本科学校、全日制普通高等专科学校和全日制普通高等职业学校）的自主就业退役士兵，根据本人申请，由政府给予教育资助。资助内容包括：学费资助、家庭经济困难退役士兵学生生活费资助、其他奖助学金资助。学费资助标准按省级人民政府制定的学费标准，原则上退役士兵学生应交多少学费中央财政就资助多少，最高不超过年人均 6 000 元。生活费及其他奖助学金资助标准，按国家现行高校学生资助政策的有关规定执行。

（九）勤工助学

勤工助学是指学生在学校的组织下利用课余时间，通过自己的劳动取得合法报酬，用于改善学习和生活条件的社会实践活动。

学生参加勤工助学不应当影响学业，原则上每周不超过 8 小时，每月不超过 40 小时。学生参加校内固定岗位的勤工助学，其劳动报酬由学校按月计算，每月 40 个工时的酬金原则上不低于当地政府或有关部门制定的最低工资标准或居民最低生活保障标准，可以适当上下浮动。学生参加校内临时岗位的勤工助学，其劳动报酬由学校按小时计算，每小时酬金原则上不低于 8 元人民币。学生参加校外勤工助学的酬金标准不低于学校所在地政府或有关部门规定的最低工资标准，具体数额由用人单位、学校与学生协商确定，并写进聘用协议。

（十）学费减免

国家对公办全日制普通高校中家庭经济特别困难、无法缴纳学费的学生，特别是孤残学生、少数民族学生及烈士子女、优抚家庭子女等，实行减免学费政策。具体减免办法由学校制订。

（十一）绿色通道

为切实保证高校家庭经济困难学生顺利入学，教育部、国家发改委、财政部规定各全日制普通高校必须建立“绿色通道”制度，即对被录取入学、无法缴纳学费的家庭经济困难新生，学校一律先办理入学手续，然后再根据核实后的情况，分别采取不同办法予以资助。

（十二）其他资助

各高校利用自有资金、社会团体、企事业单位和个人捐赠资金等，设立奖学金、助学金；对发生临时困难的学生发放特殊困难补助等。

三、普通高等学校学生资助政策实施的成效

国家新的高校学生资助政策体系的建立，在制度上基本保证了每一名考入大学的学生都能上得起大学，有效地维护了高校稳定，有力地支持了高等教育的改革与发展。国家高校学生资助政策的有效落实，让家庭经济困难学生都能平等享有接受高等教育的机会，推进了我国在较短时间内实现高等教育大众化，高等教育毛入学率从 1998 年的 9.8% 提高到 2010 年的 26.5%；国家高校学生资助政策的有效落实，让家庭经济困

难学生及其家庭得到实惠，增强了大学生对党和国家的热爱之情，有力地维护了社会的和谐与稳定；国家高校学生资助政策的有效落实，让家庭经济困难学生专心学习、奋发成才、报效祖国，为我国社会主义现代化建设提供了有力的人才保障和智力支撑。

2007—2011 年，全国共资助普通高校学生 1.79 亿人次，累计资助金额 1 817.18 亿元。资助学生由 2006 年的 1 530.27 万人次增长至 2011 年的 4 170.14 万人次（分年度数据见图 1–6），增长 1.73 倍；资助金额由 2006 年的 162.98 亿元增长至 2011 年的 501.35 亿元（分年度数据见图 1–7），增长 2.08 倍。

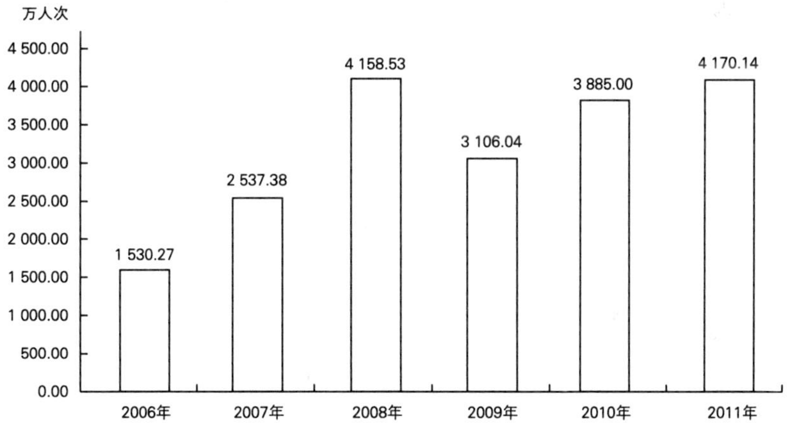

图 1–6　2006—2011 年全国资助普通高校学生数

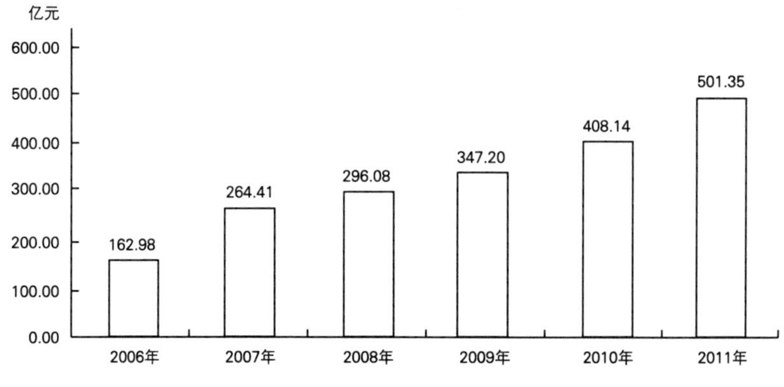

图 1–7　2006—2011 年全国普通高校学生资助金额

2007—2011 年普通高校学生资助金额中，财政投入 817.8 亿元，占比 45%；其他资金（包括国家助学贷款）999.38 亿元，占比 55%。财政资金中，中央财政 494.83 亿元，占比 60.51%；地方财政 322.97 亿元，占比 39.49%。

财政投入普通高校学生资助资金由 2006 年的 24.79 亿元增长至 2011 年的 245.64 亿元（分年度数据见图 1–8），增长 8.9 倍。

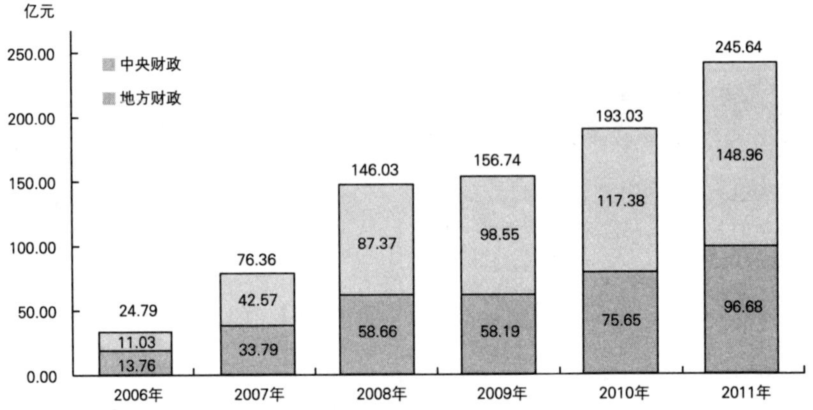

图 1–8　2006—2011 年全国财政投入普通高校学生资助资金

其他资金由 2006 年的 138.19 亿元增长至 2011 年的 255.71 亿元（分年度数据见图 1–9），增长 85.04%。

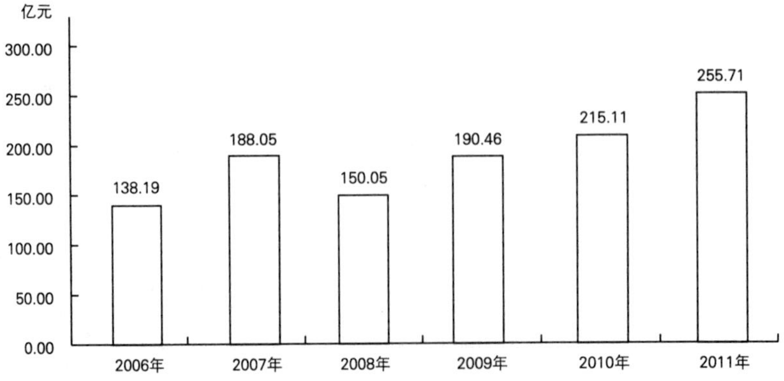

图 1–9　2006—2011 年全国普通高校其他资助资金

各项资助政策执行情况如下。

（一）奖学金

2007—2011年，全国普通高等学校各类奖学金①累计奖励学生3 244万人次（分年度数据见表1-1），奖励金额446.51亿元。其中，国家奖学金奖励学生25万人，奖励金额20亿元；国家励志奖学金奖励学生299.4万人，奖励金额149.7亿元。

表1-1　2007—2011年全国普通高校奖学金奖励人数与金额

年份	2007年	2008年	2009年	2010年	2011年	合计
人数（万人次）	477.14	573.16	723.49	731.65	738.56	3 244.00
金额（亿元）	66.12	68.59	92.92	108.68	110.20	446.51

（二）助学金

2007—2011年，全国普通高等学校各类助学金累计资助学生3 171.06万人次（分年度数据见表1-2），资助金额528.47亿元。其中，国家助学金资助学生2 142.43万人次，资助金额421.17亿元。

表1-2　2007—2011年全国普通高校助学金资助人数与金额

年份	2007年	2008年	2009年	2010年	2011年	合计
人数（万人次）	572.00	627.56	674.81	631.44	665.25	3 171.06
金额（亿元）	64.68	92.02	95.26	124.38	152.13	528.47

① 普通高等学校各类奖学金包括中央和地方政府设立的奖学金、学校利用从事业收入中提取的资金和社会捐助资金设立的奖学金。普通高等学校助学金、困难补助和伙食补贴统计口径同上。

（三）国家助学贷款

2007—2011 年，全国普通高等学校国家助学贷款①累计发放学生 889.67 万人（分年度数据见图 1–10），发放贷款金额 488.62 亿元（分年度数据见图 1–11）。其中，生源地信用助学贷款发放人数 410.48 万人，发放贷款金额 232.21 亿元。

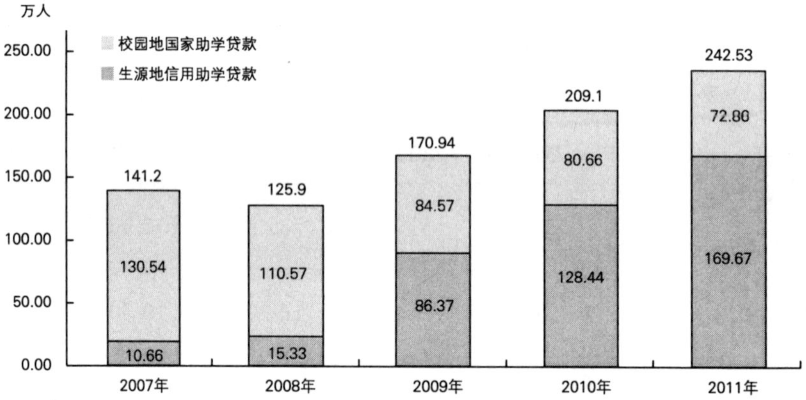

图 1–10　2007—2011 年全国国家助学贷款发放人数

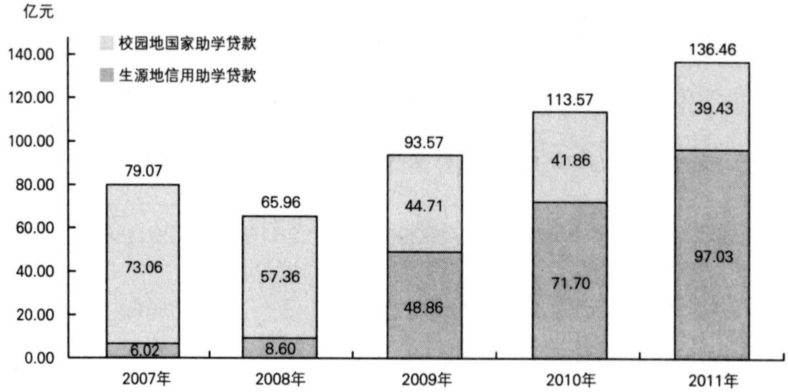

图 1–11　2007—2011 年全国国家助学贷款发放金额

① 国家助学贷款包括在就读高校办理的校园地国家助学贷款和在学生户籍所在地办理的生源地信用助学贷款。

（四）学费补偿贷款代偿

2007—2011 年，全国普通高校共有 20.45 万人（分年度数据见表 1–3）享受学费补偿贷款代偿政策，补偿代偿金额 26.26 亿元。其中，应征入伍服义务兵役学费补偿贷款代偿 12.17 万人，金额 17.15 亿元；赴基层就业学费补偿贷款代偿 8.28 万人，金额 9.11 亿元。

表 1–3　2008—2011 年全国普通高校学费补偿贷款代偿人数与金额

项目 \ 年份		2007 年	2008 年	2009 年	2010 年	2011 年	合计
应征入伍服义务兵役	人数（万人）	—	—	3.05	3.03	6.09	12.17
	金额（亿元）	—	—	4.71	4.60	7.85	17.15
基层就业	人数（万人）	0.07	0.10	1.56	2.91	3.64	8.28
	金额（亿元）	0.11	0.18	2.26	3.15	3.41	9.11

（五）师范生免费教育

2007—2011 年，教育部直属师范大学及部分地方师范院校享受免费教育或补助的师范生共 19.63 万人次，免学费及补助金额 19.47 亿元（分年度数据见表 1–4）。

表 1–4　2007—2011 年全国免费师范生人数与金额

年份	2007 年	2008 年	2009 年	2010 年	2011 年	合计
人数（万人次）	1.20	2.29	4.14	4.54	7.46	19.63
金额（亿元）	1.08	2.39	4.15	5.52	6.33	19.47

（六）困难补助

2007—2011 年，全国普通高校困难补助累计发放 1 079.89 万人次（分年度数据见表 1–5），发放金额 34.83 亿元。

表 1–5 2007—2011 年全国普通高校特殊困难补助人数与金额

年份	2007 年	2008 年	2009 年	2010 年	2011 年	合计
人数（万人次）	179.51	274.51	187.25	231.17	207.45	1 079.89
金额（亿元）	7.12	9.09	7.03	5.52	6.07	34.83

（七）伙食补贴

2007—2011 年，全国普通高校伙食补贴累计发放 7 323.71 万人次（分年度数据见表 1–6），发放金额 109.33 亿元。

表 1–6 2007—2011 年全国普通高校伙食补贴人数与金额

年份	2007 年	2008 年	2009 年	2010 年	2011 年	合计
人数（万人次）	861.26	2 290.35	885.88	1 554.33	1 731.89	7 323.71
金额（亿元）	14.34	30.82	15.92	16.83	31.42	109.33

（八）勤工助学

2007—2011 年，全国普通高校勤工助学累计发放 1 335.25 万人次（分年度数据见表 1–7），发放金额 74.11 亿元。

表 1–7 2007—2011 年全国普通高校勤工助学人数与金额

年份	2007 年	2008 年	2009 年	2010 年	2011 年	合计
人数（万人次）	270.74	221.64	295.29	275.66	271.92	1 335.25
金额（亿元）	12.42	14.75	14.33	15.54	17.07	74.11

（九）学费减免

2007—2011 年，全国普通高校学费减免累计 154.63 万人次（分年度数据见表 1-8），减免金额 48.15 亿元。

表 1-8　2007—2011 年全国普通高校学费减免人数与金额

年份	2007 年	2008 年	2009 年	2010 年	2011 年	合计
人数（万人次）	26.82	37.01	41.47	15.86	33.47	154.63
金额（亿元）	7.83	10.5	8.11	3.59	18.12	48.15

（十）校内无息借款

2007—2011 年，全国普通高校校内无息借款累计 35.63 万人次（分年度数据见表 1-9），借款金额 22.86 亿元。

表 1-9　2007—2011 年全国普通高校校内无息借款人数与金额

年份	2007 年	2008 年	2009 年	2010 年	2011 年	合计
人数（万人次）	7.44	6.01	8.46	6.94	6.78	35.63
金额（亿元）	11.64	1.78	3.51	2.99	2.94	22.86

（十一）其他资助

2007—2011 年，全国普通高校其他资助项目[①]累计资助 583.17 万人，资助金额 18.56 亿元。

此外，2007—2011 年，通过“绿色通道”入学的家庭经济困难学生 293.73 万人，占报到本、专科新生人数的平均比例为 9.35%；2005 年以来，教育部每年在新生入学期间开设 24 小时高校学生资助工作热线电

① 其他资助项目包括水电费补贴、绿色通道生活用品礼包、春节留校学生资助、导师资助、就业帮扶、特殊行业就业奖励、优秀大学生奖励等。

话，2007—2011 年累计受理电话 13 670 个，其中政策咨询电话 10 017 个，投诉电话 3 653 个；从 2007 年开始，每年随录取通知书向高校新生免费发放《高校学生资助政策简介》，5 年共发放 3 210 万册（分年度各类项目资助情况及金额占比见表 1-10）。

表 1-10　2007—2011 年全国普通高校学生受助情况

项目	人数（万人次）	金额（亿元）	金额占比（%）
合计	17 857.09	1 817.18	—
奖学金	3 244	446.51	24.57
助学金	3 171.06	528.47	29.08
国家助学贷款	889.67	488.62	26.89
基层就业学费补偿贷款代偿	8.28	9.11	0.50
应征入伍服义务兵役学费补偿贷款代偿	12.17	17.15	0.94
师范生免费教育	19.63	19.47	1.07
困难补助	1 079.89	34.83	1.92
伙食补贴	7 323.71	109.33	6.02
勤工助学	1 335.25	74.11	4.08
学费减免	154.63	48.15	2.65
校内无息借款	35.63	22.86	1.26
其他项目	583.17	18.56	1.02

中等职业学校学生资助政策与成效

一、中等职业学校学生资助政策出台背景与发展历程

中等职业教育担负着培养技能型人才的重要任务，是我国经济社会发展的重要基础和现代国民教育体系的重要组成部分，对推进我国走新兴工业化道路、建设社会主义新农村、促进就业和构建社会主义和谐社会具有不可替代的作用。

1949年新中国成立以后，党和国家十分重视职业教育，中等职业教育的办学体制、行政管理体制、投入体制等各个方面都得到了改革和完善，形成了较为合理的职业教育布局与教学管理体制，职业学校学生的资助工作也得到重视，在不同的历史时期采取了与当时历史条件相适应的各种有效措施，保证家庭经济困难学生顺利完成学业。

（一）人民助学金制度时期（1952—1983年）

从1952年开始，国家决定将全国高等学校及中等学校学生公费制一律改为人民助学金制，对职业学校学生的资助也由抗日战争和解放战争时期延续而来的以供给制和免费制为主的资助，变为废除学费前提下的人民助学金制。到1966年“文化大革命”以前，中等职业教育属于“精英教育”的范畴，国家有专门为中等职业教育资助颁布的文件和标准，同时另有很多标准参照高等学校的标准实行，此时的中等职业教育的资

助制度已经较为完善。1966年“文革”开始后，人民助学金制度基本中断。1973年，中等职业教育资助制度开始恢复，1977年之后基本恢复到“文革”前的人民助学金制度，直到1982年开始对人民助学金制度进行改革。

（二）以奖学金为主资助制度的建立（1983年至20世纪90年代）

20世纪80年代以后，中等职业教育经历了结构改革。1984年开始，中等职业教育形成了由中等专业学校、技工学校、职业高中三类职业技术学校组成的格局。这一时期，中等职业教育仍然属于“精英教育”，直到1994年，此阶段的中等职业教育仍然参照高等教育的资助政策执行。

1983年，教育部和财政部决定对1977年制定的人民助学金制度进行改革，缩小了人民助学金资助范围，同时设立奖学金，对学生的助学金逐步改为以奖学金为主。随后，中等职业教育的资助制度也由免费加人民助学金制度转变为免费加奖学金加助学金制度。奖学金和助学金制度并存的制度，改变了以往的平均主义，呈现出鲜明的人才激励和引导的特征。

（三）以地方和社会资助为主的资助制度时期（20世纪90年代至2006年）

随着我国社会经济的发展、教育水平的提高，中等职业教育在20世纪90年代到21世纪初，逐渐由“精英教育”向“大众化教育”转变，中等职业教育的资助制度也随之变化和发展。

1989—1996年是我国大、中专院校收费制度改革的过渡期。1991年，原国家教委、国家物价局、财政部、劳动部《关于颁发〈中等职业技术学校收取学费的暂行规定〉的通知》指出，中等职业技术教育属非义务教育，自1991学年起，对中等专业学校（不含中师，下同）、技工学校和职业高中新入学的学生适当收取学费，但对“工作条件艰苦或者国家重点扶持的专业，如为农牧业服务的专业等，可以免收或减收学费。”1996 年颁布实施的《中华人民共和国职业教育法》中明确提出：“国家支持企业、事业组织、社会团体、其他社会组织及公民个人按照国家有关规定设立职业教育奖学金、贷学金，奖励学习成绩优秀的学生或者资助经济困难的学生。”

为推动各地和各中等职业学校积极探索新形势下对中等职业学校贫困家庭学生的资助途径，2003 年，教育部和财政部在中央财政专项经费中，专门拿出 2 000 万元用于中等职业学校贫困家庭学生的助学工作。各地和各中等职业学校采取多种形式对贫困学生进行资助。例如：广东省 2003—2007 年，省政府共安排 2.1 亿，每年资助 5 000 名贫困家庭子女接受职业教育；江苏省从 2005 年起设立职业教育助学金，每年资助 1 万名农村家庭经济困难学生接受职业教育，每生每年资助 2 000 元；湖北、重庆也出台相应政策并落实资助经费。

（四）以政府为主体的新资助体系的建立（2006 年至今）

进入新世纪，在我国加入世界贸易组织、融入经济全球化大潮的背景下，为适应世界科技革命迅速发展对劳动者技术应用能力提出的更高要求，把我国巨大人口压力转化为人力资源优势，促进经济，扩大就业，改善民生，党和国家更加重视职业教育。针对中等职业教育由“精英教育”转变成为“大众化教育”，中等职业学校绝大多数学生来自农村和城市低收入家庭的特点，国家出台了一系列针对中等职业学校家庭经济困难学生的资助政策，以吸引更多的初中毕业生和社会青年接受中等职业教育。

2005 年，全国职业教育工作会议印发了《国务院关于大力发展职业教育的决定》，将中等职业学校家庭经济困难学生资助工作提到国家层面，明确提出要“建立职业教育贫困家庭学生助学制度。中央和地方财政要安排经费，资助接受中等职业教育的农村贫困家庭和城镇低收入家庭子女。中等职业学校要从学校收入中安排一定比例用于奖、助学金和学费减免，并把组织学生参加勤工俭学和半工半读作为助学的重要途径。金融机构要为贫困家庭学生接受职业教育提供助学贷款，各地区要把接受职业教育的贫困家庭学生纳入国家助学贷款资助范围。要通过助学金、奖学金、贷学金等多种形式，对贫困家庭学生和选学农业及地矿等艰苦行业职业教育的学生实行学费减、免和生活费补贴”。文件的制定为建立以政府为主体的中职学生资助体系奠定了基础。

2006 年，按照国务院的部署，财政部、教育部积极推进中等职业学校家庭经济困难学生助学制度建设，印发了《关于完善中等职业教育贫困家庭学生资助体系的若干意见》和《中等职业教育国家助学金管理办法》两个文件。文件以《国务院关于大力发展职业教育的决定》为依据，全面阐述了中等职业教育贫困家庭学生助学制度的基本内容，强调要以不断满足中等职业学校贫困家庭学生的学习和生活需要为基本出发点，充分发挥中央和地方政府、中等职业学校、金融机构、社会团体、企事业单位以及公民个人的作用，努力构建覆盖面广、形式多样、功能完善、机制健全的中等职业学校学生资助体系。设立中等职业教育国家助学金，对中等职业学校贫困家庭学生就学提供补助。当年，中央财政安排专项资金 8 亿元，资助了 80 万名学生。但是，这一资助规模同实际需求相比仍有较大差距，难以满足广大中等职业学校家庭经济困难学生就学的需要。

2007 年，温家宝总理在《政府工作报告》中指出，“要把发展职业教育放在更加突出的位置，使教育真正成为面向社会的教育，这是一项重大变革和历史任务”，并郑重宣布：在普通本科高校、高等职业学校和中等职业学校建立健全国家奖学金、助学金制度。2007 年 5 月，国务院印发《关于建立健全普通本科高校、高等职业学校和中等职业学校家庭经济困难学生资助政策体系的意见》，大幅度扩大中职国家助学金覆盖范围，提高资助标准，基本解决了农村学生和城市家庭经济困难学生在校期间的生活需要。同年6月，财政部、教育部印发《中等职业学校国家助学金管理暂行办法》和《中等职业学校学生实习管理办法》两个配套文件，规定从2007年秋季学期起，在全国范围内全面实施新的中等职业学校学生资助政策。新的资助政策具有以下特点。

1. **以政府资助为主导，实行以国家助学金为主，校内奖学金、学生工学结合、顶岗实习、学校减免学费等为辅的资助政策**

国家助学金由中央财政和地方财政共同出资，中央财政资金占大头，体现公共财政为主体的特点。

2. **扩大资助面**

资助政策具有鲜明的普惠性，覆盖了根据国家规定批准设立和备案、实施中等学历教育的各类职业学校，包括公办和民办的普通中专、成人中专、职业高中和技工学校，以及职业技术学院附属的中专部和中等职业学校等。资助对象为中等职业学校在校一、二年级所有农村户籍的学生和县镇非农户口的学生，以及城市家庭经济困难的学生。资助面由2006年约占中等职业学校全日制正式学籍在校生的5%提高到90%。

3. **提高资助标准**

中等职业学校国家助学金由2006年的每生年均1 000元提高到每生每年1 500元，提高幅度达50%。新生入学后，连续资助两年，可累积享受3 000元。

4. **政策导向性明显**

新的资助政策突出了公共财政的政策导向作用，有利于引导社会改变目前存在的轻视职业教育的观念，吸引更多的初中毕业生和社会青年就读中等职业学校。

5. **把工学结合、顶岗实习作为资助政策的重要内容**

中等职业学校在校三年级学生要通过工学结合、顶岗实习获得一定的报酬，用于支付学习和生活费用。这就形成了中等职业学校一、二年级学生由国家助学金资助，三年级学生通过工学结合、顶岗实习获得一定报酬的资助政策体系。

为进一步促进中等职业教育特别是农村中等职业教育发展，党的十七届三中全会作出的《中共中央关于推进农村改革发展若干重大问题的决定》进一步指出：加快普及农村高中阶段教育，重点加快发展农村中等职业教育并逐步实行免费。2009 年中央 1 号文件进一步明确提出，“加快发展中等职业教育，2009 年起对中等职业学校农村家庭经济困难学生和涉农专业学生实行免费。国家新增助学金要向农村生源学生倾斜”。温家宝总理在 2009 年的《政府工作报告》中也强调：“重点支持农村中等职业教育，逐步实现中等职业教育免费。今年先从农村家庭经济困难学生和涉农专业做起。”

2009 年 12 月 2 日，温家宝总理主持召开国务院第 90 次常务会议，讨论并原则通过了中职学校学生免学费工作的意见。决定从 2009 年秋季学期起，对公办中等职业学校全日制在校学生中农村家庭经济困难学生和涉农专业学生逐步免除学费。对在政府职业教育行政管理部门依法批准的民办中等职业学校就读的一、二年级学生，符合免学费政策条件的，按照当地同类型、同专业公办中等职业学校免除学费标准，由财政给予补助。同月，财政部、国家发改委、教育部及人力资源社会保障部等四部委印发了《关于中等职业学校农村家庭经济困难学生和涉农专业学生免学费工作的意见》，对免学费工作的基本原则、主要内容、配套改革措施等作了具体规定，同时联合召开全国中等职业学校农村家庭经济困难学生和涉农专业学生免学费工作视频会议，贯彻落实国务院常务会议精神，全面解读免学费政策要点，就如何做好免学费工作作出具体部署。中等职业学校农村家庭经济困难学生和涉农专业学生免学费工作进入实施阶段，开启了新时期我国非义务教育实行国家免费教育的先河。

2010 年 9 月，财政部、国家发改委、教育部及人力资源社会保障部印发了《关于扩大中等职业学校免学费政策覆盖范围的通知》，决定从 2010 年秋季学期起，将免学费政策覆盖范围扩大至城市家庭经济困难学生，使中职教育免学费工作全面推进实施。

至此，以国家助学金、免学费为主，以校内奖学金和学费减免、顶岗实习等为辅的新的中等职业学校学生资助政策体系已经形成。

二、中等职业学校学生资助政策体系的主要内容

（一）国家助学金

中等职业学校是指政府有关部门根据国家有关规定批准设立并备案，实施中等学历教育的各类职业学校，包括公办和民办的普通中专、成人中专、职业高中、技工学校、职业技术学院附属的中专部和中等职业学校等。

中央和地方政府共同设立国家助学金，资助具有中等职业学校全日制正式学籍的在校一、二年级所有农村户籍的学生和县镇非农业户口的学生，以及城市家庭经济困难的学生。

国家助学金按年度申请和评定，按月发放，主要资助学生的生活支出，资助标准为每生每年 1 500 元，连续资助两年，共计 3 000 元；在校三年级学生通过工学结合、顶岗实习获得一定报酬，用于支付学费和生活费。国家助学金直接发放到受助学生专用银行卡（即中职学生资助卡）中，一律不得以实物或服务等形式抵顶或扣减。

国家助学金所需资金根据各地财力及生源状况由中央财政和地方财政按比例共同承担。

（二）国家免学费

国家对公办中等职业学校全日制正式学籍一、二、三年级在校生中农村家庭经济困难学生、城市家庭经济困难学生和涉农专业学生（艺术

类相关表演专业学生除外）免除学费。对在政府职业教育行政管理部门依法批准的民办中等职业学校就读的一、二年级符合免学费政策条件的学生，按照当地同类型、同专业公办中等职业学校免学费标准由财政给予补助。学费标准高出公办学校免学费标准部分由学生家庭负担；低于公办学校免学费标准的，按民办学校实际标准予以补助。

农村家庭经济困难学生享受免学费政策的具体范围：西藏自治区和新疆维吾尔族自治区喀什、和田、克孜勒苏柯尔克孜三地州农村户籍的学生全部享受免学费政策；其他地区享受免学费政策的农村家庭经济困难学生分地区按以下比例确定：西部地区按在校生的25%确定，中部地区按在校生的15%确定，东部地区按在校生的5%确定。

城市家庭经济困难学生享受免学费政策的具体范围分地区、按比例确定：西部地区按在校城市学生的15%确定，中部地区按在校城市学生的10%确定，东部地区按在校城市学生的5%确定。

涉农专业具体范围：2009年秋季学期起，按教育部2000年发布的《中等职业学校专业目录》中所列21类专业确定；2010年秋季学期起，按教育部2010年发布的《中等职业学校专业目录（2010年修订）》中所列32类专业确定。

免学费标准按各省（区、市）人民政府及其价格主管部门批准的学费标准确定。免学费补助资金由中央财政统一按照每生每年2 000元的标准，与地方财政按比例分担。各地可根据实际，合理确定行政区域内农村和城市家庭经济困难学生的比例。

（三）校内奖学金

地方政府、相关行业、企业安排专项资金设立中职学生政府奖学金、专业奖学金和定向奖学金。奖学金主要用于支持品学兼优的学生。其中，政府奖学金主要由省、市（地）政府安排专项设立。专业奖学金和定向奖学金由有关行业或地方政府设立。

（四）学校减免学费

中等职业学校每年安排不低于事业收入5%的经费，主要用于对贫困家庭学生，特别是孤残学生、单亲贫困家庭学生、父母丧失劳动能力学生、少数民族学生及烈士子女、优抚家庭子女等实行学费减免。

（五）顶岗实习

安排中等职业学校三年级学生到企业等单位顶岗实习，获得一定报酬，用于支付学习和生活费用。

《中等职业学校学生实习管理办法》要求，学校和实习单位要共同制订实习计划，使学生在实习期间既能接受技能训练，也能获得相应的专业知识和理论教育。不得安排一年级学生到企业等单位顶岗实习，不得安排学生从事体力劳动强度过大和有安全隐患的实习劳动；不得安排学生到酒吧、夜总会、歌厅、洗浴中心等营业性娱乐场所实习；不得安排学生每天顶岗实习超过8小时；不得通过中介机构代理组织、安排和管理实习工作。

（六）其他资助

鼓励和支持社会团体、企事业单位以及个人积极参与中职学校家庭经济困难学生资助工作。

三、中等职业学校学生资助政策实施的成效

2007—2011年，全国资助中等职业学校[①]学生7 496.16万人次，资助金

① 文中中等职业学校均包括技工学校。

额 1 051.33 亿元。资助学生由 2006 年的 80 万人增至 2011 年的 1 348.96 万人次（分年度数据见图 1–12），增长 15.86 倍；资助金额由 2006 年的 8 亿元增长至 2011 年的 223.24 亿元（分年度数据见图 1–13），增长 26.91 倍。

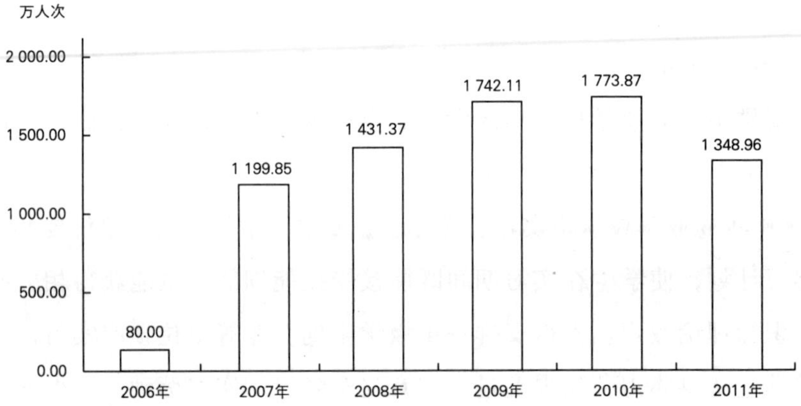

图 1–12　2006—2011 年全国资助中职学校学生数

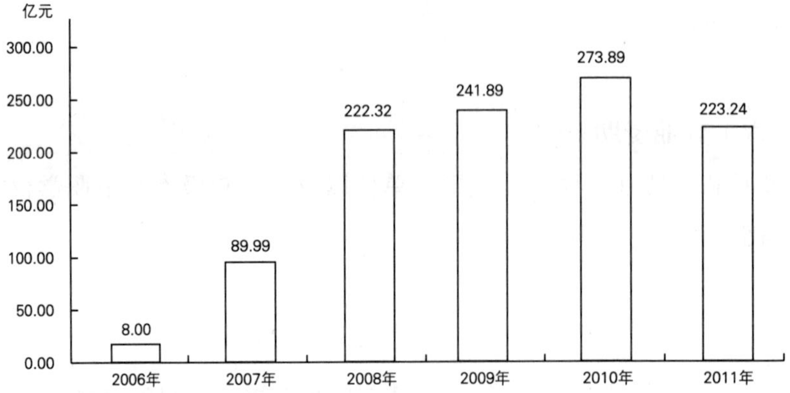

图 1–13　2006—2011 年全国中职学校学生资助金额

财政投入是中职学校学生资助资金的承担主体，2007—2011 年，中职学校学生资助金额中，财政投入 989.97 亿元，占比 94.16%；其他资助资金 61.36 亿元，占比 5.84%（见图 1–14）。财政资金中，中央财政 517.45 亿元，占比 52.27%；地方财政 472.52 亿元，占比 47.73%。

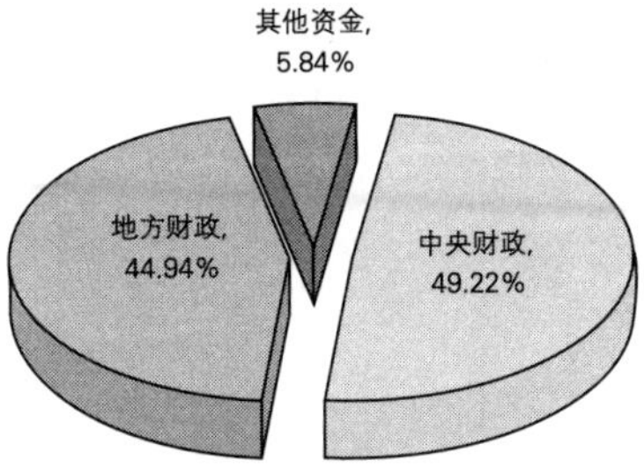

图 1-14 2007—2011 年全国中职学校学生资助资金来源分布

财政投入中职学校学生资助资金由 2006 年的 8 亿元增长至 2011 年的 217.63 亿元（分年度数据见图 1-15），增长 26.2 倍。

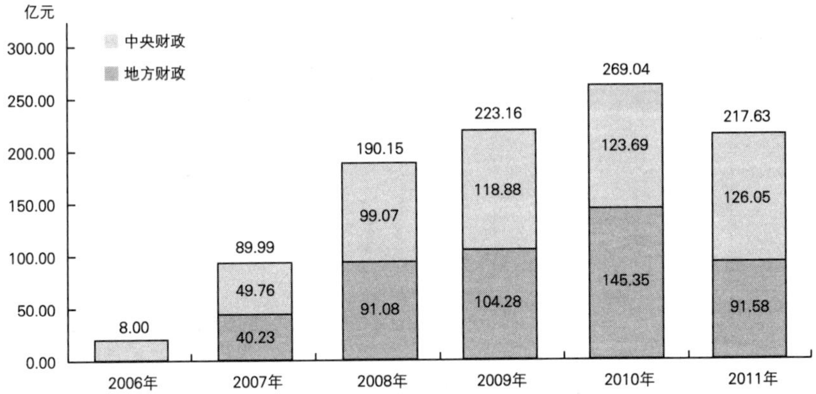

图 1-15 2006—2011 年全国财政投入中职学校学生资助资金

各项资助政策执行情况如下。

（一）国家助学金

2007—2011 年，全国中等职业学校国家助学金共资助学生 5 559.52 万人次（分年度数据见图 1-16），资助金额 743.94 亿元（分年度数据见图 1-17）。

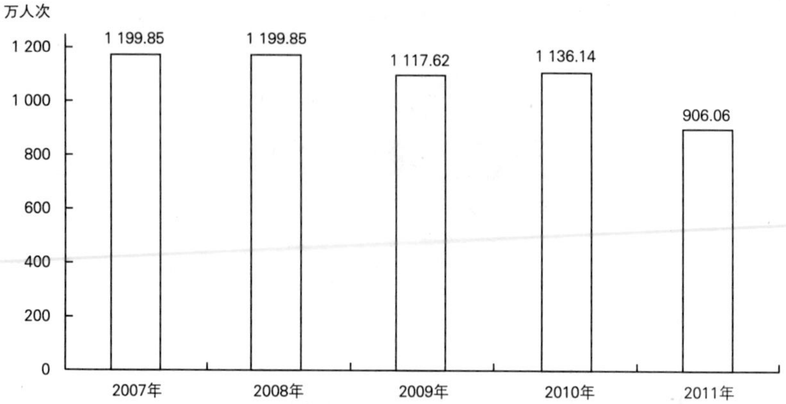

图 1-16　2007—2011 年中职学校国家助学金受助学生数

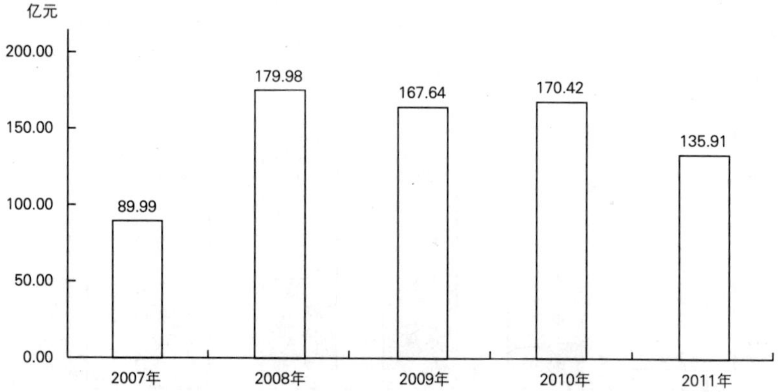

图 1-17　2007—2011 年中职学校国家助学金资助金额

（二）免学费

2009—2011 年，全国中等职业学校学生享受国家免学费政策 1 261 万人次（分年度数据见表 1-11），免学费金额 209.6 亿元。

表 1-11　2009—2011 年中职学校免学费政策执行情况

年份	2009 年	2010 年	2011 年
资助人数（万人次）	426.00	440.00	395.00
资助金额（亿元）	42.60	88.00	79.00

（三）其他资助

2007—2011 年，中职学校其他资助政策共资助学生 675.64 万人次，资助金额 97.79 亿元。其中，中央与地方设立的其他资助政策资助资金 36.43 亿元，其他资金 61.36 亿元。

总体而论，中等职业学校学生资助政策的实施，有效地减轻了大量中职学生的经济负担，使其能继续接受教育并完成学业；吸引了更多青少年就读中等职业学校，加快了普及高中阶段教育的步伐；对引导社会重视技能型人才，促进中等职业教育的快速发展具有重要推动作用。

第一，为家庭经济困难学生接受中等职业教育提供了有效帮助。中等职业学校学生 90% 来自农村以及城市经济困难家庭，家庭收入普遍较低，教育支付能力相对较弱，许多农村以及城市家庭经济困难的初中毕业生无法继续上学。以国家助学金和免学费为主的中职学生资助政策的实施，为这些学生接受高中阶段教育提供了有效保障，极大地改变了中职学校学生的就学、生活状况。不少因家庭经济困难而失学或已外出打工的青年重返学校，接受中等职业教育，使职业教育真正成为了面向人人、面向社会的教育。

第二，为优化教育结构、普及高中阶段教育奠定了坚实基础。受传统观念和盲目追求高学历的影响，社会上鄙薄职业教育的观念仍比较普遍，许多家长和学生不愿意选择职业学校。中职学生资助政策的实施，让全社会感受到党和国家对职业教育的高度重视，吸引广大青少年接受职业教育，促进了中等职业教育的规模发展，中职招生规模与普通高中招生规模“大体相当”，进一步优化了高中阶段的教育结构，为普及高中阶段教育奠定了坚实的基础。

第三，为经济和社会发展输送了大批技能型人才和高素质劳动者。中职学生资助政策的实施，为加快发展中等职业教育提供了历史性机遇，成为促进中等职业教育发展的重要杠杆和推进器。职业教育的快速发展，为经济和社会发展输送了大批急需的技能型人才和高素质劳动者，对于全面提高国民素质，将我国沉重的人口负担转变为人力资源优势，提升综合国力，加快建设人力资源强国发挥了重要作用。

普通高中学生资助政策与成效

一、普通高中学生资助政策出台背景与发展历程

普通高中教育，作为我国国民教育体系的重要组成部分，是在九年义务教育基础上进一步提高国民素质、面向大众的更高层次的基础教育。20 世纪 90 年代以来，在义务教育巩固率逐步提高，高等教育迈向大众化的背景下，人民群众对普通高中教育的需求迅速增长。2000 年，全国普通高中在校生 1 201 万人，比 1995 年的 713 万人增加 488 万人，增长幅度达到 68.4%。

为满足人民群众日益增长的普通高中教育需求，全面贯彻党的教育方针，大力推进基础教育的改革和发展，2001 年，国务院印发了《关于基础教育改革与发展的决定》，明确提出“十五”期间全国高中阶段入学率要达到 60% 左右，按照“积极进取、实事求是、分区规划、分类指导”原则，大力推进高中阶段教育的发展。具体要求是：占全国人口 15% 左右、未实现“两基”的贫困地区适度发展高中阶段教育；占全国人口 50% 左右、已实现“两基”的农村地区高中阶段教育有较大发展；占全国人口 35% 左右的大中城市和经济发达地区要基本满足人民群众对高中阶段教育的需求。在党中央、国务院的正确领导下，教育部制定了《全国教育事业第十个五年计划》和《国家教育事业发展“十一五”规划纲要》，对普通高中教育发展提出了目标要求，各级政府部门采取切实措施加快普通高中

教育发展。2005 年，全国普通高中在校生规模达到 2 409 万人，比 2000 年的 1 201 万人增加 1 208 万人（见表 1–12），亦即 2005 年普通高中在校生比 2000 年翻了一番。2000 年普通高中毛入学率为 16.66%，2005 年增长到 31.67%，平均每年递增 3%。2005—2010 年，尽管高中阶段适龄人口逐年下降，但普通高中在校生规模依然基本持平，普通高中毛入学率由 2005 年的 31.67% 增长到 2010 年的 42.92%，平均每年递增 2.26%。

表 1–12　1995—2010 年全国普通高中毛入学率和在校生规模

指标名称	1995 年	2000 年	2005 年	2010 年
普通高中在校生（万人）	713	1 201	2 409	2 427
普通高中毛入学率（%）	—	16.66	31.67	42.92

资料来源：根据教育部有关统计公报、《中国统计年鉴》有关数据整理。

在普通高中教育规模迅速扩大的同时，普通高中家庭经济困难学生人数也随之快速增加。据测算，2011 年全国普通高中家庭经济困难学生比例约占在校生的 29.6%（东部、中部和西部地区分别为 14%、32% 和 44%），考虑到经济发展因素，1995 年、2000 年全国普通高中家庭经济困难学生至少有 214 万人和 360 万人（按 30% 比例测算），2005 年全国普通高中家庭经济困难学生人数为 728 万人，差不多每五年翻一番。另一方面，在国家“西部大开发”的宏观政策导向下，中西部地区普通高中教育得到较快发展。由于区域经济发展不平衡，西部地区和中部部分地区普通高中家庭经济困难学生支付普通高中教育费用的能力有限。即便是在经济总体发展水平较高的东部地区，由于城乡二元经济结构客观存在，农村贫困家庭可支配收入水平较低，部分农村家庭子女接受普通高中教育仍有一定困难。让广大普通高中家庭经济困难学生顺利入学并安心完成学业，事关基础教育事业发展大局，对稳定高等教育生源、合理分流初中毕业生也有较大影响。因此，党和政府高度重视普通高中家庭经济困难学生的学习和生活费用问题。

为帮助普通高中家庭经济困难学生解决就学问题，中央有关部门设立了主要面向中西部地区普通高中家庭经济困难学生的专项资助。例如：中央宣传部、中央文明办、教育部从2000年开始联合组织实施“西部开发助学工程”，对普通本科高校学生展开资助，从2002年起，该工程增设普通高中“宏志班”项目，对家庭经济困难、品学兼优的学生进行资助，每年资助2 000人，每人资助6 000元，资助资金分3年按学年拨付。

从2007年起，受财政部和教育部委托，中国教育发展基金会实施“中央专项彩票公益金教育助学项目”，资助中西部地区22个省、自治区、直辖市和新疆生产建设兵团县镇和农村公办普通高中家庭经济困难学生。2007年，中国建设银行捐赠1.2亿元设立专项基金，与中国教育发展基金会共同实施“建设未来——中国建设银行资助贫困高中生成长计划”。

为解决家庭经济困难学生的就学问题，从2007年起，国家制定实施了包括高等教育、中职教育和义务教育在内的一系列学生资助政策措施，取得了良好的社会效益。随着国家可用财力的持续增长，党中央和国务院采取系列措施努力保证财政投入满足各级各类教育发展需要，中央和地方财政的教育经费投入水平稳步增长。另一方面，随着公共财政体制逐步建立和完善，各级财政支出重点逐步向教育、社会保障等民生领域倾斜，对各级各类教育的学生资助经费投入水平逐年持续增长，建立全国性的普通高中学生资助政策体系势在必行且条件基本成熟。

（一）以地方为主的资助阶段（2001—2010年）

2001年，《国务院关于基础教育改革与发展的决定》明确要求“各级人民政府完善并落实中小学助学金制度”。按照“分级办学、分级管理”体制，主要由省级以下人民政府根据本省经济发展水平、可用财力和普通高中教育发展实际，自主制定和实施普通高中家庭经济困难学生助学金政策。据初步统计，北京、陕西、江苏、浙江、宁夏、山东、重庆、广西、黑龙江、湖北、湖南等省（市、自治区）相继实施了以地方政府助学金为主的普通高中学生资助政策。这些省份的普通高中学生资助政策主要有以下特点：一是资助措施较多，各省份出台的普通高中资助政策包括助学金、奖学金、免学费、免（补）住宿费、免费教科书、免费作业本等；二是东部发达地区普通高中资助政策早于中、西部地区，资助项目相对较多，生均资助标准相对较高；三是一些地市和区县先于省级政府出台普通高中资助政策，不仅资助力度较大，而且探索建立普通高中学生实行“两免一补”措施也较早；四是大多数省份的地方政府普通高中助学金资助标准在每生每学年 1 000 元左右，资金主要由地市和区县承担，省级财政适当补助。

（二）以国家助学金为主体的资助阶段（2010 年至今）

2010 年，《国家中长期教育改革和发展规划纲要（2010—2020 年）》明确提出“建立普通高中家庭经济困难学生国家资助制度”，将普通高中学生纳入国家助学体系。同年，财政部、教育部印发《关于建立普通高中家庭经济困难学生国家资助制度的意见》，决定从 2010 年秋季学期起，建立“以政府为主导，国家助学金为主体，学校减免学费等为补充，社会力量积极参与”的普通高中家庭经济困难学生资助政策体系。此后，各省（市、自治区）人民政府结合本省普通高中教育实际和经济发展水平，相应制定了以国家助学金为主体的普通高中学生资助政策措施，并逐步理顺和完善了普通高中学生资助财政投入体制。

二、普通高中学生资助政策的主要内容

（一）国家助学金

普通高中国家助学金由中央与地方政府共同设立，用于资助普通高

中在校生中家庭经济困难的学生，平均资助标准为每生每学年 1 500 元（具体标准由各地结合实际在 1 000 元～3 000 元范围内确定，可以分为 2～3 档），资助面约占全国普通高中在校生总数的 20%，其中，东部地区为 10%，中部地区 20%，西部地区 30%。各地可结合实际，在确定资助面时适当向农村地区、贫困地区和少数民族地区倾斜。

（二）学校减免学费等

普通高中从学校事业收入中足额提取 3%～5% 的经费（具体标准由各省结合实际制定），专项用于减免家庭经济困难学生学费、设立校内奖助学金和特殊困难补助等。

（三）社会捐资助学

各级政府和普通高中逐步完善捐资助学相关优惠政策措施，积极引导和鼓励社会团体、企事业单位及个人等面向普通高中设立奖学金、助学金。

三、普通高中学生资助政策实施的成效

为贯彻落实《国家中长期教育改革和发展规划纲要（2010—2020 年）》，2010 年，财政部、教育部出台了《关于建立普通高中家庭经济困难学生国家资助制度的意见》，并制定了《普通高中国家助学金管理暂行办法》，就普通高中国家助学金的资助学生比例、资金来源、发放标准和申请审批要求等作了明确规定，规范和加强了普通高中学生资助管理工作。各省（市、自治区）教育与财政部门紧急行动、密切配合，在较短时间内制定了各地普通高中学生资助实施方案，采取有效措施督促地市和区县财政及时足额落实其应当承担的资金。在基层教育和财政部门的

指导监督下，各普通高中学校认真组织开展家庭经济困难学生的认定工作，及时规范发放国家助学金。全国学生资助管理中心加强普通高中学生资助工作督查，及时发现并处理政策执行中的新情况和新问题，建立全国普通高中学生资助信息数据库，加强信息监管和统计分析工作。通过各级教育和财政部门共同努力，在学校主动参与和社会各界积极配合下，全国普通高中学生资助工作在较短时间内取得了明显成效，主要体现在以下几个方面。

（一）基本保障普通高中家庭经济困难学生就学

2010—2011 年，全国共资助普通高中学生 1 289.2 万人次，资助金额 144.69 亿元。财政投入 110.97 亿元，占两年资助金额的 76.7%。普通高中国家助学金资助学生 960 万人次，资助金额 108 亿元。地方政府设立的资助政策资助学生 17.58 万人次，资助金额 2.97 亿元。学校利用事业收入提取资金资助学生 205.76 万人次，资助金额 15.36 亿元。社会团体、企事业单位和个人等捐资资助学生 37.73 万人次，资助金额 11.58 亿元。其他措施资助学生 68.12 万人次，资助金额 6.78 亿元。

（二）有效调动地方政府、学校和社会的助学积极性

普通高中国家助学金政策的实施，极大地带动了地方政府、学校和社会各界资助普通高中家庭经济困难学生的积极性。一些地方政府结合自身财力和贫困面情况，在执行国家助学金政策的同时，采取扩大资助面、提高资助标准、减免学费、减免书本费、补助寄宿生生活费、设立地方政府奖助学金等措施，加大对普通高中学生的资助力度。以山西省为例，从 2011 年秋季起，先后有蒲县、沁水县、高平市等地对普通高中学生实行“两免一补”政策，实现了“不让一个学生因家庭经济困难而失学”的目标。据山西晋城广播电视台报道，沁水一中高三学生张同学，由于父母双亡，一直和表姨生活在一起，日子过得非常艰难。2011 年秋

季开学，因为该县实施普通高中“两免一补”政策，她不但没有交学费和书本费，还得到了学校对她的其他各项补助。各级各类学校在发放国家助学金的同时，提取事业收入对家庭经济困难学生进行资助，形式多种多样，包括减免与学习有关的费用，如学费、书本费、生活费等，设立校内奖助学金，给特殊困难学生发放补助等，一些教师还自发出资设立班级助学金。为增强普通高中家庭经济困难学生资助的针对性和有效性，一些地方政府和学校建立家庭经济困难学生数据库，多方筹集资金，引导社会力量参与资助普通高中学生，一些企业和个人设立了普通高中助学基金和助学项目，全社会形成了资助普通高中家庭经济困难学生学习成长的良好氛围。

（三）激励普通高中家庭经济困难学生奋发成才

普通高中学生资助政策受到了社会各界的广泛关注，也激励了普通高中家庭经济困难的学生刻苦学习，立志成才。在资助政策实施过程中，各级教育部门和普通高中学校注重资助与育人相结合，指导学生充分认识国家资助家庭经济困难学生的重大意义，引导学生珍惜党和政府的关怀，使用好国家助学金，教育学生正确对待家庭经济的暂时困难，激励他们刻苦学习，通过受教育改变个人和家庭生活。河南省焦作市某中学高中学生倪同学就是一个资助成才的典型例子。倪同学从小患小儿脑瘫，父母都是普通职工，收入低，为治病欠下不少债务，家庭经济非常困难。倪同学非常体贴父母，生活上很节俭，他十分珍惜自己的学习机会，高中理综成绩一直是学校年级第一。2010年，国家助学金政策在普通高中实施后，班主任老师、学校助学金评审小组都首先想到了倪同学这个特殊的孩子。国家助学金，对倪同学和他的家庭来说真是雪中送炭！在国家助学金的资助下，倪同学受到莫大鼓舞，发奋学习，顺利完成高中学业，在2012年高考中，以优异的成绩考上理想的大学。倪同学的事迹被《焦作日报》报道后，在社会上引起强烈反响。

义务教育阶段学生资助政策与成效

一、义务教育学生资助政策出台背景与发展历程

义务教育是国家依法统一实施的所有适龄儿童、少年必须接受的教育，是国家必须予以保障的公益性事业。义务教育具有基础性、普及性和强制性等特点，是教育工作的重中之重。普及义务教育的重点在农村，难点也在农村。发展农村教育，保障农民子女完成九年义务教育，直接关系亿万人民群众的切身利益，是提高劳动者素质，促进传统农业向现代农业转变，从根本上解决农业、农村和农民问题的重大举措；是转移农村富余劳动力，推进工业化和城镇化，将人口压力转化为人力资源优势的重要途径。

20 世纪末，我国总体上实现了“基本普及九年义务教育、基本扫除青壮年文盲”的奋斗目标，义务教育取得了举世瞩目的重大成就。但在中西部贫困地区仍有 400 多个县尚未实现“两基”，“普九”任务十分艰巨，已“普九”的地区巩固“普九”成果的难度也很大。主要症结在于，农村地区经济发展长期处于相对滞后的状态，农民收入相对较低，支持子女接受教育的能力有限。据新华社 2004 年 2 月 25 日发布的、中国社会科学院经济研究所经过数年跟踪所做的一份全国性调查报告显示：中国城镇人均可支配收入为 8 617 元，农村人均纯收入仅 2 838 元。对于农村部分家庭来说，教育支出占家庭支出比重较大，农村家庭教育负担比较重。

为全面普及和巩固九年义务教育，从21世纪初开始，国家不断建立健全义务教育阶段学生资助政策，从免费提供教科书，到免学杂费和补助寄宿生生活费，再到营养改善计划，形成了以“农村义务教育经费保障新机制”为基础、以“两免一补”为主体的资助政策体系，并将有关内容纳入了《义务教育法》。《义务教育法》第二条规定：“实施义务教育，不收学费、杂费。”第四十四条规定：“各级人民政府对家庭经济困难的适龄儿童、少年免费提供教科书并补助寄宿生生活费。”实行免费义务教育，从经济上保障适龄儿童、少年，特别是家庭经济困难的儿童、少年接受义务教育，是法律赋予各级人民政府义不容辞的责任。

我国从2001年开始试行国家免费教科书制度，逐步形成了以“两免一补”为主体的义务教育阶段学生资助政策体系，其发展历程大致可以划分为以下两个阶段。

（一）“两免一补”政策形成期（2001—2005年）

1. 试行国家免费教科书制度

2001年，教育部、财政部印发《关于对全国部分贫困地区农村中小学生试行免费提供教科书的意见》，决定从当年秋季学期开始，在全国部分贫困地区农村中小学，对家庭经济困难学生试行免费提供教科书制度，中央财政安排1亿元专项经费，拉开了我国义务教育阶段免费教科书制度的序幕。中央免费教科书专项资金逐年增加，2002年增加到2亿元，2003年4亿元，2004年达到11.7亿元，免费教科书发放范围扩大到了中西部地区农村义务教育阶段2 400多万名贫困家庭学生。

2. 启动“两免一补”政策

2003年9月，《国务院关于进一步加强农村教育工作的决定》提出，“建立健全资助家庭经济困难学生就学制度，保障农村适龄少年儿童接受义务教育的权利”，“到2007年，争取全国农村义务教育阶段家庭经济困难学生都能享受到‘两免一补’（免杂费、免书本费、补助寄宿生生活费)，努力做到不让学生因家庭经济困难而失学”。2005年，《中共中央国务院关于促进农业稳定发展农民持续增收的若干意见》明确提出，加快国家扶贫开发工作重点县“两免一补”实施步伐。2005年2月，财政部、教育部出台《关于加快国家扶贫开发工作重点县“两免一补”实施步伐有关工作的意见》，决定从2005年春季起，中央对中西部地区592个国家扶贫开发工作重点县的农村义务教育阶段贫困家庭学生全部免费发放教科书，地方政府相应对这些学生免杂费，并逐步补助寄宿生生活费。从此，农村义务教育“两免一补”政策正式启动。

（二）“两免一补”政策完善期（2006年至今）

1.“两免一补”政策纳入义务教育经费保障机制

2005年12月，国务院出台《关于深化农村义务教育经费保障机制改革的通知》(以下简称《通知》)，按照“明确各级责任、中央地方共担、加大财政投入、提高保障水平、分步组织实施”原则，逐步将农村义务教育全面纳入公共财政保障范围，建立中央和地方分项目、按比例分担的农村义务教育经费保障机制。《通知》明确指出，逐步全部免除农村义务教育阶段学杂费，对农村家庭经济困难学生免费提供教科书并补助寄宿生生活费。免学杂费具体实施步骤为：2006年西部农村义务教育阶段中小学生全部免学杂费，2007年中部和东部地区农村义务教育阶段中小学生全部免学杂费。

2. 农村免费义务教育全面实行

2006年1月，财政部、教育部印发《关于对全国农村义务教育阶段学生免收学杂费的实施管理办法》，决定自2006年春季学期开始，西部地区农村义务教育阶段学生全部免收学杂费；自2007年春季学期开始，中部地区和东部地区农村义务教育阶段学生全部免收学杂费；自2009年春季学期开始，取消寄宿制学生住宿费。

3. 明确“一补”标准，提高“教科书”标准

2007年11月，财政部、教育部印发《关于调整完善农村义务教育经

费保障机制改革有关政策的通知》，明确了中西部农村义务教育阶段家庭经济困难寄宿生的生活费基本补助标准：小学生每生每天2元，初中生每生每天3元，按每年250天计算。对中西部地区落实“一补”所需资金，中央财政按照50%的比例给予奖励性补助；对东部地区，中央财政根据各省市政策落实情况及其财力状况等因素，给予适当奖励。2007年秋季学期开始，向全国农村义务教育阶段学生免费提供国家课程的教科书，所需资金由中央财政承担；2008年春季学期开始，免费提供地方课程教科书，所需资金由地方财政承担；同时，提高中央财政免费教科书补助标准，由小学每生每年70元、初中每生每年140元分别提高到小学90元、初中180元。

4. 建立免费教科书循环使用制度

2007年12月，财政部、教育部印发《关于全面实施农村义务教育教科书免费提供和做好部分教科书循环使用工作的意见》，从2008年春季学期开始，建立部分国家课程教科书的循环使用制度。

5. 城市免费义务教育全面实行

2008年4月，教育部印发《关于进一步做好城市义务教育免除学杂费试点工作的通知》，要求各省、自治区、直辖市人民政府负责统筹城市义务教育免除学杂费工作，在试点的基础上逐步推进。2008年8月，国务院印发《关于做好免除城市义务教育阶段学生学杂费工作的通知》，全部免除城市义务教育阶段公办学校学生学杂费。在接受政府委托、承担义务教育任务的民办学校就读的学生，按照当地公办学校免除学杂费标准，享受补助。对享受城市居民最低生活保障政策家庭的义务教育阶段学生，继续免费提供教科书，并对家庭经济困难的寄宿学生补助生活费。将免学杂费的范围扩大到义务教育阶段所有学生，至此，我国全面实现免费九年义务教育。

6. 两次提高“一补”标准，实施营养改善计划

2010年11月，财政部、教育部决定从2010年秋季学期起，将中西部地区农村义务教育阶段家庭经济困难寄宿生生活补助标准每人每天上调1

元，年生均补助标准小学生达到750元，初中生1 000元。2011年11月，国务院办公厅出台《关于实施农村义务教育学生营养改善计划的意见》(以下简称《意见》)，决定从2011年秋季学期起，在集中连片的特殊困难地区正式启动农村义务教育学生营养改善计划国家试点，中央财政为试点地区农村义务教育阶段学生提供营养膳食补助，标准为每生每天3元，全年按照学生在校时间200天计算，所需资金全部由中央财政承担。《意见》同时提出，从2011年秋季学期起，再次将家庭经济困难寄宿生生活补助标准每人每天上调1元，年生均补助标准小学生达到1 000元，初中生1 250元。

二、义务教育阶段学生资助政策的主要内容

义务教育阶段学生资助政策主要包括免学杂费、免费教科书和寄宿生生活补助三方面内容。

（一）免学杂费

国家对城乡义务教育阶段所有学生全部免除学杂费。

（二）免费教科书

国家对义务教育阶段所有农村学生和享受城市居民最低生活保障政策家庭的学生免费提供教科书，并实行部分国家课程教科书循环使用制度。农村学生国家课程免费教科书资金由中央财政承担，地方课程免费教科书及城市低保家庭学生国家免费教科书资金由地方财政承担。

（三）寄宿生生活补助

国家对义务教育阶段农村和城市家庭经济困难寄宿生提供生活补助。

中西部地区农村义务教育家庭经济困难寄宿生生活补助标准为小学生每天4元、初中生5元，按每年250天计算，所需资金由中央财政按照50%的比例给予奖励性补助，地方财政应承担的50%部分，由省级财政统筹落实。中西部城市和东部地区义务教育阶段家庭经济困难寄宿生生活补助资金由地方财政承担。

（四）营养改善计划

国家从2011年秋季学期起，在集中连片的特殊困难地区启动农村（不含县城）义务教育营养改善计划试点工作。中央财政为试点地区农村义务教育阶段学生提供营养膳食补助。标准为每生每天3元，全年按照学生在校时间200天计算，所需资金全部由中央财政承担。

三、义务教育阶段学生资助政策实施的成效

经过近10年的不断探索与努力，我国义务教育阶段已经建立起以义务教育经费保障机制为基础，以“两免一补”政策为主体的学生资助政策体系，城乡义务教育实现了全面免费。

（一）切实减轻了农民负担，深得广大人民群众的拥护

义务教育阶段学生资助政策的实施，顺应了社会的需求，保障了家庭经济困难学生享有平等受教育机会，切实减轻了农民负担。除免学杂费外，同时享受免费教科书和寄宿生生活补助的小学生每年减负1 090元，初中生每年减负1 430元，使数以千万计的农民家庭得到实实在在的好处。“两免一补”政策是继免除农业税之后，又一件惠民利民的好事、实事，“种田不纳税、上学不缴费”，反映了我国广大农民对党和国家政策的普遍赞誉。

（二）保障了义务教育阶段家庭经济困难学生平等的上学权利

随着“两免一补”政策的不断完善，国家对义务教育阶段学生的资助资金投入力度不断加大，资助范围不断扩大，保证了家庭经济困难学生在就学期间得到有效资助并顺利完成学业。2011 年，国家免费教科书政策惠及 1.3 亿名义务教育阶段学生，寄宿生生活补助政策惠及 1 545.78 万名学生。中央财政对义务教育阶段学生提供免费教科书及寄宿生生活补助资金达 196.07 亿元，其中国家免费教科书资金为 129.04 亿元，比 2007 年的 81.06 亿元增加了 47.98 亿元；寄宿生生活补助资金为 67.03 亿元，比 2007 年的 20.44 亿元增长了 2.3 倍（见表 1–13）。

表 1–13　2007—2011 年“一免一补”[①] 中央财政投入情况统计表

单位：亿元

资助政策 \ 年份	2007 年	2008 年	2009 年	2010 年	2011 年
国家免费教科书	81.06	172.35	138.06	133.05	129.04
寄宿生生活补助	20.44	40.64	40.96	57.3	67.03
总计	101.5	212.99	179.02	190.35	196.07

2007—2011 年，全国义务教育阶段家庭经济困难学生寄宿生生活补助累计资助学生 7 346.61 万人次，资助学生由 2006 年的 914.92 万人增长至 2011 年的 1 545.78 万人（分年度数据见图 1–18），增长 68.95%。五年间，各级财政“一补”政策累计投入金额达 512.97 亿元，其中，中央财政 226.37 亿元，占比 44.13%；地方财政 286.6 亿元，占比 55.87%。各级财政投入总额由 2006 年的 20.18 亿元增长至 2011 年的 146.86 亿元（分年度数据见图 1–19），增长 6.28 倍。

2007—2011 年，全国累计享受国家免费教科书共 6.49 亿人次（分年度数据见图 1–20），政策平均覆盖率[②] 为 83.5%。2008—2011 年，全国累

① “两免一补”政策在免学杂费资金完全纳入义保机制后，义务教育阶段学生资助政策主要内容是免费教科书和寄宿生生活补助政策，简称“一免一补”。

② 平均覆盖率指享受免费教科书学生数占义务教育阶段学生总数的比例。

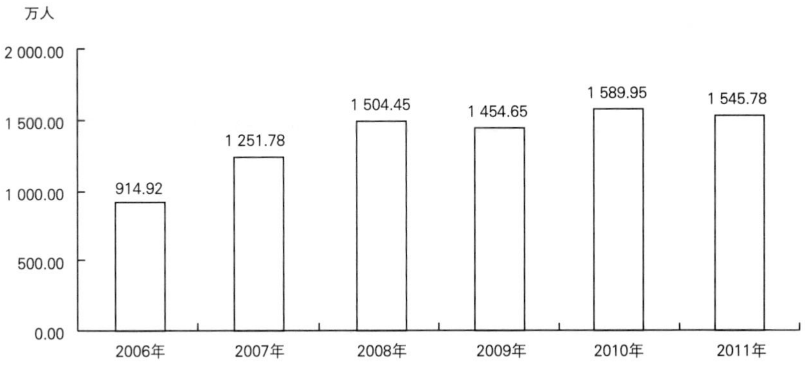

图 1-18　2006—2011 年寄宿生生活补助政策资助学生数

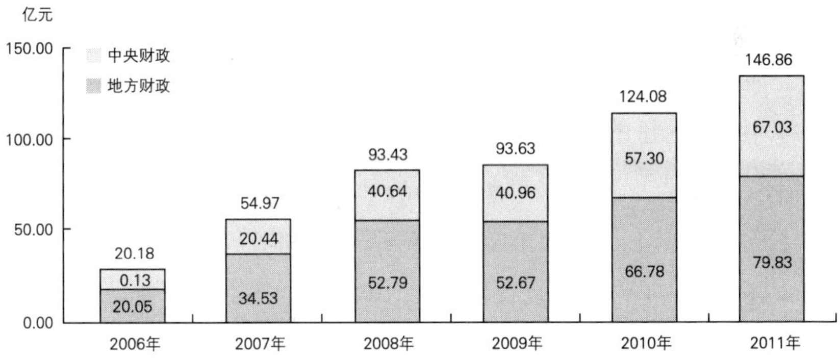

图 1-19　2006—2011 年财政投入寄宿生生活补助资金

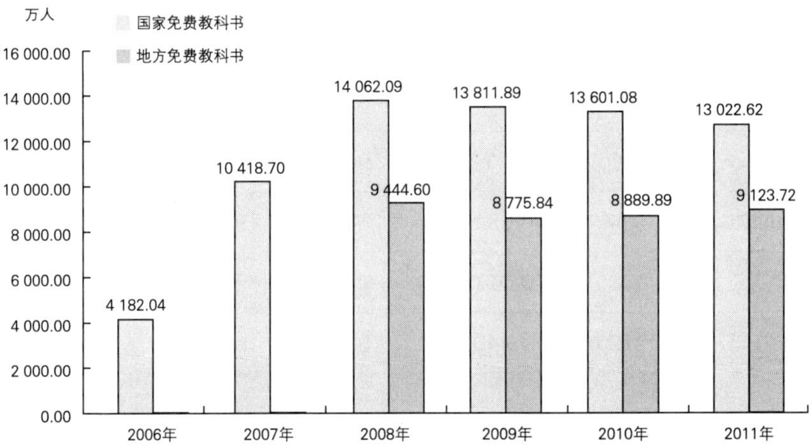

图 1-20　2006—2011 年全国义务教育阶段享受免费教科书学生数

计享受地方免费教科书共3.62亿人次，平均覆盖率为58.87%。

2011年秋季学期，国家在集中连片的特殊困难地区680个县及新疆生产建设兵团19个团场启动农村义务教育学生营养改善计划试点工作，中央财政共投入补助资金40.23亿元。

（三）推动义务教育普及程度进一步提高

普及义务教育是提高国民素质、培养社会主义现代化事业建设者的奠基工程，是我国实现全面建设小康社会的千秋基业。国家于2004年启动西部地区“两基”攻坚计划，普及九年义务教育工作进入冲刺阶段。在此过程中，逐步建立并完善的义务教育阶段学生资助政策体系发挥了巨大的作用。经过艰苦努力，2006年，我国“两基”人口覆盖率已达98%，比2003年的77%提高21个百分点；到2010年，全部实现“两基”目标，“两基”人口覆盖率已提高到100%（见表1-14），青壮年文盲率下降到4%以下，全国小学净入学率达到99.7%，初中毛入学率达到100.1%。全国人口平均受教育年限由1985年的不到5年提高到2011年的8年以上。

表1-14　2006—2010年义务教育学生、入学率及两基人口覆盖变化情况[①]

学生情况 / 年份	在校生人数（万人）		入学率（%）		两基人口覆盖率（%）
	初中	小学	初中	小学	
2006年	5 957.95	10 711.53	97	99.27	98
2007年	5 736.19	10 564	98	99.49	99
2008年	5 584.97	10 331.51	98.5	99.54	99.3
2009年	5 440.94	10 071.47	99	99.4	99.7
2010年	5 279.33	9 940.7	100.1	99.7	100

① 此处小学入学率按净入学率计算，初中入学率按毛入学率计算，数据来源于教育部网站2006—2010年教育发展统计公报。

学前教育资助政策

一、学前教育资助政策出台的背景与历程

学前教育是国民教育体系的重要组成部分，是重要的社会公益事业。办好学前教育，关系亿万儿童的成长和千家万户的切身利益，关系国家和民族的未来。改革开放特别是进入新世纪以来，我国学前教育取得长足发展，普及程度逐步提高。但总体上看，学前教育仍是各级各类教育中的薄弱环节，教育资源严重不足，城乡发展不平衡，师资队伍不健全，一些地方“入园难”问题仍然十分突出。党和政府高度重视学前教育，把发展学前教育作为保障和改善民生的重要内容，坚持政府主导、社会参与、公办民办并举，按照公益性和普惠性的原则，构建覆盖城乡、布局合理的学前教育公共服务体系，保障适龄儿童接受基本的、有质量的学前教育。

2003 年，国务院办公厅转发了教育部等十部委《关于幼儿教育改革与发展的指导意见》，要求“各地区要采取切实措施确保低收入家庭和流动人口的子女享有接受幼儿教育的机会。对社会福利机构，流浪儿童求助保护机构的适龄儿童，要给予照顾，有关费用予以减免”。2007 年 10 月 16 日，胡锦涛总书记在十七大报告中提出要“重视学前教育”，这是学前教育第一次出现在党代会的报告中，拉开了新时期学前教育发展的序幕。新时期，党和政府把学前教育资助作为发展学前教育的重要措施

之一，决定对家庭经济困难儿童、孤儿和残疾儿童接受普惠性学前教育提供资助。2010年7月，《国家中长期教育改革和发展规划纲要（2010—2020年）》（以下简称《教育规划纲要》）明确提出要“加大政府投入，完善成本合理分担机制，对家庭困难幼儿入园给予补助”。2010年11月4日，国务院总理温家宝主持召开国务院常务会议，研究部署进一步发展学前教育的政策措施，要求“加大学前教育投入，建立学前教育资助制度，对家庭经济困难儿童、孤儿和残疾儿童接受普惠性学前教育予以资助”。2010年，国家实施学前教育三年行动计划，要求各地分解年度任务，落实经费，以县为单位编制学前教育三年行动计划，有效缓解“入园难”。学前教育资助作为一项普及学前教育的措施被明确提出。2010年11月21日，国务院印发《关于当前发展学前教育的若干意见》，要求“建立学前教育资助制度，资助家庭经济困难儿童、孤儿和残疾儿童接受普惠性学前教育”。

2011年8月，国务院印发《中国儿童发展纲要（2011—2020年）》，确定了儿童平等发展的基本原则，即“创造公平社会环境，确保儿童不因户籍、地域、性别、民族、信仰、受教育状况、身体状况和家庭财产状况受到任何歧视，所有儿童享有平等的权利与机会”。并明确提出要“建立学前教育资助制度，资助家庭经济困难儿童、孤儿和残疾儿童接受普惠性学前教育”。2011年8月31日，国务院总理温家宝主持召开国务院常务会议，决定增加财政投入支持发展学前教育，明确提出“从2011年秋季学期起，地方结合实际先行建立学前教育资助制度，对家庭经济困难儿童、孤儿和残疾儿童入园给予资助”，中央财政根据各地工作情况给予奖补。

2011年9月5日，财政部、教育部印发《关于建立学前教育资助制度的意见》，明确了学前教育资助政策的基本原则、资助内容，对地方建立学前教育资助制度提出了具体要求，学前教育资助制度正式建立。

二、学前教育资助政策的主要内容

（一）政府资助

地方政府对经县级以上教育行政部门审批设立的普惠性幼儿园在园家庭经济困难儿童、孤儿和残疾儿童予以资助。

（二）幼儿园资助

幼儿园从事业收入中提取3%~5%比例的资金，用于减免收费、提供特殊困难补助等，具体比例由各地自行确定。

（三）社会资助

各地建立和完善相关优惠政策，积极引导和鼓励社会团体、企事业单位及个人等捐资，帮助家庭经济困难儿童、孤儿和残疾儿童接受普惠性学前教育。

学前教育资助政策解读①

——总体思路。充分发挥政府主导作用，创新体制机制，公办民办并举，多渠道、多形式扩大学前教育资源，实现《教育规划纲要》确定的目标任务，有效破解"入园难""入园贵"问题，让广大人民群众真正得到实惠。

——基本原则。按照"地方先行，中央补助"的原则，各地从2011年秋季学期起建立学前教育资助政策体系，具体资助方式和资助标准由省级政府自行制定，中央财政根据地方出台的资助政策、经费投入及实施效果等因素，予以奖补。

---

① 节选自《财政部 教育部关于建立学前教育资助制度的意见》《财政部 教育部关于加大财政投入支持学前教育发展的通知》。

——实施主体。地方政府是实施学前教育资助政策的主体，负责制定支持学前教育资助开展的政策实施方案。

——资金投入。以政府投入为主，以社会举办者投入、家庭合理负担、动员社会力量捐资助园为辅，多渠道扩大学前教育资助资源。幼儿园要从事业收入中提取 3%～5% 比例的资金，用于减免收费、提供特殊困难补助等，具体比例由各地自行制定。

——资助对象。地方政府对经县级以上教育行政部门审批设立的普惠性幼儿园在园家庭经济困难儿童、孤儿和残疾儿童予以资助。

实践与探索

加大国家资助政策宣传力度

宣传工作是党和政府与人民群众沟通的重要桥梁。近几年来，国家不断出台学生资助政策，基本建立健全了从学前教育到高等教育的家庭经济困难学生的资助政策体系。为了使广大人民群众了解党和政府的这项重大惠民政策，解除家庭经济困难学生上学的障碍，各级有关部门把资助宣传工作摆在突出位置，构建起中央、地方、学校三级宣传平台，精心组织开展多种形式的宣传工作，确保国家资助政策家喻户晓，深入人心，为全面有效地开展学生资助工作奠定了坚实基础。

一、做到“三个到位”，让资助宣传工作落到实处

党和政府高度重视舆论宣传工作。胡锦涛总书记指出“舆论引导正确，利党利国利民；舆论引导错误，误党误国误民”。总书记的讲话深刻阐释了宣传工作的重要性。近些年来，各级有关部门始终把宣传作为资助工作的重要抓手，统一思想认识，精心组织实施，确保资助宣传工作的“三个到位”。

（一）认识到位

认识到位是做好资助宣传工作的前提。“健全家庭经济困难学生资助

政策体系”，“不让一个学生因家庭经济困难而失学”，是党中央、国务院根据我国教育改革发展的新形势、新任务作出的重大决策和庄严承诺，是我党以人为本、执政为民理念的具体体现，是促进教育公平、维护社会公正、构建社会主义和谐社会的基本要求，是推动教育事业科学发展、建立人力资源强国的重要举措。刘延东国务委员曾在国家奖学金颁奖大会上指出：“要加大资助政策宣传的广度、深度和力度，让同学们全面了解国家的资助政策，让人民群众感受到党和国家的关怀。”要让党和政府的这项惠民政策深入人心，这就要求各级有关部门充分认识资助宣传工作的重要性，积极广泛地开展学生资助政策的宣传工作，充分发挥宣传的舆论导向作用，让各级政府、有关部门和社会各界认同、支持学生资助工作。

（二）组织到位

组织到位是做好资助宣传工作的保障。为确保资助宣传工作有序开展，各级有关部门加强组织领导，健全了工作机制。一是成立了领导小组。中央和地方各级教育部门均成立了由新闻宣传单位牵头的宣传工作领导小组，按照“谁部署、谁宣传、谁引导”的原则，健全了资助宣传工作责任制。二是建立了协调沟通机制。教育、财政等有关部门定期研究制订资助宣传工作方案，加强协调与沟通，统一部署资助宣传工作。特别是紧紧抓住每年“两会”和新学年开学前这两个关键节点，组织开展全方位、多形式的系列宣传活动，重点宣传国家资助政策和资助工作成效。三是加强宣传队伍培训。在财政部的大力支持下，全国学生资助管理中心每年定期对省、市和县级学生资助管理人员进行资助政策宣讲培训，确保每位资助管理人员熟悉资助政策，明确资助宣传工作要求，有针对性地组织基层和学校开展资助宣传工作。

（三）工作到位

工作到位是做好资助宣传工作的关键。近些年来，全国各级教育行政部门采取多种有效措施，加大宣传力度，确保资助宣传工作落到实处。一是充分发挥新闻媒体传播优势，向广大人民群众宣讲国家资助政策。各级教育部门主动与新闻媒体沟通，权威发布资助政策，直面资助热点问题，主动提供学生资助新闻线索，组织记者团赴基层开展政策宣传和深度采访报道。二是充分利用画册等宣传手段，向广大人民群众宣讲国家资助政策。中央和地方各级有关部门组织多种形式的宣传活动，如印发宣传画、宣传册和宣传标语，开辟宣传网站和宣传板报等，使广大人民群众特别是广大学生和家长更加形象、更加全面、更加准确地了解国家资助政策内容及申请资助程序。三是充分把握资助工作舆情，及时化解群众投诉和舆论负面影响。中央、地方和高校学生资助管理机构开通热线电话，及时受理广大学生和家长的咨询与投诉，尽早排解学生担心家庭经济困难上不起学的后顾之忧，及时化解家长投诉的每个细小问题。全国学生资助管理中心建立了学生资助舆情的收集、研判、化解和处置等工作程序，建立健全资助新闻的快速应急反应协调机制，主动化解突发舆情和负面宣传报道可能引发的公共危机，对媒体密集关注的资助问题在第一时间调查，第一时间沟通，争取把舆论监督的正面效应放到最大，负面效应降到最低，使资助宣传工作成为推进基层学生资助工作的助力器。

二、构建“三级平台”，让资助宣传深入人心

在资助宣传工作中，各级教育行政部门和各级各类学校担负不同的职责，也有不同的特点与优势。近年来，从中央到地方的学生资助管理机构不断开拓与创新，逐步构建了上下联动、纵向协调、各具特色的有效宣传服务平台，增强了舆论宣传的引导能力，使党和国家的资助政策不断深入人心。

（一）夯实教育部宣传平台，权威发布和解读国家资助政策

从国家层面权威发布和解读国家资助政策，有利于社会各界充分了解国家建立健全家庭经济困难学生资助政策体系的重大意义、主要目标、基本原则和资助政策体系的主要内容，让地方政府和学校清楚了解落实家庭经济困难学生资助政策体系的工作要求，在全社会形成积极支持教育事业、广泛参与资助工作的良好局面。

近年来，教育部积极通过多种途径构建权威的学生资助宣传平台。一是通过组织召开新闻发布会等方式，权威发布国家资助政策及相关信息。通过教育部新闻发言人制度，每年定期组织召开学生资助新闻发布会或新闻通气会，权威发布国家新出台的学生资助政策，积极宣传地方学生资助工作经验和受助学生成长成才典型。财政部、教育部将国家学生资助政策纳入政务信息公开范围，在教育部、财政部等官方网站及时公布国家资助政策，权威解读政策要点。二是充分发挥新闻媒体宣传优势，开展政策宣传和深度采访报道。积极与电视台合作，拍播资助政策宣传公益广告和公益宣传片，飞播字幕等。通过新闻专题报道、专家访谈、专栏专版等形式，深入解读国家资助政策。组织记者采访团，深入农村基层采访报道，向普通老百姓宣讲国家资助政策，让群众直观感受国家惠民政策。三是通过编印各种画册等，宣传国家资助政策和受助学生典型案例。财政部、教育部每年组织印制资助政策宣传画，要求张贴至学校、乡村、社区和公共场所，让群众知晓国家资助政策，每年组织印发《高校资助政策简介》，要求各高校随录取通知书寄发给当年录取新生。每年组织编印《国家奖学金获奖学生风采录》，宣传获奖学生刻苦学习、开拓创新、全面发展的优秀事迹，为新时代大学生树立学习榜样。

（二）开辟地方教育部门宣传平台，深入宣讲国家资助政策

在地方层面深入宣讲国家资助政策，有利于将学生资助政策的国家意志准确地传输给基层工作者和广大人民群众，让社会各界正确理解国

家资助政策体系，让全社会进一步深化对建立健全国家资助政策体系的重大意义的认识。更为重要的是，地方宣讲资助政策直接面对需要资助的学生及其家长，地方宣传工作做到位了，就让家庭经济困难学生吃上了“定心丸”，不再担心因家庭经济困难上不起学。

近些年来，各地结合本地实际和特点，积极探索资助宣传工作的途径与形式。一是以群众喜闻乐见的形式开展宣传。地方教育部门除通过电视台、报刊等主要媒体宣传资助政策外，还因地制宜，进一步开拓思路，创新形式，运用广大群众和学生喜闻乐见的形式不断加强资助政策宣传。例如：广西壮族自治区每年在全区开展“学生资助政策宣传月”“助学政策助我成才”征文比赛等活动；陕西省建立家庭经济困难学生资助专题网站，在陕西人民广播电台“秦风热线”栏目开辟生源地信用助学贷款宣传专题节目，解答学生及其家长的提问，取得了良好的社会效果。二是以系统排摸的模式走访宣传。部分地区在宣传工作中力求宣传到人，把资助政策落实到每一位需要知晓资助政策的群众，体现出高度的政治责任感。山东省淄博市从 2010 年开始组织各区县和学校实地走访经济困难家庭 3 万多户，向 2 万多名义务教育阶段的学生和 1 万多名普通高中学生的家庭宣传了国家资助政策。安徽省淮北市政府把 5 月份和 10 月份定为“民生工程宣传月”，在全市范围内所有普通高中、中等职业学校开展电话家访，要求家访率达到 100%。对无法取得电话联系的受助学生家长，学校要抽调人员开展上门走访活动，认真总结家长和受助学生对资助政策的知晓情况、群众提出的意见和建议等，并及时反馈和整改。三是以深入农村的方式重点宣传。农村地区容易成为学生资助宣传的盲点，建立深入基层宣传制度，是实现政策宣传全覆盖的重要手段。为此，各省（区、市）下移宣传工作重心，把重点放在农村地区，尤其是偏远山区、库区、牧区。湖北省各县的宣传工作基本做到“四个一”，即在当地主流媒体编播一条公益广告，向每个学生发放一张宣传卡片，向每位学生家长邮寄一封公开信，在每个乡镇的交通醒目处悬挂一条横幅标语。

（三）建立学校宣传平台，直接面向学生宣讲国家资助政策

学校是面向学生及其家长开展宣传的最前沿平台。让学生及其家长了解资助政策，解除后顾之忧，努力做到“不让一个学生因家庭经济困难而失学”，是学校资助工作部门的职责所在。为了让国家资助政策最终落到实处，各学校在学生入学前、入学时、入学后都开展了全程资助宣传工作，确保学生安心、家长放心。

近几年来，学校开展了多种形式的资助宣传工作。一是入学前做好政策告知。按照教育部的统一部署和工作要求，各高校为每位录取新生寄发了《高校学生资助政策简介》，提前告知学生在遇到经济困难时如何寻求国家资助政策的帮助。此外，各学校还开通资助工作热线，及时接待学生与家长的来访与咨询。华东师范大学专门制作了“新生资助指南专题网”，桂林理工大学开通了学生资助微博宣传政策，并安排专人进行答疑解惑。二是入学时做好政策引导。家庭经济困难学生在报到入学时，各高校都会开设“绿色通道”，帮助他们办理缓缴各项费用的手续。同时也会在“绿色通道”现场设立资助政策咨询台，现场解答他们的疑问。许多学校还向家庭经济困难学生发放《资助指南手册》，帮助学生快速了解学校的资助政策。武汉大学每年为新生编印《资助专刊》，发放到全校所有班级。华中师范大学以“形势与政策课”的形式向学生全面解读资助政策。湖北各学校基本做到政策宣传“四有”，即有墙报、有横幅、有标语、有贴画。三是入学后积极宣传总结。资助政策宣传还有一个重要任务，就是展现家庭经济困难学生在国家资助政策的帮助下，树立信心，坚定决心，自强自立，刻苦学习的励志风采。许多学校通过挖掘宣传家庭经济困难学生的典型，为广大学生树立模范榜样。西南大学、大连理工大学、东北大学等高校通过评选“自强之星”“勤工之星”“感动人物”，开展“励志青春、自强人生”等系列主题活动，激励广大学生刻苦学习、奋发向上。桂林电子科技大学先后拍摄《求索之星》《国家奖学金获奖学生风采展》等优秀受助学生感恩成材的典型视频，在学生公寓、

学生食堂等公共场所的墙面电视进行播放，激励广大学生奋发向上。

三、采取“三个主动”，让资助宣传贴近群众

学生资助政策体系建设解决的是民生问题，事关教育公平和社会公平，涉及数以千万计经济困难家庭及其子女的切身利益。不同地区、单位和人群对资助信息的接受和理解客观上存在差异，因此学生资助工作中不可避免地存在信息不对称现象，这就需要在宣传工作中充分把握主动性，让资助宣传工作贴近群众，让国家资助政策家喻户晓、深入人心。

（一）主动发布和宣讲国家资助政策

每项资助政策出台后，中央和地方各级有关部门牢牢把握宣传工作主动权，及时组织召开新闻发布会或新闻通气会，通过广播、电视、网络、报纸等媒体向社会公布国家资助政策信息，并对资助对象、资助标准、评审程序等进行详细地解读，既增加了国家资助政策的透明度，又及时将国家意志传输给基层工作者和广大人民群众。此外，全国学生资助管理中心组织中央主流媒体记者团，深入农村、偏远山区和基层学校宣讲国家资助政策，拉近了政府与人民群众之间的距离，得到广大学生、家长和社会各界的广泛好评。

（二）主动回应社会关注的热点

高考录取期间，家庭经济困难学生入学问题在较短时间内被聚焦和放大，曾一度成为社会各界关注的热点问题。各级教育部门和学校遵循“充分准备、主动公布、总结经验、快速应对”的原则，主动回应各类资助热点问题。每年在高校新生即将开学之际，教育部都要印发通知，要

求各高校必须开通绿色通道，确保家庭经济困难新生顺利入学。同时，主动开通资助热线电话，为学生咨询政策、反映问题畅通渠道。在信息网络广泛应用的背景下，教育部门回应资助热点问题的方式不再局限于新闻发布会和传统媒体等形式，而是更多地使用网络平台主动和便捷地宣讲有关政策，有效化解学生可能提出的热点问题。江苏省在 2011 年普通高校毕业生赴苏北基层单位就业期间，在资助工作网站详细说明了学费补偿的政策要点和申请程序，并在网站页面上提供填写在线申请表的链接，把资助政策的宣传和工作流程有机地结合在一起，往年学费补偿申请期间社会的关注热点问题再也没有“热”起来。

（三）主动受理群众咨询与投诉

教育部自 2005 年起在每年 8 月中旬至 9 月中旬开通 24 小时高校学生资助工作热线电话，自 2008 年起常年开通中等职业学校国家助学金发放工作举报投诉电话，直接受理广大学生和家长的政策咨询和问题投诉。对高校投诉电话，按照“分级负责、归口办理，谁主管、谁负责”的原则，协调各地、各校认真核实处理，如有反映学校“绿色通道”不畅而拒绝学生报到办理入学手续的，则立即责成有关省级教育行政部门和高校迅速核查处理，做到“当天投诉，当天解决”。2007—2011 年，高校学生资助热线共接听电话 13 670 个，其中解答政策咨询 10 017 个，处理投诉电话 3 653 个。对中职资助投诉举报电话，及时传送到有关省（区、市）教育主管部门和学校，进行核实处理，并要求在一周内给予反馈。2008—2011 年共受理群众政策咨询和投诉共计 3 994 个。针对群众来信来访及网站留言等，全国学生资助管理中心及时认真细致地答复，让学生及其家长放心。对所有关于学生资助工作的政策咨询和问题投诉，均做到了件件有落实、事事有回音，得到了学生和家长的充分肯定和好评。

在各级教育行政部门和各级各类学校的共同努力下，我国初步建立起中央、地方和学校三级宣传平台，形成了主动宣传的良好态势，取得了很好的效果。近些年来没有发生因担心家庭经济困难上不起学而引发的恶性事件，在很大程度上得益于宣传工作的到位。随着资助宣传工作的进一步深入，政策导向作用也不断凸显，社会各界更加关注家庭经济困难学生的学习和生活问题，越来越多的企事业单位、社会团体和爱心人士参与助学活动。据统计，2011 年社会共捐助资助资金约 30 亿元，形成了政府主导、社会各界广泛参与的学生资助工作局面。同时，通过宣传，也进一步增强了广大受助学生的社会责任感和时代使命感，激发他们刻苦学习、报效祖国的热情，大批普通高校毕业生赴中西部地区、农村偏远地区及农、林、水、地、矿、油、核等艰苦行业工作，应征入伍服义务兵役，为中西部偏远地区、国家的特殊行业和国防建设提供了强有力的人力资源支撑。

国家助学贷款工作在变革中求发展

上个世纪 90 年代，随着经济体制改革的不断深入，经过多年探索，1997 年我国建立起基于人力资本理论和高等教育成本分担理论下的高校收费制度，即所有大学生均需按照生均培养成本的一定比例缴纳学费。当时国家在高校实行奖学金、勤工助学、校内无息借款、特别困难补助、学费减免等制度和措施，但不能完全解决家庭经济困难学生的上学问题，迫切需要建立健全与高校收费制度相适应的家庭经济困难学生资助政策体系，重点帮助家庭经济困难学生解决学费问题。在国务院的领导下，经过研究发达国家高校学生资助政策体系，决定在社会主义市场经济体制下，利用金融手段推动我国高校家庭经济困难学生资助政策体系的完善，建立国家助学贷款制度，家庭经济困难学生向银行贷款解决上学费用。自 1999 年国家在 8 个城市启动国家助学贷款试点工作以来，时间已经过去 12 年。这期间，国家助学贷款制度历经多次变革。政策的完善，运行机制的调整，操作主体的变更等，其工作重心始终围绕解决资助经济困难学生的政府行为与银行市场利益行为之间的矛盾，最终实现国家助学贷款“应贷尽贷”的工作目标。

一、从校内无息借款到银行商业贷款
——建立国家助学贷款制度（1999 年）

1996 年，时任国务院副总理李岚清同志在英国访问期间，听取了该国开办教育保险情况的介绍，回国后即批示中国人民银行会同教育部、财政部组团赴英国专门考察利用金融手段支持教育发展的做法。1997 年底，李岚清同志主持召开了利用金融手段支持教育事业发展的专题会议。根据会议精神，教育部与中国人民银行、财政部等部门反复协商，初步达成在我国高校实行国家助学贷款的意见。在此基础上，教育部会同财政部、中国人民银行研究起草了《关于国家助学贷款的管理规定（试行）》，上报国务院。

1999 年 6 月 17 日，国务院正式批准了三部门起草的《关于国家助学贷款的管理规定（试行）》，决定于当年在北京、上海、天津、重庆、武汉、沈阳、西安、南京 8 个城市进行国家助学贷款工作的试点。该阶段政策的主要内容是：贷款对象为普通高等学校中经济困难的全日制本、专科学生；国家助学贷款的承办银行为中国工商银行；贷款为担保贷款；为体现政府对经济困难学生的扶持和帮助，由国家财政给予 50% 的贴息；学生毕业后 4 年内还清贷款。

二、从担保贷款到信用贷款
——推广国家助学贷款（2000 年）

国家助学贷款试点工作表明，高等学校的经济困难学生很难找到担保人，政策不易落实。2000 年 2 月和 8 月，国家对 1999 年的政策进行了两次调整，并决定在全国的高校进行推广。政策的主要变化是：贷款工作范围扩大到全国高校；承办银行扩大到工、农、中、建四家国有独资商业银行；贷款对象扩大到普通高校本、专科学生、研究生和攻读第二学士学位的全日制学生；担保贷款改为无担保的信用贷款，此项变化是一项重大突破，符合国家助学贷款的社会公益属性。

经过一年多的努力，学生贷款人数由2000年的6.7万人增加到2001年的20.4万人，贷款金额由2000年的7.6亿元增加到2001年的16.8亿元，虽然工作有了较大进展，但与学生实际需求还有较大差距，许多高校的国家助学贷款工作没有银行承接。为进一步推动国家助学贷款工作，落实各高校的经办银行，2002年中国人民银行、教育部、财政部研究决定建立“四定三考核”制度。四定包括：定贷款学校——由省级教育行政部门确定本辖区内有资格申请国家助学贷款的普通高等院校；定贷款范围——贷款范围限于解决经济困难、品学兼优的全日制本、专科生、研究生和第二学位学生的学费、住宿费和生活费；定贷款额度——申请贷款的家庭经济困难学生人数比例原则上不超过在校全日制学生的20%，学生贷款额每人每学年最高不超过6 000元；定贷款银行——由各申请贷款学校自主选定一家国有独资商业银行作为国家助学贷款经办银行。为督促经办银行发放国家助学贷款，促使建立实行按月“三考核”制度，即考核经办银行国家助学贷款的申请人数和申请金额，考核已审批贷款人数和贷款合同金额，考核实际发放贷款人数和发放金额。为落实“三考核”制度，做好对商业银行的考核工作，使考核工作有据可依，经中国人民银行与教育部研究，从2002年起建立了向各商业银行下达国家助学贷款指导性计划的制度。这是我国银行体制改革以来，唯一由中央银行下达的指导性计划。应该说，在国务院领导的重视和关心下，“四定三考核”措施对推进国家助学贷款工作起到了一定的作用，贷款人数由2001年的20.4万人增加到2002年的25.4万人，贷款金额由2001年的16.8亿元增加到2002年的20.6亿元。

三、从风险独担到风险分担
——实施国家助学贷款新机制（2004 年）

“四定三考核”制度更多体现了政府要求银行履行社会公益职责，没有充分考虑银行在市场经济环境下的营利属性，执行起来并不是很顺畅。特别是中国人民银行于 2003 年 8 月 8 日下发的《关于下达 2003 年度国家助学贷款指导性贷款计划通知》中指出，国家商业银行总行在编制下达本行系统内基层经办银行国家助学贷款信贷计划时，对于借款人违约比例达到 20%，且违约数达到 20 人的高校可以暂不列入编制范围，当时简称为“双二十规定”。一方面，按“四定三考核”制度为高校落实经办银行，推动银行增加放贷人数和金额；另一方面，“双二十规定”又为经办银行停办国家助学贷款业务提供了执行依据，使得本来就难以推动的国家助学贷款工作又陷入了困境。2003 年新增贷款合同金额较以前同期有下滑趋势，部分已开展国家助学贷款工作的业务银行分支机构出现了停贷、缓贷现象。2004 年 3 月初，由国务院办公厅秘书三局牵头，会同教育部、财政部、中国人民银行、银监会等部门，对部分地区的国家助学贷款工作情况进行实地调研，提出了完善国家助学贷款政策和机制的意见及建议。经过请示国务院领导，在教育、财政、银行等系统内广泛征求意见，反复修订，2004 年 6 月 12 日，国务院办公厅转发了教育部、财政部、中国人民银行、银监会《关于进一步完善国家助学款工作的若干意见》，正式实施国家助学贷款新机制。

国家助学贷款新机制以“方便贷款、防范风险”为原则，对国家助学贷款政策和机制进行了重大改革，建立了以风险补偿机制为核心的国家助学贷款新政策、新机制，目的是为了缓解国家助学贷款工作中的政府资助行为与银行营利行为之间的矛盾，遵循市场经济规律，推动国家助学贷款工作。

（一）政策进一步优惠

一是改革财政贴息办法。考虑到家庭经济困难学生在校期间本来就经济困难，无力支付利息，改变原来规定的在整个贷款合同期间对学生贷款利息给予50%财政补贴的做法，实行贷款学生在校期间的贷款利息全部由财政补贴，毕业后全部自付的办法。二是延长还贷年限。考虑到高校部分毕业生就业有一定困难，毕业后一时难以找到工作，改变原来规定的自学生毕业之日起开始偿还贷款本金、4年内还清的做法，实行贷款学生毕业后视自身就业情况，在毕业1~2年后开始还贷，毕业后6年内还清本息的做法。三是为鼓励获得国家助学贷款的毕业生到艰苦地区和艰苦行业工作，提出建立国家助学贷款代偿机制。对到国家需要的艰苦地区、艰苦行业工作，服务达到一定年限的贷款学生，经批准可以奖学金方式代偿其贷款本息。

（二）机制进一步规范

一是改变由国家指定四大国有商业银行经办国家助学贷款业务，实行由政府按隶属关系委托全国和省级学生贷款管理中心通过招投标方式确定国家助学贷款经办银行。二是对普通高校实行贷款总额包干办法。普通高校每年的贷款总额原则上按全日制普通本、专科学生（含高职学生）、研究生以及第二学士学位在校生总数20%的比例，每人每年6 000元的标准计算确定。三是由高校和银行按分工共同操作。助学贷款的前期宣传、申请材料的审核等工作主要由学校完成，银行根据学校报送的申请材料，在学校的贷款包干额度内审批贷款。

（三）风险防控进一步科学

建立风险补偿机制。针对商业银行认为国家助学贷款风险较大、成本高的情况，建立了国家助学贷款风险补偿机制。按学校隶属关系，由财政和普通高校按当年贷款金额的一定比例建立国家助学贷款风险补偿专项资金，给予经办银行适当补偿，具体比例在招投标时确定。国家助学贷款风险补偿专项资金由财政和普通高校各承担 50%。

为推动落实国家助学贷款新机制，教育部主管部门作出了不懈的努力，通过走访各大银行总行，宣传国家助学贷款新政策、新机制，动员银行积极竞争承办国家助学贷款业务，取得了积极的成效。对中央部属高校国家助学贷款业务进行招标，11 家银行参加了投标，最终中国银行取得中央部属高校国家助学贷款业务的承办权，风险补偿金平均比例为 7%，大大低于 15% 风险补偿金的标底。2004 年 9 月 3 日，教育部与中国银行签署中央部属高校国家助学贷款合作协议，为期两年，中央部属高校国家助学贷款新机制工作得以顺利实施。各地在落实本辖区内所属地方高校国家助学贷款业务承办银行时遇到了很大困难，部分银行或是无意参加投标，或是报出过高的风险补偿金比例而导致流标。教育部建立国家助学贷款工作巡回督察督办机制，联合财政部等有关部门赴全国各地督促落实承办银行。2005 年 9 月 1 日，教育部召开新闻通气会，对落实不力的 8 个省份（集中在西部地区）进行通报批评，并限期一个月整改，如仍不落实，教育部、财政部将在职权范围内，对财政经费拨付、招生计划、硕士和博士点审批以及高校设置、升格、更名等方面采取进一步的惩罚措施。西部地区在教育部通报批评后，国家助学贷款工作有了一定起色。

2004 年初，教育部与国家开发银行就开展国家助学贷款业务问题进行研究，探讨只有总行和省分行两级机构的政策银行办理国家助学贷款业务的可能，只因国家开发银行当时是政策银行且不设基层营业网点，没有被列入承办国家助学贷款新机制业务范围。2004 年，河南省向商业银行招标承办国家助学贷款银行流标后，与国家开发银行河南省分行研究合作开展国家助学贷款业务。经当地政府和教育主管部门多方努力，国家开发银行同意在河南首先启动试点工作。为了克服国家开发银行没有营业网点的“短腿”，河南省建立两级管理平台——以省学生资助管理中心为管理平台，统一管理全省的国家助学贷款业务；以各高校学生资助管理机构作为

“操作平台”，具体负责国家助学贷款的日常管理。两级管理平台的建立，使高校成为国家助学贷款管理的主体，将高校和教育主管部门对学生的管理优势与银行对资金的管理优势有机结合起来。为了促进高校加强国家助学贷款管理，河南省建立激励约束机制——改革风险补偿金的管理使用办法。如学校管理绩效较好，贷款违约金额低于 14% 的风险补偿金数额，剩余部分全部奖励返还给高校；如管理不好，贷款违约金额超过 14% 的风险补偿金数额，超出部分由高校、省资助中心、国家开发银行省分行按比例分担。通过有针对性地建立管理平台和有创造性地建立激励约束机制，河南省国家助学贷款工作形成了“河南助学贷款管理模式”。2006 年初，山西、青海也先后被纳入国家开发银行开展国家助学贷款工作的试点地区，按照“河南助学贷款管理模式”开展工作。在总结“河南助学贷款管理模式”工作基础上，经教育部与银监会多次沟通、研讨，2006 年 8 月，银监会批准国家开发银行在可能的条件下，在全国范围内开展国家助学贷款业务。随后，吉林、广东等多个省份在得不到其他银行支持的情况下，启动了国家开发银行国家助学贷款工作。国家开发银行普遍承办国家助学贷款业务，为推进国家助学贷款新机制带来了新的活力，为开拓国家助学贷款工作新局面发挥了关键作用。

推动落实国家助学贷款新机制是一个艰难的行进过程，但由于新机制给予经办银行较好的市场经营条件，特别是国家开发银行对新机制的充分理解和支持，有力地促进了国家助学贷款工作的进展。2004 年、2005 年、2006 年全国新增贷款合同金额分别为 31.2 亿元、76.3 亿元、79.9 亿元，比新机制实施前有了较大幅度的提高。

四、从校园办理到家园办理——国家助学贷款逐步转入以生源地信用助学贷款为主（2007 年）

新机制的实施促进了国家助学贷款工作较快发展，但还没有实现“应贷尽贷”的工作目标。2006 年，全国高校家庭经济困难学生为 304 万人，按人均年贷款金额 5 500 元计，年贷款总金额应达到 167 亿元，而 2006 年实际新增贷款合同金额仅为 79.9 亿元，贷款金额仍然偏低。2006 年，中央部属高校获得贷款学生人数占在校生总数的比例约为 14%，地方高校约为 9%，全国平均约为 10%，与全国家庭经济困难学生平均比例 20% 相比，贷款人数仍然偏少。商业银行下属的基层经办银行向地方高校发放国家助学贷款的积极性越来越低，推进工作的阻力和难度越来越大。多数基层经办银行认为，国家助学贷款风险大、成本高、收益低。因此，许多经办银行采取总量控制的措施，审批率人为降低，不能满足学生实际需求。

与此同时，江苏、浙江等地开始探索利用农村信用社在学生家庭所在地办理助学贷款，即生源地助学贷款，在一定程度上弥补了商业银行发放国家助学贷款数量的不足。但由于农村信用社资金有限，需要学生提供担保，没有国家统一政策支持，加之地方财政体制的限制，只能为考入本省高校的学生办理贷款等原因，生源地助学贷款规模十分有限。2006 年底，国家作出进一步完善家庭经济困难学生资助政策体系的决定。财政部、教育部等部门在研究进一步落实国家助学贷款政策时一致认为，银行担心国家助学贷款风险高，是因为高校学生毕业后就业流动性大，查找贷款毕业生、催促还款困难，而生源地助学贷款在学生家庭所在地办理，经办银行可以通过学生家庭查找贷款毕业生，有效地提高银行规避贷款风险的能力。2007 年 5 月，《国务院关于建立健全普通本科高校、高等职业学校和中等职业学校家庭经济困难学生资助政策体系的意见》(以下简称《意见》)明确提出，大力开展生源地信用助学贷款。生源地信用助学贷款是国家助学贷款的重要组成部分，与国家助学贷款享有同等优惠政策。《意见》所说的生源地信用助学贷款，比江苏等地实行的生源地助学贷款增加了“信用”二字，意旨生源地信用助学贷款将不再要求学生及其家庭提供有关担保，而是以借贷人信用进行担保。

国务院《意见》下发后，为贯彻落实关于大力开展生源地信用助学贷款的通知要求，财政部、教育部、银监会根据国务院有关领导的指示，联合国家开发银行于7月初赴甘肃省会宁县开展调研。7月中旬，几个部门决定，于当年秋季由国家开发银行在甘肃等部分省份启动试点工作，并起草《关于在部分地区开展生源地信用助学贷款试点的通知》，制订工作推进方案。8月1日，财政部、教育部、国家开发银行在北京联合召开会议，研究开展生源地信用助学贷款工作，确定试点省份。8月13日，财政部、教育部、国家开发银行联合印发《关于在部分地区开展生源地信用助学贷款试点的通知》，决定在江苏、湖北、重庆、陕西、甘肃五省市开展生源地信用助学贷款试点工作。8月29日，财政部、教育部、国家开发银行在甘肃省会宁县联合举行生源地信用助学贷款试点地区签约仪式，启动生源地信用助学贷款试点工作。由此，国家助学贷款制度进入了校园地国家助学贷款和生源地信用助学贷款共存阶段。

生源地信用助学贷款较以往高校办理的国家助学贷款，在政策和机制上进行了多项改变。一是贷款申请和受理的组织工作由高校改变为县级教育部门负责。二是借款人由学生本人改变为学生和家长为共同借款人。三是贷款期限由最长10年延长到14年。四是风险补偿金比例由招标确定改变为统一规定的15%，风险补偿金由财政和高校各承担一半改变为全部由财政承担。五是建立风险补偿金盈余返还激励和亏空分担约束机制，即风险补偿金若超出贷款损失，超出部分奖励给县级学生资助机构，若低于贷款损失，不足部分由金融机构和县级财政部门各分担一半。这一做法，与校园地国家助学贷款“河南助学贷款管理模式”的激励约束机制相类似。为了鼓励各地发放生源地信用助学贷款，对考入中央部属高校学生和跨省就读的地方高校学生，所产生的风险补偿金和贴息资金全部由中央财政承担；对本省就读的地方高校学生，所产生的风险补偿金由中央和地方财政分担。2007 年，5 个试点省市共签订生源地信用助学贷款合同 13.5 亿元，获得贷款人数达 11.3 万人。试点省市认为，这项政策是党和政府关注民生、解决民生问题的又一重大举措，基本解决了高校家庭经济困难学生上大学的现实问题。

2008 年 5 月，财政部、教育部、银监会、国家开发银行对 5 个省市生源地信用助学贷款试点工作情况进行了认真总结，研究提出进一步完善贷款政策、健全工作机制等建议上报国务院，计划于当年高校新生录取后，在全国范围内逐步推开生源地信用助学贷款工作。7 月 14 日，国务院有关领导指示，在总结经验的基础上继续推进、全面落实生源地信用助学贷款工作。2008 年 9 月，财政部、教育部、银监会下发《关于大力开展生源地信用助学贷款的通知》(以下简称《通知》)，决定从 2008 年起进一步扩大生源地信用助学贷款覆盖范围，大力推进生源地信用助学贷款工作。《通知》要求，试点省市要进一步总结经验，完善机制，巩固成果，继续开展生源地信用助学贷款工作。其他省份按照自愿原则，综合考虑当地高校家庭经济困难学生贷款需求和校园地国家助学贷款工作开展情况，经报财政部、教育部备案，可开展生源地信用助学贷款。《通知》指出，从 2008 年起，生源地信用助学贷款工作继续以国家开发银行为主承办，同时，鼓励其他银行类金融机构开展此项业务。

国家助学贷款工作在变革中求发展，在发展中惠及学生，其运行机制逐步适应市场经济规律。经过几年的努力，生源地信用助学贷款工作取得重大进展。2011 年，全国审批国家助学贷款合同金额 132.8 亿元，其中全国审批生源地信用贷款合同 98.9 亿元，占国家助学贷款全部合同金额的 74.5%。由于大力推动生源地信用助学贷款工作，许多地区实现了国家助学贷款工作由校园地向生源地的重心转移，生源信用助学贷款已经成为国家助学贷款的主要途径，有力地推动了国家助学贷款工作的健康发展，使得国家助学贷款工作正坚实地向着“应贷尽贷”目标迈进。

打造国家奖学金最高荣誉品牌

2007年5月，为更好地激励广大高校学生勤奋学习，勇于实践，敢于创新，培养一大批拔尖创新人才和各类优秀人才，在温家宝总理亲自提议下，国家在资助政策体系中专门为普通高等学校本、专科在校生设立了国家奖学金，由中央政府出资，每年奖励5万名特别优秀的大学生，奖励标准为每生每年8 000元。这就是被广大高校师生熟知的现行国家奖学金制度。目前，国家奖学金已成为政府设立的荣誉最高、奖金额最大的国家级奖学金项目。

一、国家奖学金制度发展历程

2002年，为体现党和政府对家庭经济困难的普通高等学校学生的关怀，帮助他们顺利完成学业，激励他们勤奋学习，努力进取，促进他们在德、智、体、美等方面得到全面发展，国家决定由中央财政出资设立国家奖学金。当年4月，财政部、教育部制定印发《国家奖学金管理办法》，于当年9月组织实施。这是新中国成立以来首次以“国家”二字冠名的奖学金项目，国家奖学金作为最高级别奖学金项目受到普遍关注。国家奖学金的奖励资助对象为全国普通高等学校中家庭经济困难且品学兼优的全日制本、专科学生。奖励资助标准分为两个等级，全国每年定额发放给 4.5 万名学生，其中 1 万名特别优秀的学生享受一等奖学金，标准为每人每年 6 000 元；3.5 万名学生享受二等奖学金，标准为每人每年 4 000 元。同时，国家奖学金获得者当年的全部学费由所在学校减免。国家奖学金由个人提出申请，将申请材料提交给所在学校，学校在限额内等额评审后将推荐名单及有关材料按照隶属关系分别报送中央主管部门或省教育主管部门审核（省教育主管部门将审核意见报省财政厅（局）复核），复核结果即为终审结果；各中央主管部门和省财政厅（局）再将复核后的获国家奖学金的学生名单备案表报财政部备案。财政部在接到国家奖学金学生名单备案材料后 1 个月内将国家奖学金预算下达给各中央主管部门和省财政厅（局）。2002 年国家奖学金的制度设计更多体现了济困功能，限定奖励对象必须是家庭经济困难的品学兼优学生，将非经济困难学生排除在外。当然，在国家财政性资助经费比较紧张的情况下，优先保障家庭经济困难学生资助需求，也基本得到了广大高校师生的理解和支持。

2005 年，为进一步加大对高校家庭经济困难学生的资助力度，国家对原国家奖学金进行调整。当年 7 月，财政部、教育部制定并印发《国家助学奖学金管理办法》，由中央政府出资设立国家助学奖学金，包括国家奖学金和国家助学金两种形式。2005 年，国家奖学金奖励对象仍为高校中家庭经济困难且品学兼优的全日制本、专科学生，额度为每人每年 4 000 元，每年资助 5 万名学生；新增设的国家助学金资助对象为高校中家庭经济特别困难的全日制本、专科学生，标准为每人每月 150 元，每年按 10 个月发放，每年资助约 53.3 万名学生。同一学年内不得同时享受国家奖学金和国家助学金。这次改革新增了国家助学金，使更多的高校家庭经济困难学生获得资助，但对国家奖学金未作实质性调整。主要体现在奖励对象仍为全日制普通高等学校在校本、专科学生中的贫困家庭学生，奖励标准统一为每生每年 4 000 元。但在资金预算拨付和组织评审方面进行了一些改变。在预算拨付方面，改变原来评审结束后下拨资金预算的做法，实行资金预算预拨付机制。财政部根据中央高校和地方高校上一年度在校本专科学生人数，于每年9月1日评审工作启动前确定并下达对各中央主管部门和各地的国家助学奖学金预算及分配名额。在组织评审方面，要求各高校根据上级主管部门下达的国家助学奖学金名额，受理学生的申请材料，组织等额评审，在全校范围内进行公示。公示如无异议，公示后名单即为最终确定的获奖学生名单。各高校只需按照评定程序和隶属关系将确定的获资助学生名单报送中央主管部门或省教育厅（局）、财政厅（局）备案，无需再报财政部备案。

2007年，为贯彻党的十六大和十六届三中、六中全会精神，切实解决家庭经济困难学生的就学问题，国务院出台《关于建立健全普通本科高校、高等职业学校和中等职业学校家庭经济困难学生资助政策体系的意见》，决定进一步建立健全普通高等学校家庭经济困难学生资助政策体系。其中一项重要举措就是完善国家奖学金制度，由中央财政出资，继续设立国家奖学金，用于奖励普通本科高校和高等职业学校全日制本、专科在校生中特别优秀的学生，而不再局限于家庭经济困难学生。新的国家奖学金每年奖励5万名学生，奖励标准为每生每年8 000元，所需资金全部由中央负担。此外，中央与地方共同设立国家励志奖学金，用于奖励资助普通本科高校和高等职业学校全日制本、专科在校生中品学兼优的家庭经济困难学生，资助面平均约占全国高校在校生的3%，资助标准为每生每年5 000元；中央与地方共同设立国家助学金，用于资助普通本科高校、高等职业学校全日制本、专科在校生中家庭经济困难学生，资助面平均约占全国普通本科高校和高等职业学校在校生总数的20%，平均资助标准为每生每年2 000元（2010年提高至3 000元）。

2007年改革后的国家奖学金与以前的国家奖学金相比，具有以下几个特点：一是充分体现奖优原则，使得国家级奖学项目名副其实；二是奖励标准进一步提高，达到每生每年8 000元，比2005年标准翻一番；三是预算下达更为及时。每年7月31日前，财政部、教育部将国家奖学金分配名额和预算下达中央主管部门和省级财政、教育部门。每年9月1日前，中央主管部门和省及省以下财政、教育部门负责将国家奖学金名额和预算下达所属各高校；四是增加了中央级别的评审，组织工作更加规范。高校学生资助管理机构具体负责组织评审工作，提出本校当年国家奖学金获奖学生建议名单，报学校领导集体研究审定后，在校内进行不少于5个工作日的公示。公示无异议后，中央高校将评审结果报中央主管部门，地方高校将评审结果逐级报至省级教育主管部门。中央主管部门和省级教育主管部门审核、汇总后，统一将推荐获奖学生材料报教育部；教育部成立国家奖学金评审领导小组，设立国家奖学金评审委员会，组织有关专家逐一审查被推荐学生材料，审查无异议后批复并面向社会发布获奖公告。

二、抓好主要环节，努力完善国家奖学金评审工作

为加强对国家奖学金评审工作的领导，教育部、财政部成立评审领导小组，设立评审委员会。评审领导小组由教育部、财政部有关领导组成，全面领导评审工作，研究决定有关评审工作的重大事项，负责聘请评审委员会组成人员，批准评审委员会提交的国家奖学金评审意见。评审委员会由具有代表性、权威性的领导、专家和学者组成，具体负责评审工作，向评审领导小组提出国家奖学金评审意见。各地、各高校也相继设立了省（区、市、校）国家奖学金评审领导机构，组织本地区（校）国家奖学金评审工作。在加强组织领导的同时，财政部、教育部及时出台了《普通本科高校、高等职业学校国家奖学金管理暂行办法》《国家奖学金评审办法》等配套文件；各地、各高校也纷纷出台本地区（校）国家奖学金评审管理办法。

全国学生资助管理中心具体负责协助财政部、教育部有关司局组织国家奖学金评审工作，全力抓好国家奖学金评审的三个主要环节。一是分配名额下达预算。每年 5 月，财政部、教育部有关司局就开始启动国家奖学金名额分配工作，综合考虑高校办学水平和学科专业设置等因素，努力做到科学分配，及时下达资金预算和名额，确保新学年国家奖学金评审工作顺利开展。秋季学期开学后，全国学生资助管理中心便负责组织指导各地、各高校启动国家奖学金评审工作。二是归集汇总材料。10 月底，各地、各高校按照要求将国家奖学金申请材料报送全国学生资助管理中心，全国学生资助管理中心将协助国家奖学金评审委员会组织开展国家奖学金终审。三是组织开展最终审查。11 月，国家奖学金评审委员会召开评审工作会议，部署评审工作。会后各位评审委员和有关专家将组成若干评审小组，按照《普通本科高校、高等职业学校国家奖学金管理暂行办法》和《国家奖学金评审办法》，认真、细致地审查全国的国家奖学金申报材料，核对电子汇总表与纸质申请审批表信息，逐一登记发现的问题，并责成全国学生资助管理中心工作人员及时与高校核实有关情况。分组审查结束后，各评审小组组长和国家奖学金有关负责同志还要召开碰头会，集体合议评审结果。汇总评审过程中发现的问题，集中研究存在问题的申报材料，形成最终评审意见，并将书面评审报告报国家奖学金评审领导小组审定。

每年的评审工作都带有一定的重复性，但是，多年参加过国家奖学金评审工作的同志，每年都能发现新的问题，在枯燥乏味的重复性工作中发现问题，总结经验，不断改进工作，努力保证国家奖学金评审工作的公开、公正、公平。如 2009 年评审工作中，少数高校出现对国家奖学金政策理解存在偏差，评审标准过于宽松，评审把关不严等现象。2010 年，全国学生资助管理中心以教育部办公厅名义下发通知，及时对国家奖学金获奖学生的主体资格作出具体规定，特别是对在校期间学习成绩优异的基本资格进行量化说明，对其他方面特别优秀进行了枚举说明，以保证国家奖学金申报质量。

学生学习成绩优异的量化标准是学习成绩排名在专业或班级位于前10%，且没有不及格科目。实行综合考评成绩排名制度的高校，将综合考评成绩作为国家奖学金考核指标，学生的综合考评成绩排名应在专业或班级位于前10%。对于学习成绩或综合考评成绩没有进入前10%，但位于专业或班级前30%的，如在其他方面表现非常突出，可申请国家奖学金，但需提交详细的证明材料。其他方面表现非常突出主要是指在道德风尚、学术研究、学科竞赛、创新发明、社会实践、社会工作、体育竞赛、文艺比赛等某一方面表现特别优秀。具体标准为：① 在社会主义精神文明建设中表现突出，具有见义勇为、助人为乐、奉献爱心、服务社会、自立自强的实际行动，在本校、本地区产生重大影响，在全国产生较大影响，有助于树立良好的社会风尚。② 在学术研究上取得显著成绩，以第一作者发表的论文被SCI、EI、ISTP、SSCI全文收录，以第一、二作者出版学术专著（须通过专家鉴定）。③ 在学科竞赛方面取得显著成绩，在国际和全国性专业学科竞赛、课外学术科技竞赛等竞赛中获一等奖（或金奖）及以上奖励。④ 在创新发明方面取得显著成绩，科研成果获省、部级以上奖励或获得国家专利（须通过专家鉴定）。⑤ 在体育竞赛中取得显著成绩，为国家争得荣誉。非体育专业学生参加省级以上体育比赛获得个人项目前三名，集体项目前二名；高水平运动员（特招生）参加国际和全国性体育比赛获得个人项目前三名、集体项目前二名。集体项目应为主力队员。⑥ 在重要文艺比赛中取得显著成绩，参加国际和全国性比赛获得前三名，参加省级比赛获得第一名，为国家赢得荣誉。集体项目应为主要演员。⑦ 获全国三好学生、全国优秀学生干部、全国社会实践先进个人、全国十大杰出青年、中国青年“五四”奖章等全国性荣誉称号。

三、加强宣传教育，不断拓展国家奖学金影响力

2008年1月，教育部、财政部召开2006—2007学年度国家奖学金颁奖大会，时任国务委员陈至立为国家奖学金获奖学生代表颁奖并作重要讲话。陈至立在讲话中指出，国家奖学金制度是普通本科高校、高等职业学校和中等职业学校家庭经济困难学生资助政策体系的一项重要内容，充分体现了党和国家对培养拔尖创新人才的高度重视，对于培养拔尖创新人才、加快建设创新型国家和人力资源强国的进程，具有十分重要的作用。国家奖学金获得者是青年学生中的杰出代表，在他们身上体现了青年学生自强自立、坚韧不拔的优秀品质，刻苦钻研、勇于创新的高尚精神，顽强拼搏、奋发进取的精神风貌。希望广大青年学生信念坚定、志向高远，刻苦钻研、严谨笃学，投身实践、勇于创新，肩负起建设社会主义现代化的重任和复兴中华民族的历史使命。颁奖大会结束后，教育部新闻办还组织召开了2006—2007学年度国家奖学金获奖学生代表记者见面会，请10位国家奖学金获奖学生代表讲述个人成长经历，激励广大学生以他们为榜样，成长成才。

2009年2月，教育部、财政部召开2007—2008学年度国家奖学金颁奖大会，中央政治局委员、国务委员刘延东为国家奖学金获奖学生代表颁奖并作重要讲话。刘延东国务委员对国家奖学金获奖学生及广大在校学生寄予殷切期望，希望他们坚定理想信念，树立远大志向，在建设中国特色社会主义事业中贡献才智；勤奋刻苦学习，掌握扎实本领，在建设创新型国家中勇挑重担；塑造人文情怀，培育宽广胸襟，在弘扬中华优秀文化中贡献力量；坚持深入基层，开展社会实践，在服务经济社会发展中创造业绩；磨砺精神品质，锤炼道德修养，在战胜困难和考验中成长成才。

同时，为了进一步宣传国家资助政策，充分展现当代大学生积极

进取、奋发有为的崇高追求，展示国家奖学金获奖学生的风采，教育部自2008年起每年组织人员编辑出版《希望——国家奖学金获奖学生风采录》。该书收录了部分国家奖学金获奖学生的突出事迹，通过讲述他们在大学期间的学习、生活故事，展现当代大学生的良好精神风貌，很多高校将此书作为学生思想政治教育的辅导教材，很多学生家长把《希望——国家奖学金获奖学生风采录》作为教育孩子成长成才的励志读物。2008年10月，结合《希望——2007年国家奖学金获奖学生风采录》一书的出版，全国学生资助管理中心组织召开了“新时代大学生风采座谈会”，围绕“新时代大学生应展现怎样的风采”，“如何为80后、90后新一代大学生树立榜样”等话题展开讨论。大家一致认为，以“希望”命名这本书寄托着对更多青年朋友的期望，通过对这些获奖同学先进事迹的宣传，激励更多的青年学生成长成才，形成学习榜样、争做榜样、成为榜样的良好氛围。

此外，全国学生资助管理中心还精心印制国家奖学金荣誉证书。在证书设计、用纸选择、制作工艺等方面也颇下功夫。经与有关印务公司多次交换意见，最终委托北京印钞厂下属公司帮助设计印制国家奖学金荣誉证书。在纸张选择上，选取了印钞专用纸；在内芯设计上，引入十几项防伪标识；在证书打印上，对证书统一编号，并使用针式打印机逐张打印，努力保证国家奖学金证书的精美和不可仿制。

经过有关各方的共同努力，国家奖学金已被逐步打造成高等学校学生奖励项目的最高荣誉品牌。广大高校学生十分珍惜获得国家奖学金荣誉的机会，有些学生宁愿放弃申请奖励额度更高的企业奖学金，也要力争获得国家奖学金。从实际执行效果来看，国家奖学金有效地激发了广大高校学生勤奋学习、专心科研的热情，坚定了优秀青年学子报效祖国、服务社会的信念。自2007年起，每年约5万名优秀学子荣获此项殊荣，约占全国在校生总人数的千分之二。他们是2 000多万名青年大学生的优秀代表，是引领青年学生健康成长的重要榜样力量。在这些学生身上，可以感受到新一代青年学子的优秀品质素养，看到实现中华民族伟大复兴的希望。我们完全有理由相信，当代大学生必将时刻牢记党和人民的嘱托，高扬爱国主义的光辉旗帜，把勤奋学习作为人生进步的重要阶梯，把深入实践作为成长成才的必由之路，把奉献社会作为不懈追求的优良品德，心系民族复兴、心系国家发展、心系人民福祉，切实肩负起时代赋予的神圣职责。

国家奖学金获奖学子感言

国家奖学金获得者、北京大学2007级学生黄琪："每个生命都是一粒充满各种可能性的种子。在所有的'可能'里，我们最需要将'可能'变成'能量'，就是发奋成长，就终将成长为栋梁之材。"

国家奖学金获得者、清华大学2007级学生王泽华："记得班主任曾对我们说过，'你们不仅要做祖国的栋梁，更要做祖国的脊梁'。我是一名国防生，就要为祖国的和平发展保驾护航。"

国家奖学金获得者、北京科技大学2007级学生杨倩文："一朵花之所以能够绽放，是因为当初它的芽，浸透了奋斗的泪泉。入学的第一天，告诉自己是多么幸运。因此，抓住每一分每一秒，去学习知识，去提高自己，为了不辜负老师们的期望，也为了证明自己。"

国家奖学金获得者、中国传媒大学2007级学生王嘉婧："未来的日子，我会更加努力地扛好肩上的摄像机，深入到社会当中，深入到基层当中，深入到实践当中，不辜负'电视人'的使命，更多地奉献好的电视作品，更好地服务人民群众。"

畅通新生入学“绿色通道”，保证家庭经济困难学生无忧就学

为切实保证不让一位家庭经济困难学生因贫困而失学，国家建立健全了国家奖助学金、国家助学贷款、师范生免费教育、勤工助学、特殊困难补助、学费减免等多种形式有机结合的高校家庭经济困难学生资助政策体系，不断扩大资助范围，提高资助标准，加大资助力度，在制度上保证了每一位考上全日制普通高校的学生不会因家庭经济困难而失学。每年高考后，拿到高校录取通知书的学生及其家庭，无不充满喜悦心情。但此时此刻对于家庭经济困难学生及其家长而言，喜中参忧，特别是对于无力筹集学费、受到特大自然灾害影响等家庭经济特别困难的新生，他们面对入学门槛，犹豫不决，徘徊在大学校门之外。在家庭经济困难新生入学关口，“绿色通道”制度为他们解除了后顾之忧，让他们高高兴兴地走进学校。

一、建立“绿色通道”制度，打开家庭经济困难学生的入学之门

（一）“绿色通道”制度的源起

1998 年，为保障受到特大洪灾侵害的家庭经济困难学生顺利入学，

在即将开学之际，清华大学承诺“决不让一个勤奋和有才华的学生因为家庭经济困难而辍学”，在全国率先开通“绿色通道”。“绿色通道”不仅使灾区新生可以按时报到，因父母下岗等原因交不起学费的新生也可以通过“绿色通道”顺利入学。

2007 年 8 月 27 日《科学时报》对 1998 年清华大学“绿色通道”的回顾报导

1998 年 8 月 29 日，来自吉林省舒兰市农村的夏同学，一个人怀着忐忑不安的心情到学校报到。他的家庭经济状况非常不好，父亲已经重病半年多，被确诊为肝癌。为给父亲治病，家里已背负了沉重的债务，报到前家里没有一分钱，把家里的粮食卖了，勉强凑了部分学费和路费。到校后，夏同学所在班级的班主任朱老师了解到他的情况后，马上将他领到绿色通道，申请了 3 000 元的临时贷款，使他顺利地办理了入学手续。朱老师还告诉他，等新生安顿下来后，学校还会具体了解新生家庭经济困难的程度，根据实际情况可全部或部分减免困难学生的学杂费。当时，清华同方公司还为这些学生准备了全套的学习用具和 T 恤衫。

（二）“绿色通道”制度的建立

随着我国高等教育收费并轨的完成与高校大幅度扩大招生规模，高校家庭经济困难学生的人数也随之增多。为保证家庭经济困难学生顺利入学，2000 年，教育部、国家计委、财政部下发的《关于 2000 年高等学校招生收费工作若干意见的通知》中提出，高等学校应建立“绿色通道”制度，即对新入学的大学生先办理入学手续，然后再根据核实的学生家庭经济情况，分别采取奖学金、贷款、助学金、困难补助和学费减免等不同的资助措施，确保每一位新生不会因家庭经济困难而无法入学。部分高校积极响应国家号召，“绿色通道”逐渐出现在众多高校新生入学的报到处，为越来越多的家庭经济困难学生圆了大学梦。

（三）"绿色通道"制度在曲折中发展

"绿色通道"开通以来的工作实践证明，"绿色通道"制度以及其他各项资助政策和措施对保证考入公办全日制普通高等学校的家庭经济困难学生顺利完成学业发挥了重要的作用。但是，由于少数地方和高校的领导对这项工作重视不够，落实不力，宣传跟不上，仍有新生及家长不能及时得到应有信息，个别学生没有报到入学，经媒体报道后社会反响强烈。为努力实现"确保没有一名考入公办普通高等学校的学生因为经济困难而辍学"的工作目标，2003 年，教育部要求各公办高校"今年新学期开学时，各高校都要一律设立'绿色通道'制度，确保今年新录取的经济困难学生顺利入学。不允许任何高校以任何理由拒绝家庭经济困难学生入学。如发生此类情况，要追究有关高校主要领导的责任。对没有按时报到的新生，学校要查明原因。对于因经济困难原因而不能入学的新生，学校要采取相应措施，让他们顺利入学"。为确保家庭经济困难新生入学，2006 年，教育部要求必须确保"绿色通道"畅通，对于家庭经济困难学生及其家长向学校反映的有关问题，要主动联系，及时回复，并由各地、各部门、各高校主要领导亲自抓落实。2007 年，随着我国资助政策体系的进一步建立健全，"绿色通道"工作向制度化、规范化发展。各高校制订和完善管理办法，认真总结"绿色通道"工作经验，加强领导，严格落实责任。

（四）"绿色通道"制度逐步健全完善

我国资助政策的建立健全有效推动了"绿色通道"制度向纵深方向发展完善。2008 年，国家助学贷款、国家奖助学金等国家资助政策的覆盖面扩大至所有全日制普通高校，民办高校被纳入国家资助政策体系。教育部要求所有全日制高校均开通"绿色通道"，实现了"绿色通道"制度对所有全日制高校的全覆盖。为进一步落实好"绿色通道"等各项国家资助政策，各高校做足、做实新生入学准备工作，并丰富了服务内容。2009 年，在招生录取工作结束后，很多高校将宣传关口前移，提早谋划，提前安排，尽快全面了解录取新生家庭经济状况，特别是重点掌握汶川等地震灾区、南方洪涝灾区学生的家庭受灾情况，有针对性地提前做好资助工作预案。

二、多措并举，确保“绿色通道”畅通

为确保每一个家庭经济困难学生顺利迈进大学门槛，保证“绿色通道”制度的执行力度，教育部与各高校多措并举，狠抓落实，确保“绿色通道”畅通。

（一）宣传到位，确保“绿色通道”制度家喻户晓

为让全社会能够全面了解国家的资助政策，深入做好高校家庭经济困难学生资助政策的宣传工作，使这些政策家喻户晓，让每一个贫困家庭学生都能切实感受到党和政府的关心和爱护，教育部与各地、各高校采取多种形式，宣传国家资助政策。

1. 国家加大资助政策宣传力度

自“绿色通道”制度实施以来，教育部通过新闻发布会或新闻通气会多次向各大媒体介绍“绿色通道”政策，在新生入学时，组织记者赴高校“绿色通道”现场采访，引导电视、电台、报纸、网络等新闻媒体向社会广泛宣传“绿色通道”制度。为向家庭经济困难新生及其家长宣传国家新资助政策体系，2008 年，教育部组织国家资助政策宣讲团，赴山东沂蒙山区等老少边穷地区宣讲国家资助政策，向拿到大学录取通知书，即将迈进大学校门的家庭经济困难学生及其家长介绍生源地信用助学贷款、“绿色通道”等国家资助政策。

2. 学校通过各种形式宣传“绿色通道”制度

各高校在高考录取结束以后，都随录取通知书将《高等学校学生资

助政策简介》、介绍“绿色通道”制度的材料寄给每一位新生。有的高校通过电话主动联系家庭经济困难学生，根据实际情况成立走访小分队，到被录取新生原就读中学召开家庭经济困难学生座谈会，宣传资助政策和“绿色通道”等相关资助政策，打消家庭经济困难学生入学的忧虑。有的高校在迎新工作现场设立咨询点和宣传展板，发放国家和学校助学政策宣传材料，宣传办理国家资助政策手续和“绿色通道”注意事项，方便新生及其家长询问和取阅。

（二）落实到位，让“绿色通道”惠民利民

在教育部的统一部署下，各高校高度重视“绿色通道”工作，不断完善“绿色通道”制度，不断创新工作机制，使“绿色通道”工作制度更加规范，管理更加精细，内容更加丰富，做细、做实、做透“绿色通道”工作，彰显了对家庭经济困难新生的人文关怀。

1. 高度重视，精心布置，做细“绿色通道”工作

“绿色通道”工作实施以来，高校在确保“绿色通道”畅通方面做了大量有益的工作。首先，各高校党政高度重视“绿色通道”工作，由主管校领导牵头，组织学工、财务、教务、后勤、保卫等处室和院（系）负责同志成立工作领导小组，统筹协调、布置高校“绿色通道”工作。在迎新期间，大部分高校党委书记、校长亲临“绿色通道”现场，迎接慰问家庭经济困难学生，鼓励他们安心学习。其次，细化“绿色通道”工作制度。部分省、自治区、直辖市主管部门要求所属高校在秋季学期开学前签订“绿色通道”承诺书，承诺书由各高校分管领导签署，确保各高校将“绿色通道”工作落到实处。各高校相关部门密切配合、分工负责，将工作责任落实到个人，落实到招生、录取、报到的各个工作环节。在招生宣传时向家庭经济困难学生介绍学校帮困助学政策，在录取时关注学生成长环境、家庭背景，寄发国家资助政策宣传资料，在新生入学报到时做好温馨提示，简化“绿色通道”工作流程，动员学院老师与家庭经济困难学生

细心沟通，及时解决学生经济困难的问题。做到“早启动、早规划、早沟通、早落实”，传递党和政府的关心与温暖，帮助家庭经济困难学生解决入学报到的后顾之忧。

2. 以学生为本，打造便捷服务，做实“绿色通道”工作

经过十余年的探索实践，高校新生入学“绿色通道”制度在发展中日臻完善，内容更加丰富，服务更加精致到位，使家庭经济困难学生在温情关爱中走进大学校门。

第一，服务到位。多数高校在新生报到现场开设“绿色通道”专区，按照“先报到、缓交费、再视具体情况分别进行资助”的办理程序，为家庭经济困难学生入学提供方便、快捷、高效的“一站式”服务，在服务的细节中体现对学生的关爱与帮助。各高校均在新生报到现场设立“绿色通道”审核处、登记处、餐费补助发放处、亲情电话卡发放处、公寓用品发放处、贷款咨询处和休息区等。部分高校为使已申请生源地信用助学贷款的家庭经济困难新生在第一时间办理好回执手续，在新生“绿色通道”现场为学生打印回执，联系附近邮局办理邮寄业务，为办理生源地信用助学贷款的学生提供“一条龙”服务。部分高校还在校门口设置“绿色通道”引导牌，安排引导人员，在休息区提供水、餐点和桌椅，让新生及家长们缓解旅途疲劳。部分高校派出工作组，到特别困难的地区对新生进行家访，将“绿色通道”延伸到学生家门口。

第二，贴心关怀。部分高校为每一位申请“绿色通道”的学生发放装有各种日常生活必需品的“爱心礼包”，为他们准备了“平安”电话卡，让学生第一时间给家里报平安。部分高校为部分特困学生免费提供学习和生活用品，为有需要的学生提供校内无息借款，为来自灾区的家庭经济困难学生发放临时生活补助，保证了每一位通过“绿色通道”入学的新生安心入学，坦然面对今后的学习生活。

第三，特别“绿色通道”的开辟。针对汶川地震、南方旱灾、玉树地震、部分地区洪涝等自然灾害发生年份，各高校对来自上述灾区的学生给予重点关注，在招生工作结束后便逐一电话联系，全面了解其家庭受灾情况，讲解宣传资助政策，有针对性地制订资助工作预案。开学时，为来自灾区学生开通特别“绿色通道”，采取更加细致服务，提供更大的物质帮助，以发放慰问金等形式给予特殊关怀，确保灾区学生顺利入学、安心学习。

3. 拓展服务内容，全面关爱学生，做透“绿色通道”工作

“绿色通道”保证了“考生”到“新生”身份的转换，在新生报到之后，继续延伸、拓展，让每名家庭经济困难学生顺利从“新生”变成“老生”，从“老生”成为“毕业生”。许多高校对通过“绿色通道”入学的新生做心理帮扶、为其制订成长成才方案，帮助他们健康成长，顺利完成学业。

第一，为通过“绿色通道”入学的新生提供心理帮扶，关注学生成长。通过“绿色通道”入学的新生，往往是家庭经济最困难的学生，特殊的家庭环境和成长背景，使得他们面临的压力和挑战更大。各高校将经济资助与精神资助有机结合，在保证家庭经济困难学生顺利入学的同时，更注重为他们创造安心就学的良好环境，悉心提供心理帮扶与指导。很多高校都在新生报到处设立心理指导咨询台，由专门的心理咨询老师解答同学疑惑，进行心理咨询，减轻其心理压力，指导他们如何尽快适应大学生活。

第二，为通过“绿色通道”入学的新生制订成长成才计划，关注学生发展。由于学习资源缺乏、学习方式传统、学习心理波动及学习氛围欠佳等原因，容易造成家庭经济特别困难学生在入学后学习压力较大、学习方向不明、学习动力不足、学习成效不佳等问题。部分高校为他们开通了系列“绿色成长”课程，制订了家庭经济困难学生成长档案；部分高校启动了指导学生健康成长的“领航计划”，安排由知名学者、社会名人和受过资助的优秀毕业学生担任的领航老师，为家庭经济困难学生建立专项培训基地等，帮助家庭经济困难学生全面发展、健康成长。

第三，实行家庭经济困难学生“绿色通道”跟踪服务。家庭经济困难学生在入学后，会遇到不同程度的经济困难，针对部分在现有的国家助学贷款、国家奖助学金、勤工助学制度等资助政策帮扶下仍有实际困难的学生，部分高校拓展了“绿色通道”服务。例如：资助部分家庭经济困难研究生顺利入学；对于一些毕业后短期内难以偿还国家助学贷款或者个人经济上遇到困难的毕业生，许多高校采取相应帮扶措施，拓展了“绿色通道”纵深服务，形成了“新生、老生、毕业生，生生关心”的良好氛围。

（三）督导到位，力促“绿色通道”制度全面落实

为督促各省市、各高校全面落实“绿色通道”制度，严格执行家庭经济困难学生资助政策，教育部加大督导力度，保证家庭经济困难学生顺利入学。

1. 加大政策督导力度

自“绿色通道”制度建立以来，在每年的高校新生入学之际，教育部都要下发通知，部署高校家庭经济困难新生入学工作，要求各地各高校思想上高度重视，充分认识到学生资助工作的重要性与紧迫性，把解决家庭经济困难学生问题作为一项全局性工作来抓，作为高校党委书记、校长责无旁贷的一项重要职责，加强领导，带着感情，进一步健全工作机制。在新生入学之际，各高校要认真执行“绿色通道”制度，细化“绿色通道”工作方案，不折不扣地严格落实国家资助政策。

2. 加大检查监督力度

每年新生入学期间，教育部要求各省市教育部门对本地区普通高等学校家庭经济困难学生资助政策体系的建设情况及各项政策的实际执行情况作全面、认真的总结和检查，并上交书面报告。要求各高校认真做好自查。教育部多次组织督办组、督察组深入各高等学校检查“绿色通道”制度及其他各项资助政策的执行情况，对于没有开通“绿色通道”或者执行不力的高校，立即责成整改，并追究主要领导的责任。

3. 开通“热线电话”，畅通反映渠道

从 2005 年开始，教育部每年在新学年开始前后一个月期间开通高校

新生入学热线电话，安排工作人员每天24小时值班，接听并记录学生及家长打来的电话，解答对高校资助政策的咨询，受理学生及家长的设诉。将“绿色通道”落实情况作为“热线电话”投诉受理的工作重点，对于反映学校没有开通“绿色通道”或因“绿色通道”不畅而拒绝学生报到办理入学手续的紧急性投诉电话，责成有关省级教育部门和高校，迅速核查处理，做到当天投诉，当天解决，绝不让一位来学校报到的家庭经济困难新生无法入学。

三、满足学生需求，“绿色通道”常绿常新

“绿色通道”制度在我国高校新生入学工作中坚持了十余年。总结这十余年的工作经验，主要体现在两大方面：一是坚持。自国家2000年建立“绿色通道”制度以来，“绿色通道”工作一直坚持，从无间断。特别是2007年之前，当时的国家资助政策体系还不健全，由于缺少“绿色通道”健康运行的基本配套措施，高校收缴学费、住宿费等方面承受了极大的经济压力。为此，有些高校不重视“绿色通道”工作，态度不积极，只是被动落实国家政策，缺少工作与创新热情，对新闻媒体有关“绿色通道”的宣传与报道也持惧怕与不配合的态度，部分高校甚至没有开通“绿色通道”。但大部分地方及高校积极响应国家号召，克服层层困难、顶着经济压力，坚持开通“绿色通道”，为前来报到入学的家庭经济困难学生敞开热情与爱的大门。二是改进。“绿色通道”制度随着国家资助政策的建立健全而逐步完善。2007年以来，国家建立健全了资助政策体系，特别是生源地信用助学贷款与国家奖助学金制度的确立，为解决家庭经济困难学生的学费与生活费提供了制度保证，大大缓解了通过“绿色通道”入学的新生给高校带来的资助压力，“绿色通道”制度得以在全国普

通全日制高校全面展开。“绿色通道”制度在多年的工作实践中，操作程序逐步精细化、规范化，服务内容更加丰富，实现了“绿色通道”工作在发展中常绿常新，成为了确保家庭经济困难新生顺利入学最直接、最有效的措施。

2007—2011 年，全国普通高校共有 293.73 万名家庭经济困难新生通过“绿色通道”办理了入学手续，占入学新生总人数 3 141.59 万的 9.35%。2007—2011 年通过绿色通道入学的总人数为 293.73 万人（分年度数据见图 2-1）；2007—2011 年通过“绿色通道”入学人数占当年新生入学总人数的比例逐年递增（分年度数据见图 2-2）。

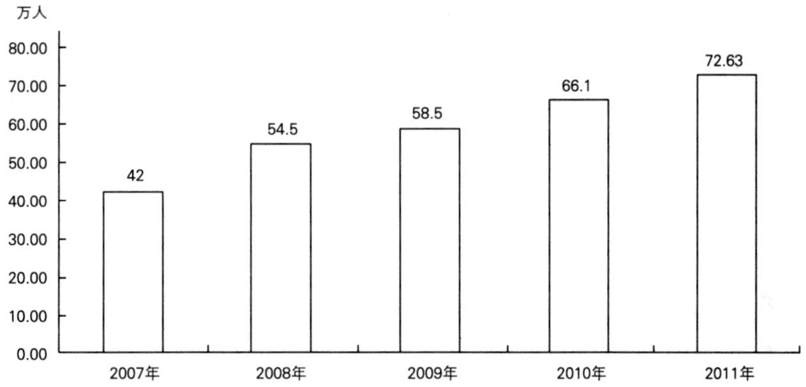

图 2-1　2007—2011 年通过“绿色通道”入学的总人数

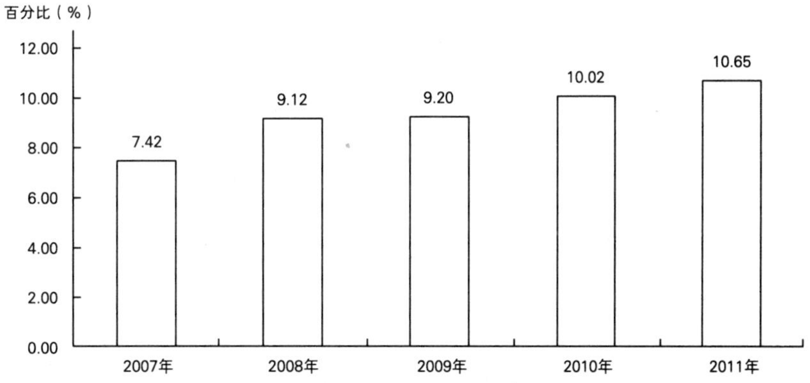

图 2-2　2007—2011 年通过“绿色通道”入学人数占当年新生入学总人数的比例

以学生为本，挖掘资助工作育人功效

学生资助从一般意义上讲，主要是对家庭经济困难学生进行经济资助，保证他们能够顺利入学完成学业。但从现代资助理念来看，资助工作不应仅局限于进行经济或物质上的帮助，还要以精神品质培育、能力锻炼等多种方式促进家庭经济困难学生成长成才。从“救济型”向“发展型”资助的延伸，已经成为高等学校资助工作的新课题。

近年来，高校学生资助工作不断向科学化、专业化发展，广大资助工作者通过辛勤工作和不懈探索，学生资助工作实践与相关理论均获得较大提升，学生资助工作内涵得以进一步深化，外延得以进一步拓展。在“以人为本，资助育人”理念的指导下，各地、各高校的学生资助工作已不仅仅满足于通过物质帮扶，缓解家庭经济困难学生的经济负担，而是按照政策要求与学生需求相结合，物质资助与精神支持相结合，服务管理与资助育人相结合，满足学生当前需要和支持学生长远发展相结合的工作思路，把育人贯穿于资助工作的全过程。在做好经济资助，帮助他们解决生活困难，顺利完成学业的同时，引导学生正确对待困难，热爱生活，刻苦学习，全面发展，努力成为信仰坚定、意志坚强、品德高尚、具有较高综合素质的社会主义合格建设者。

一、通过国家奖学金评定以争优激励学生

国家奖学金是党和政府为激励高校学生勤奋学习、努力进取、敢于创新，促进德、智、体、美等全面发展而设立的国家最高奖励。其目的是为广大学生树立奋斗目标、成才导向和成长榜样，促使广大学生刻苦学习、努力进取。

（一）充分进行宣传教育，使学生认识到国家奖学金的特殊地位

在国家奖学金前期宣传过程中，使广大学生充分认识到国家奖学金是国家颁授给在校优秀大学生的最高荣誉，激励广大学生奋发学习、全面发展、立志成才。

（二）严格评定标准，推选出优秀的学习榜样

在评定过程中严格国家奖学金的评定标准，把学习成绩好、综合素质强、群众基础牢、被学生普遍认可的优秀大学生推荐出来，成为广大学生学习的榜样，成为在校学生刻苦学习、勇于实践、努力提高自身综合素质的不懈动力。

（三）以表彰获奖者为契机，激励广大学生努力学习

以表彰国家奖学金获奖学生为契机，深入挖掘他们勤奋的学习态度、感人的学习经历和有效的学习方法，展示国家奖学金获得者自强不息、坚韧不拔、顽强拼搏、积极进取的优秀品质，激励广大学生树立远大志向，坚定理想信念，努力刻苦学习，锤炼意志品质，勇于创新实践，形成“比、学、赶、帮、超”的良好氛围，努力成为社会主义合格建设者和可靠接班人，肩负起建设社会主义和复兴中华民族的历史重任。

二、通过助学贷款以诚信教育学生

诚信是中华民族优良传统道德中最重要的内容之一，中共中央颁布的《公民道德建设实施纲要》中也把“明礼诚信”列为基本道德规范之一。大学阶段正处于世界观、人生观、价值观形成的关键时期，高校借助开展助学贷款工作，利用有利契机，向困难学生深入宣传贷款意义，培养诚信理念，践行诚信实践，在校园内有效推进诚信教育，减少贷款违约现象。

（一）深入讲解助学贷款的意义，让学生提高诚信意识

助学贷款是国家帮助困难学生的一项重要资助政策。高校在办理助学贷款时都会开展专门的宣讲活动，一方面让学生熟悉贷款流程，更重要的是让学生理解国家助学政策对他们的关爱，懂得遵守信用，履行协议。顺利完成学业后按时缴息、及时还款既是享受助学贷款后应尽的义务，也是学生对国家助学政策的回报，身体力行地保证国家助学贷款政策长久有序地施行。让学生感受到自己不仅仅是受助者，也是资助政策顺利运行的支撑者，提高了学生主体意识，也就提高了学生履行诚信践诺的责任感。

（二）积极开展征信宣传活动，让学生认识到诚信的意义

信用是现代社会中维护正常经济关系的重要纽带，个人信用又是整个社会信用的基础，我国正在加快建设个人征信体系。为了让学生认识现代征信体系，懂得诚信的社会意义，高校与中国银行、国家开发银行等金融机构紧密合作，通过专家讲授信用知识、观看征信教育片、发放征信知识宣传手册等方式，宣传征信知识。此外，也有高校通过开展“诚信回归行”主题活动，走访违约学生家庭，调查了解毕业生违约

原因，告知学生与家长相关政策，说明违约情况和后果，提醒学生诚信还款。

（三）开展多样化的诚信教育活动，让学生“知行合一”，实践诚信

在活动中把诚信观念付诸实践，引导学生讨论诚信、履行诚信，让学生在实践中体验诚信所带来的道德感，是高校诚信教育活动的重要内容。例如：教育部与中国青年报社连续组织开展“资助政策，助我成才”征文活动，鼓励贷款学生积极参加，挖掘其中的诚信榜样和模范典型。在日常宣传中，高校还积极开展诚信签名、诚信宣誓、签订还款承诺书仪式、诚信海报展示等活动，通过过程育人，让诚信观念深入人心。

三、通过勤工助学和社会实践以自强锻炼学生

与普通孩子相比，家庭经济困难学生更多地承载着今后改善家庭经济与生存状况的责任。“授人以鱼”不如“授人以渔”，帮助困难学生改善经济状况，提升自身能力，获取锻炼机会，培养他们自强不息的坚强人格，才能体现学生资助工作的长远目标。在学生资助工作中，很多高校积极为学生参加勤工助学、社会实践创造有利条件，积极引导学生在实践中成长成才。

（一）积极开展勤工助学，鼓励学生自强自立

勤工助学是家庭经济困难学生获得资助和锻炼能力的主要平台，更是帮助他们树立自立自强意识的重要方式。各高校充分重视勤工助学工作，成立勤工助学管理中心，在图书馆、后勤等部门设立岗位，如创建

“七彩爱心超市”，成立勤工助学实业集团，同时开拓校外岗位，为在校大学生提供各种兼职机会和经济支持。实践表明，勤工助学能够有效帮助大学生通过自身劳动改善经济状况，减轻家庭负担，养成独立个性和完善人格，并成为家庭经济困难的大学生群体锻炼能力、锤炼意志、施展才华的理想平台，为培养具有较高适应能力的高素质人才提供了有利条件。

（二）创建实践社团，锻炼学生综合能力

除勤工助学外，高校还以让家庭经济困难学生获得充分锻炼为指导思想，开展多样实践活动。例如：有高校创办了“自强协会”社团，将家庭经济困难学生组织起来，在协会中开展社交礼仪、交际常识等专题讲座，提高家庭经济困难学生的交际能力。通过举办论坛等活动，为他们创造当众发言的机会，使他们克服自卑和害羞心理，提高他们的口头表达能力；有的高校针对家庭经济困难学生设立教育实践项目，请家庭经济困难学生作为立项负责人，并给予经费支持，培养学生的研究能力。

四、通过人文助困以关爱培养学生

家庭经济困难学生在学业和个人成长方面较少获得家庭的有效帮助和指导，提高这一群体的综合素质更值得资助工作者关注。近年来，越来越多的学校开始以“人文助困”的形式关爱困难学生群体，从生活细节上帮助学生，从心理上引导学生，从能力上培养学生。

（一）从生活细节上帮助学生

除了助学贷款、国家奖助学金等力度较大的资助外，各学校还会根据学生的具体情况、具体问题给予细致到位的帮助。如在高校“绿色通

道”工作上，除了帮助学生办理缓缴费用手续外，学校还会根据学生入校时的经济状况立即给予帮助，发放数额不等的补助金或生活学习必备物资。在中秋节、新年等传统节日，学校向困难学生发放月饼、慰问卡，举办联欢会、茶话会等活动；在冬季来临时，不少学校会及时给困难学生发放保暖内衣；在每年学生新年返乡购票期间，向困难学生发放返乡路费补助；对于过年留校的学生，学校也会为他们组织专场年夜饭等活动。遇到重大水旱灾害，学校也会及时调查受灾家庭学生，向他们发放专项补助。这些细节上的帮助充满了人文关爱的气息，让困难学生在校如家，感受温暖。

（二）从心理上引导学生

家庭经济困难学生与其他学生相比，往往在社会阅历、人际交往等方面存在一定劣势，容易在思想上困惑迷茫、心理上自卑忧虑、情感上孤独寂寞，形成心理负担，影响个人成长。很多学校意识到了上述问题，在资助工作过程中引入心理辅导，将原来容易给学生带来心理负担的资助过程转变为学生接受心理辅导的主要环节，帮助他们树立乐观向上的生活态度，坚定他们完成学业、成长成才的信念，使他们彻底走出家庭经济困难的阴影，微笑面对学习生活。例如：有的高校建立了完善的“心理测评—心理访谈—心理咨询—心理素质训练”服务体系，实施科学系统的“认识自我—规划自我—成就自我”大学生生涯规划辅导计划，建立全覆盖、全程化、发展性生涯辅导长效机制；有的高校抓好时间节点，在新生入学期间及时召开“绿色通道”家庭经济困难新生座谈会，与他们面对面地交谈辅导。随着各项心理引导工作的深入开展，更多的家庭经济困难学生能够放下心理包袱，端稳一颗“平常心”，健康地学习生活。

（三）因材施教，帮助困难学生拾遗补缺，提升专项能力

许多高校都在各个方面针对困难学生的弱项帮助他们迅速提高。例

如：为困难学生加强外语、计算机的培训，为他们提供免费的上机条件、外语学练环境；有些高校在开设第二专业、外语、计算机培训考证班时，为家庭经济困难学生提供适当的费用减免，为他们提高自身竞争力创造有利条件；在毕业择业时，高校毕业生就业指导中心则有针对性地加强对他们的指导，提供相对应的毕业生就业信息，拓宽贫困毕业生就业信息获取渠道，同时为他们提供就业专项补助，帮助报销面试路费、材料制作费甚至服装费等。

五、通过感恩教育以奉献精神鼓舞学生

国家在不断加大资助力度的同时，也积极引导受助学生以各种形式回报国家，奉献社会，采取多种形式并形成合力，使学生通过亲身接触和认知，切身体会资助育人工作的最终目的，真正明确和肯定自身的价值和意义，认识到自己对国家、社会、家庭和自身所肩负的责任，并在感受学校、社会和国家关怀的过程中形成正向态度和感恩情怀，从而真正树立起感恩意识和责任意识。

（一）通过细致宣传资助政策理念，让学生感受到国家关怀

为使学生全面了解国家资助政策，传递党中央、国务院对家庭经济困难学生的高度重视和亲切关怀，各校学生资助部门积极结合实际，畅通资助宣传渠道，通过建设专门网站、利用媒体平台、发放资助手册、开通资助热线、基层走访宣讲等方式，有针对性地开展资助政策宣传。通过这些工作，有效传递了党和政府对于资助工作的重视，让学生深切感受到了资助政策的帮助与关爱，充分理解了资助政策的目的与长远意义，从而引导和教育学生在形成正确政治观念的基础上，树立感恩意识，

立志服务社会，弘扬奉献精神。

（二）通过组织公益活动培养感恩意识，鼓励受助学生主动回馈社会

有的高校组织受助学生成立“学生服务总队”，开展义务服务活动。在校内，诸多受助学生通过担任青年志愿者，积极组织并参加学校的各项公益活动，如公共卫生的打扫、校园通的管理、食堂和乘车秩序的维护等各个方面。在校外，服务总队还将爱心带进周围的社区、福利院和敬老院，在社区开展科普、普法等教育活动，提供义务家教服务，利用周末到福利院、敬老院，陪护孤残儿童和老人，给他们带去欢乐和温暖。部分省市还将慈善工作站引入校园，让困难学生在受到资助的同时，也成为一名能够扶危助困的义工，提升学生的道德关怀，强化社会责任感。

（三）通过学费补偿贷款代偿政策，引导学生积极投身国防建设和赴基层就业

国家实施高校学生应征入伍服义务兵役学费补偿贷款代偿和基层就业学费补助贷款代偿的政策，这两项政策引导作用非常显著。据统计，自 2009 年以来，高校学生应征入伍服义务兵役资助政策的颁布和执行有效地激发了大学生应征入伍的热情，军队共征集了各级各类高校学生 23 万余人。高校通过校园宣讲、班级讲座、发放宣传资料、张贴宣传画等方式广泛宣传补偿代偿政策，并通过网络答疑、辅导员指导、困难学生家庭走访等方式深入解释补偿代偿政策，引导和鼓励了更多的毕业生自愿选择到基层一线建功立业。响应学费补偿贷款代偿政策，投身中西部基层建设的学生逐年增加，2010 年已经突破万人。

育人是资助工作的灵魂，资助工作必须紧紧抓住教育的根本，把育人这条主线贯穿到资助工作的全过程。培养学生积极向上的人生态度和诚信立身的人生观念，树立自立自强的奋斗信念和感恩奉献意识，从而

形成科学的世界观、人生观、价值观，把个人发展与国家的发展、民族的发展有机结合起来，把自身价值与社会价值有机统一起来，在为祖国繁荣富强和中华民族伟大复兴的奋斗中实现自身价值。可以预见，随着学生资助工作实践经验的不断积累，有关资助育人研究的不断深入，学生资助工作必将取得进一步发展，逐步形成资助促进育人成果、育人丰富资助内涵的良好局面。由此可见，在新形势下深入探索资助工作与育人工作相结合的有效途径，充分发挥资助工作的育人功能，对于指导学生资助工作向专业化和科学化发展，并最终形成资助工作与育人工作共同促进的大好局面具有深远意义。

确保高中阶段学生资助政策在阳光下运行

2007年以来，国家相继出台以助学金和免学费为主的中职学生资助政策，2010年又建立了普通高中家庭经济困难学生国家资助制度。高中阶段实施国家助学政策，充分体现了党和国家对中职学生和普通高中学生的亲切关怀。为落实好国家资助政策，管好、用好国家资助资金，在近几年的实践探索过程中，中央、地方和学校多措并举，不断完善制度措施，创新学生资助工作机制，以建立管理信息系统为基础，全面推行学生资助卡，逐步形成助学金集中发放的管理模式，为学生资助政策在阳光下运行提供了有效的保障。

一、完善制度措施，夯实规范运行基础

制度是有效管理的基本依据，建章立制是规范化管理的前提。为了加强中职助学金的管理，保证助学金发放的规范安全，中央和地方首先着眼制度建设，根据中职国家助学金工作的实际需要，完善监管措施，规范运行机制。

（一）严格学籍管理制度，确保“资助对象”的准确无误

中职学生资助对象是以学籍确认为标准的，学籍管理是中职学生资

助“瞄准机制”的重要基础。实践证明，学籍管理的好坏，直接决定了资助对象的准确性，决定了资助工作的成败。中职学校由于其招生、办学形式的特殊性，学生“进”“流”频繁。部分中职学生因为不满就读学校的办学条件，中途“择校”流入其他中职学校或转入普通高中就读，或者中途“择业”流入劳动力市场。学校和管理部门如不能实时跟踪学生信息，及时注销流失学生的学籍，就必然造成拨付资助资金的结余。个别综合型高中为其学生同时注册“普通高中”和“职业高中”两个学籍；不少技工学校同时挂有“普通中专”牌子，学校为其向教育部门和人力资源社会保障部门同时申报“中专”和“技工”学籍；部分跨地区联合招生的学校，双方学校为联合招收的学生同时注册学籍，使部分学生获得“双重学籍”。上述状况均导致国家助学金的重复计算。由此，按照统计学籍人数核拨的助学金，就会在学校内结余，不仅不利于提高财政资金的使用效益，而且为个别学校挪用、套取、骗取国家助学金留下可乘之机。因此，中职国家助学金的管理，必须以严格的学籍管理为前提。

为全面规范中职学校学籍管理，教育部于2010年5月制定并印发了《中等职业学校学生学籍管理办法》，对接受中等职业全日制学历教育学生的入学与注册、学习形式与修业年限、学籍变动与信息更改等方面作出了明确规定。其中，针对中职学生流动性较大等特点，提出明确要求，转学须由学生本人和监护人提出申请，经转出学校同意，再向转入学校提出转学申请，转入学校同意后办理转学手续；对跨省转学的学生，由转入、转出学校分别报所在市级和省级教育行政部门备案。

针对“双重学籍”的问题，2010年12月，教育部、财政部、人力资源社会保障部、国家审计署印发了《关于严禁虚报学生人数骗取中等职业学校国家助学金、免学费补助资金的通知》，明确提出，坚决杜绝“双重学籍”现象，学校不得以虚假学生信息注册学生学籍，不得为同一学生以不同类型的高中阶段教育学校身份分别注册学籍，不得以不同类型职业学校身份分别向教育部门和人力资源社会保障部门申报学生学籍。

联合招生合作办学的学校不得为同一学生重复注册学籍，学校应将新生基本信息、各年级学生变动名册及时输入全国中等职业学校学生管理信息系统或技工院校学生管理信息系统，并报其上级教育或人力资源社会保障主管部门。严格的学籍管理是确定资助对象的基础和保障。

（二）强化督（检）查、审计制度，确保资助资金的安全运行

加强财务管理，是提高资金效益，促进教育事业发展的必然要求，利于从源头上预防和遏制腐败行为的发生。从中职学生资助角度看，只有规范的财务管理，才能确保资助过程的科学规范，才能确保资助资金的运行安全。健全有效的学校财务管理制度，是学生资助工作规范管理的前提。为进一步规范中职国家助学金发放，完善资金安全使用保障措施，各级监察、教育、财政、人力资源社会保障等部门密切配合，通力协作，建立起中职学生资助政策落实情况定期和不定期的督查、检查制度，并充分利用审计手段，对助学金拨付、发放的全过程进行全面监督，特别是对群众举报投诉比较集中、问题较为突出的地区和学校进行重点检查和审计。

2008 年，国家审计署对北京、天津、河北、内蒙古 4 个省（区、市）中职学校国家助学金发放情况进行了专项审计。2009 年，财政部派出检查组对山东、陕西、山西、河南、湖北、重庆、江苏、江西及青岛 9 个省（市），2008—2009 年春季中职国家助学金管理使用情况进行了专项检查。2010—2011 年连续两年，教育部组织进行了全国性的中职国家助学金和免学费政策落实情况专项检查。在各地自查自纠的基础上，2010 年教育部重点抽查了 30 个省份的 60 多个地市和近 140 所学校，2011 年抽查了河北等 8 个省（区）的 41 所中等职业学校和以上部分学校的 23 个校外教学点。

严格的监管措施，对各地、各校资助经费的财务核算提出了明确的要求，各地、各学校认真整改存在的问题，规范资助经费管理，促进中职学生资助政策的全面落实。同时，也宣传了国家的法律法规和财经纪律，增强了各地、各校把握政策的能力和自觉遵守法律、法规的意识，

为中职学生资助工作科学发展提供了保障。

（三）实行投诉举报制度，及时追究责任，使资助管理工作落到实处

资助工作是一项政策性很强的工作，中等职业学校学生资助政策事关民生，在落实过程中必须强调不折不扣。政策出台伊始，全国学生资助管理中心及各省（区、市）和计划单列市学生资助管理机构就向社会公布了投诉电话和邮箱，建立了投诉举报制度。对接到的投诉、举报，只要是线索明确、客观真实，就组织联合调查组核查处理。对于群众举报投诉较多、问题较严重的地区和学校，经查实后，予以通报批评、扣减其他专项资金，并严肃处理相关责任人的处罚。2008 年，财政部、教育部、人力资源社会保障部等部门对个别中等职业学校的违规行为进行了通报，并提出了处理意见；2009 年，财政部对 9 个省（区）中等职业学校国家助学金发放与管理中存在的违规问题进行了通报；2010 年，教育部对中等职业学校国家助学金和免学费政策落实检查中发现的违规违纪问题进行了通报。全国学生资助管理中心自 2007 年底开设咨询投诉电话和邮箱以来，已先后处理了中等职业学校国家助学金发放受理件 3 994 个，有力地推动了中职资助政策的全面落实，保证了中职资助工作的健康发展。

二、制度监督和技术手段相结合，推进资助资金管理科学化

高中阶段学生资助工作量大面广、情况复杂。目前，中等职业教育学生资助工作覆盖全国约 1.5 万所中等职业学校，覆盖人数 2 000 多万。2010 年，国家针对普通高中家庭经济困难学生出台普通高中国家助学金

政策后，每年又有480万名学生得到资助。在管理上，纵向涉及中央、省、地、县和学校5个层面，横向涉及教育、财政、人力资源社会保障、税务、金融等多个部门，同时还涉及各类企事业单位、组织机构、学生个人和家庭。部分地方和学校在资助政策实施之初，在管理出现了一些较为严重的问题。如利用注册虚假信息、流失学生信息等手段冒领国家助学金，引起了党和国家领导及新闻媒体的关注，在社会上造成不良影响，对中等职业教育的发展在一定程度上也造成了负面影响。为此，运用制度监督和技术手段相结合的方式，从源头上防范资助资金管理的漏洞和问题的出现，具有十分重要的意义。

（一）建设学生资助信息管理系统，打造科学管理平台

全面、及时、准确地掌握学生资助信息，是科学合理编制资金预算、提高管理效率、做好学生资助工作的重要基础。中等职业学校学生资助工作开展初期，国家助学金申请、审批采用纸质化、人工化报送为主的工作模式。学校向上级管理部门寄送申请材料，主管部门审批后返回，受理周期长、效率低。在资助信息统计方面，所有数据均采用纸质报送，需大量手工录入后逐级上报和后期处理，速度慢、准确性较低。上述问题导致各级学生资助管理机构不能及时监控数据和信息，使个别学校趁机虚报人数，套取国家资金或违规发放等，严重影响了中职学生资助工作的有效开展。中等职业学校学生管理信息系统就是结合中职学生资助工作的实际需要，从中职学生资助信息管理着手开发建设的。

为了实时了解、监控中职学生资助信息，进一步做好中职学生资助管理工作，确保资助资金安全管理、有效使用，保障各项资助政策阳光透明、公平公正地得到落实，2008年教育部和人力资源社会保障部分别组织研发并运行了“全国中等职业学校学生管理信息系统”（以下简称“中职学校信息系统”）和“全国技工院校电子注册及助学金管理信息系统”（以下简称“技工院校信息系统”），建立了全国中等职业学校学生资助信息数据库，实现了数据报送、审核、查重、汇总、统计分析等各项功能；建立了学校、县、市、省、中央五级自下而上的信息管理体系。中职学校信息系统在运行过程中，根据需求先后进行了5次优化升级，目前，已实现了中职学校学生管理信息系统与技工院校学生管理信息系统的对接，与公安部全国公民身份信息系统的有限对接，基本满足了日常监管的需要，有效地杜绝了重复注册、盗用他人身份信息和冒名顶替的现象。与此同时，利用中职学生资助信息系统的功能特点，中职学生资助资金管理实行“实时报告”“月报告”“学期报告”、信息报送校长负责制与逐级审核等多项制度，为国家助学金和免学费信息监管提供了有力的技术支撑。

随着普通高中学生资助工作的不断深入开展，资助范围的逐步扩大，资助金额的持续增加，为改变普通高中学生资助要靠人工完成数据收集、校验、统计、汇总的传统工作方式，解决数据报送不及时、不准确等问题，2011年9月，全国学生资助管理中心组织研究开发普通高中学生资助信息采集插件，并在收集各省份相关数据的基础上，建立了全国普通高中学生资助信息数据库。

高中阶段学生资助信息化管理水平的提升以及相关信息监管制度的建立和完善，有效地提高了工作效率和基础信息采集、统计的速度和准确性，为提升学生资助工作信息化管理水平发挥了重要作用。

（二）全面推行专门的银行资助卡，构筑资金发放“防火墙”

为了强化国家助学金的发放过程管理，2010年，中国人民银行、财政部、教育部和人力资源社会保障部四部门在反复调研、充分论证的基础上，组织有关方面成立了“中职学生资助卡”项目领导小组和实施小组，先后多次集中讨论、论证、修改和完善实施方案，在充分吸纳各有关方面意见，确保项目严谨和可操作的前提下，印发了《中国人民银行 财政部 教育部 人力资源社会保障部关于全面推行中职学生资助卡加强中职国家助学金发放监管工作的通知》（以下简称《通知》），明确了中职学生资助卡的作用，对办卡、补卡、换卡、销户流程管理、助学金发放等重要事项提出要求，并结合中职学校分布广泛、分散的特点，选定工商银行、农业银行、中国银行、建设银行、邮政储蓄银行五家网点众多、辐射范围广的银行为发卡行，实施专用发卡行标识代码管理，卡面统一独立设计，并印有“中职学生资助卡”字样，学生无论在五大银行中的任何一家办理中职资助卡，卡号都是以“62128”开头呈现。中职学生资助卡的使用杜绝了骗取、套取助学金行为的发生。

1. 在办卡环节，严格落实账户实名制，防范虚假、伪冒办卡

中职学生资助卡采取“集中申领、本人激活”的方式办理，学校或学生资助管理机构在集中办卡时，按照中职学校信息系统或技工院校信息系统中提供的受助学生信息，向学校所在地发卡银行提供受助学生有效身份证件复印件，由发卡银行统一办理后负责分发给受助学生。学生收到卡后，必须由本人持身份证原件和学生证到发卡行柜台修改密码激活后，该卡才能正常使用。在修改密码激活过程中，发卡行需通过网络系统核查公民身份，验证身份信息，对于验证未通过的资助卡，银行向申领单位反馈处理。

2. 要求中职学生资助卡实行“一人一卡”

对于中职学生中存在的转学、中途退学又重新上学的情况，如该生不对原来办理的中职资助卡进行销户处理，则其在同一个商业银行无法办理第二张中职资助卡，这将影响该学生正常领取助学金，从而促使该生在转学、中途退学时主动办理中职学生资助卡销户手续。“一人一卡”的规范管理有效地杜绝了个别学校利用已转学、退学学生信息套取助学金的现象。

3. 实行中职学生资助卡专用序号，有助于控制各地办理中职学生资助卡数量和对国家助学金发放情况进行跟踪监管和统计分析

中职学生资助卡不分具体银行，卡号均以“62128”开头，既可以避免有人用普通银行卡冒充中职资助卡，又可以根据专用序列号进行助学金发放的跟踪监管和统计。

4. 通过助学金入账短信通知服务，使学生或监护人及时了解助学金发放情况，防范学校截流、延压助学金发放

中职学生资助卡发卡行免费提供助学金入账短信通知服务，学生或监护人手机号码由学校或学生资助管理机构集中办卡时提供给发卡银行，发卡行要在学生本人办理激活手续时予以确认。使学生本人和家长能够第一时间获得资助到账信息，对规范国家助学金发放、加强助学金监管起到积极的作用。

为进一步落实国家普通高中学生资助政策，规范普通高中国家助学金发放管理工作，中国人民银行、财政部、教育部在借鉴中职学生资助卡有关经验的基础上，结合普通高中资助的特点，设计了普通高中学生资助卡，将资助卡的便捷优势与普通高中学生国家助学金发放监管工作的目标要求有机结合，实现学生信息准确、运行管理安全、发放便捷高效。

三、探索助学金集中发放的管理模式，创新资金拨付机制

设立中职国家助学金的初衷，是对中职学校中全日制农村学生和城市家庭经济困难学生提供生活补助，规定每月每人 150 元，按月发放。但由于中职国家助学金资金到位普遍较晚，部分学校不能做到“按月发放”，致使部分家庭经济特别困难的学生生活费难以解决。另外，因资金到位晚导致一次性集中发放，致使一些自制力不强的学生乱花钱等问题的出现，不仅削弱了国家资助政策应有的积极效应，而且产生了一些消极影响。

（一）推行国家助学金集中发放，建立有效的资金监管机制

有效的资金监管体制是管好、用好中职国家助学金的有力保证，是

落实好中职国家助学金这项惠民政策的有效措施。实行国家助学金集中发放，即国家助学金不再拨付至学校，而由财政或学生资助管理机构依据汇总的受助学生信息，直接打入中职学生资助卡中。这样既可减少资金下拨的中间环节，解决助学金发放迟缓问题，也可从源头上避免个别学校套取、挪用国家助学金现象的发生，更好地发挥政策效应，把好事办好。

实行集中发放也是提高财政资金使用效益、降低财政资金运行成本的有效途径，是与进一步优化助学金的发放流程相联系的。可由不同机构具体承担集中发放任务，既可由财政部门实行国库集中支付，也可由学生资助管理机构通过金融机构集中发放。集中发放的形式，提倡因地制宜：地方配套资金全部由省级财政承担的省（区、市）实行省级集中发放；地方配套资金由省、地及以下财政分别分担的省（区、市），既可实行省地两级集中发放，省级负责发放中央补助资金和省级配套资金，也可由省、地、县三级集中发放辖属学校的中职学生助学金。通过金融机构将助学金直接发放到受助学生资助卡中，减少了学校的环节，有利于资金的安全运行，可有效杜绝弄虚作假和滞留、挪用资助金的现象。实行集中发放后，有效解决了过去财政资金多环节拨付和多户头存放问题，预算支出所需资金由财政账户直接拨付，减少中间环节，使预算资金到位及时，有利于财政对资金加强统一调度和管理，从而有效降低资金划拨成本，提高预算资金使用效益。

实行集中发放还是健全财政监督机制的需要。在财政资金多部门分散支付的情况下，部门资金多头开户，层层拨付，对财政资金难以实现有效监管。实行集中发放后，财政预算部门、支出单位、财政国库支付部门三者形成相互制约、相互监督的工作格局，有利于加强对财政支出全过程的监督和管理，有利于财政部门清楚、直观地了解和掌握部门资金状况，准确地控制资金流向和流量，从而加强财政资金的监管，提高财政资金的使用效益。

（二）强化助学金集中发放管理模式，形成了各部门齐抓共管的良好局面

中等职业学校国家助学金的管理涉及到多部门、多机构的协调运作，是一项跨系统、跨部门的系统工程。为进一步协调监管力度，必须形成相应的协调机制，明确相关部门的监管职责。

实行集中发放后，中职学校及其同级行政主管部门、学生资助管理机构要对受助学生信息的真实性负责。学校校长是第一责任人，同级主管行政部门学生资助管理机构负责审核和日常监管，上级行政主管部门及学生资助管理机构要加强定期核查。

各级学生资助管理部门根据财政下达的预算指标，以中职学校助学金发放（月份）汇总表所列人数和金额为依据，在财政部门审批后，划入银行专设代发账户，实行专账管理。同时，对受助学生实行动态管理，针对中职学校普遍存在学生补录和流失的现象，要求学校做好异动处理。充分利用了“中职学校信息系统”与代理银行助学金统发信息管理系统对数据报表之间的平衡、勾稽关系进行自动校验，对学校申报材料自动审核和纠错，实现银行发放信息的自动汇总，做到数据共享、资源共享，减轻了工作压力，提高了数据准确性和工作效率。

（三）国家助学金集中发放模式的实施，推动了高中阶段学生国家助学金管理水平的全面提升

广西南宁市，是全国最早探索中职国家助学金集中发放模式的地区，为各地实行集中发放模式提供了很好的经验。目前，已有河北、吉林、河南及青岛市实现了各级集中发放，内蒙古、宁夏在区属学校已全部实行集中发放。此外，山西、黑龙江、辽宁、江西、江苏、浙江、广西、福建、海南、湖北、重庆、四川等省（市）和新疆生产建设兵团已部分实现了集中发放。目前，黑龙江、吉林、内蒙古、青岛、福建、广西、河南 7 个省份积极探索推行普通高中国家助学金集中发放模式。青

岛市采用“统一办卡、集中发放、国库支付”的发放模式；河南省采用“省级统一办卡、分级集中发放”的形式发放国家助学金；黑龙江省采用“一人一卡、集中申领、集中发放、个人激活”的发放模式；广西壮族自治区各地市结合实际制定了普通高中国家助学金统一发放实施方案。

实践证明，集中发放模式是防范和解决中等职业学校国家助学金拨付过程中各种突出问题的有效尝试，有利于学生资助机构对助学金的统一管理，有利于对助学金发放情况的信息收集，有利于发挥助学金的资金效益，有利于促进学生成长成才和贯彻落实党的惠民政策，这一尝试正在高中阶段学生资助政策的落实工作中得到广泛应用和推广。

义务教育阶段学生“免补”工作路径选择

党中央、国务院高度重视义务教育，为了普及和巩固九年义务教育，促进义务教育持续健康发展，从 2001 年开始对中西部农村地区家庭经济困难学生试行免费提供教科书，此后逐步加大政府投入，扩大资助范围。2005 年底开始，国务院建立并完善了农村义务教育经费保障新机制，全部免除农村义务教育阶段学生学杂费，对家庭经济困难学生免费提供教科书并补助寄宿生生活费。通过近十年来的精心组织、认真实施、狠抓落实，国家免费教科书和寄宿生生活补助工作路径逐渐形成并完善。

一、抓好“两项工作”，提高免费教科书的效益

2005 年 2 月，国务院办公厅转发了《财政部 教育部关于加快国家扶贫开发工作重点县“两免一补”实施步伐有关工作意见》，要求国家扶贫开发工作重点县要加快“两免一补”工作的实施步伐。为落实国务院有关精神，从 2005 年春季开始，中央财政进一步扩大 592 个国家扶贫开发工作重点县中央免费教科书的发放范围。在教育部、财政部领导高度重视和相关部门的精心组织下，免费教科书的政府采购工作取得良好成效。据统计，2011 年义务教育阶段共有 1.3 亿学生用上了国家免费提供的教科书，较 2005 年增加了 1 亿人，增长 3.3 倍。免费教科书实行政府采购

节约了大量资金，提高了教科书的使用效益。

（一）政府采购免费教科书，节约采购资金

中央免费教科书的采购由省级教育、财政部门集中进行政府采购，教科书采购及发放流程大致如下：① 省级教育、财政部门依据各地市上报的贫困生人数并参照各地市教材选用情况，拟定免费教科书政府采购方案，统一组织采购；② 省级教育、财政部门委托政府采购业务代理机构执行教科书具体采购事宜；③ 政府采购业务代理机构接受省级教育、财政部门委托后，以公开招标、邀请招标、竞争性谈判、单一来源采购、询价等方式确定免费教科书供应商，并与供应商签订供书合同；④ 供应商根据合同约定，将教科书直接运送到县级教育部门或指定的学校。由县级教育部门对免费教科书组织验收，并出具验收报告。学校办理收书手续后，按受助学生名单发放免费教科书，并在教科书扉页上加盖由县教育局统一刻制的“本书由国家免费提供”的印章。

具体采购有以下几个步骤。

1. 选用教材

各省（市、区）选择教材有三种模式：一是将教材选用权集中在省级，二是免费教材选用权集中在地市级教育行政部门，三是将教材选用权放在县级。

2. 采购方式

各地教科书采购方式有六种：一是单一来源采购，二是竞争性谈判，三是单一来源采购和竞争性谈判相结合，四是邀请招标，五是公开招标，六是单一来源采购和公开招标相结合的方式。

3. 选定供货商

各省供货商大体情况如下：大部分省份确定的均是独家供货商（基本上是本省新华书店集团或出版集团），个别省份分别确定了多家供货商，以及通过邀请招标方式最后确定多家投标联合体中标。

4. 选用版型

教材的版型分为彩色版和经济版（黑白版）两种，各省根据各自的省情选择教材版本。一部分省份全部选用彩色版教材，一部分省份以彩色版为主，一部分省份以经济版为主，个别省份全部选用经济版教材。

5. 谈判让利

政府采购免费教科书的目的是节约资金，提高免费教科书的使用效益。绝大多数省（市、区）将教科书通过政府采购方式节省的资金已用于继续扩大资助面。

（二）循环使用教科书，减少采购资金

2006年，第十届全国人民代表大会常务委员会修订通过的《中华人民共和国义务教育法》第四十一条明确规定："国家鼓励教科书循环使用。"随后，经国务院批准，财政部、教育部于2007年12月印发了《关于全面实施农村义务教育教科书免费提供和做好部分教科书循环使用工作的意见》，从2008年春季开始，建立部分国家课程教科书循环使用制度。首批纳入循环使用的教科书包括：小学的《科学》《音乐》《美术》（或者《艺术》）、《信息技术》；初中的《科学》《音乐》《美术》（或者《艺术》）、《体育与健康》《信息技术》。为了全面落实教科书循环使用制度，认真做好相应的配套工作也十分重要。

1. 加强对学生家长的思想引导

为了在学生和家长中树立起教科书循环使用的意识，各地教育行政部门加强了对教科书循环使用的政策宣传。通过广播、电视、新闻媒体、墙报、标语、横幅等形式，开展形式多样的宣传活动。通过宣传让广大的学生家长了解教科书循环使用的重大意义和国家的政策，得到了广大学生家长的支持和理解。

2. 加强对教科书循环使用的监管

目前有的学校在表面上实行部分教科书的循环使用，但是在每学期开学之初仍然让学生购买各科教科书，让学生把教科书带回家存放，这样既造成了循环教科书的浪费，又给家长带来了经济上的负担。为了把循环使用教科书工作落到实处，杜绝一些“假”循环现象，各级教育行政部门加大了监管力度，杜绝了虚假循环使用教科书现象。

3. 做好协调配合工作

在整个循环使用教科书的过程中，各级政府的支持，教育、财政部门的协调，各级中小学校的配合，是做好此项工作必不可少的保障。在工作中，各有关部门统筹兼顾、密切协调，按照国家文件的要求，组织精干人员搞好调查摸底，澄清免费对象，核准受助学生，确定免费教科书人数，把循环使用教科书工作的关键步骤把握住，把循环使用教科书的真实数据掌握准。

4. 做好教材追加补订与余缺调剂工作

严格按照“统一征订、统一上报、统一收发、及时追加调剂”的原则，保证课前到书，各地明确交货时间，物流部门做到了随到、随收、随发，保证到货迅速，分发及时。同时，高度重视零星追加补订的教材供应，全方位满足学校与学生对教材的不时之需。妥善解决实际工作中遇到的各种问题。各地保障办负责所辖地区中小学生的教材调配工作，确保失学、辍学的学生能随时回到学校接受教育。

5. 征求意见和信息反馈工作

各地及时收集学校、学生和家长对循环使用免费教科书工作提出的意见和建议。同时，进一步改进和提高教科书循环使用的工作质量，对教科书循环使用按国家卫生标准，配备消毒设备，进行消毒处理，做好教材贮存、保管、发放工作，提高循环教科书的使用效益，把好事做好，实事办实，让广大学生和家长用上放心的教科书。

二、做到“三个规范”，确保寄宿生生活补助到位

从2007年以来，中央出台中西部地区寄宿生生活费基本补助标准，中央财政与地方财政共担“一补”资金，在“一补”政策的资金分担中，中央财政对资金的分担是以对地方财政落实资金情况给予奖励补助的方式进行的。中央财政对中西部地区按照落实基本标准所需经费总额的50%，给予奖励性补助。对于东部地区，中央财政根据其政策落实情况及财力状况等因素，给予适当奖励。中央财政应承担的资金每年通过转移支付下达省级财政；地方财政应承担的部分，由省级财政负责统筹落实，地方各级财政部门确保资金落实到位。《关于确保农村义务教育经费投入加强财政预算管理的通知》也提出:“省本级财力比较充裕的，省级财政应负担全部或大部分补助经费。”因此，从中央到地方都采取了一系列的措施，制定了相关制度和办法，规范政策落实的细节，以保障“一补”资金顺利落实。

（一）规范预算管理

2006年，财政部、教育部印发《关于确保农村义务教育经费投入，加强财政预算管理的通知》，提出要加强县级预算管理，按照农村义务教育“以县为主”管理体制的要求，对农村中小学经费实行“校财局管”，同时建立健全农村中小学校预算编制制度，各项收支都要统一编入县级财政预算，并由县级财政部门按照财政国库管理制度的规定办理资金支付。2009年，财政部、教育部印发《关于进一步加强农村义务教育经费保障机制改革资金管理的若干意见》，对新机制改革资金管理提出了进一步要求。一是建立健全上下级之间经费投入的约束反馈机制，对预算安排和执行实行“下管一级”，即上一级财政部门负责对下一级财政部门加以监督，下一级财政部门及时将资金安排情况向上一级财政部门反馈。

在安排预算时，本级财政部门还要对下一级财政部门应承担的经费数额作出规定并及时告知下一级财政部门。县级以上地方财政部门要将本级人民代表大会审议通过的年度预算安排情况，抄送上一级财政部门备案。此外，在预算执行环节，县级以上地方财政、教育部门要将下达的预算指标文件逐份抄送上级财政、教育部门。上级财政、教育部门根据收到的预算指标文件和国库集中支付记录，监控下一级的预算安排和预算执行。二是强化农村中小学预算财务管理，中小学预算以独立设置的学校为基本编制单位，实行一个学校一本预算。三是要切实规范资金支付管理。在规范预算管理过程中，全国各地进行了有益的探索。

湖北省明确了校财局管的组织形式。通过统一预算编制、统一科目、统一核算、统一国库集中支付、统一财务管理软件、统一报告的“六统一”，做到了“四个直达”，即：预算编制直达学校，财务核算直达学校，资金拨付直达学校，财务监控直达学校，有效防止了资金的挤占、截留和挪用。甘肃省建立了农村中小学预算编制制度，要求农村中小学编制严格规范的财务收支预算。河南省要求以独立设置的中小学校为基本预算编制单位，实行一个学校一本预算。教学点的预算由其所隶属的学校统一编制。同时，要求中小学校按照勤俭办学的方针和量入为出、统筹兼顾、保证重点、收支平衡的原则，合理编制年度预算，各项收入全部列入预算，不得遗漏，不得编制赤字预算，不得随意变更和调整预算。基本支出预算要按国家统一的“目”级科目进行细化编制，提高年初预算到位率，提高预算编制的科学性、准确性和规范性。福建省利用“福建教育财务管理系统”，要求省级以下各级财政每年登录该系统，填报上一学期寄宿生数及家庭经济困难寄宿生数，对各地因寄宿生数减少形成的结余资金，要求全部收归县级“两免一补”专户，统筹用于下一年度寄宿生生活补助，通过利用财务管理系统，达到了精细编制预算的目的。

（二）规范资金管理

1. 规范拨付方式

农村义务教育阶段贫困家庭寄宿学生生活费补助实行专户管理。中央财政安排的生活费补助资金，由省财政厅通过“零余额账户”直接拨入县级财政开设的“××县/市财政局中央专项资金”特设专户，省财政安排的生活费补助资金，由省财政厅通过国库资金调度方式拨入各市，再由各市将省级和本级承担的资金下达各县开设的“××县/市财政局地方专项资金”特设专户；特殊教育学校寄宿学生生活费资金由省级直接拨款到学校。预算的下达程序是：市级财政在接到省级资金下达文件后，将本级承担的农村义务教育阶段家庭经济困难寄宿生生活费补助资金连同省级资金一起下达各县。这样做的好处，一是明确了来源不同资金的划拨方式；二是预算下达有据可依；三是明确了市级在操作过程中的程序，中央财政资金直接划拨入县，省级财政和州（市）级财政资金汇总后划拨入县级专户。黑龙江省制作了流程图，规范家庭经济困难寄宿生生活补助专项资金安排与管理流程（见图 2–3）。

2. 严格限制资金拨付时间

为保证资金及时拨付，通过利用“中央财政特设专户”，加强对资金的实时监控。省财政按照指标文件分项目、分资金来源通过特设专户逐笔将农村义务教育经费直接核拨到各县（市、区），并要求市、县财政资金在收到上级下达资金预算后 5 个工作日内将配套资金拨入特设专户，县财政在收到上级下达资金预算后 10 个工作日内直接核定下达到各学校，从而有效保证了资金的规范使用和专款专用。

3. 开设专项资金专户

为了加强“一补”专项资金管理，提高资金支付效率，云南省要求各县在财政部门开设“中央农村义务教育财政专项资金”和“地方农村义务教育财政专项资金”两个特设专户，各级财政对各项保障机制经费实行专户管理，集中支付，坚持按时足额拨付资金，并落实寄宿学生生

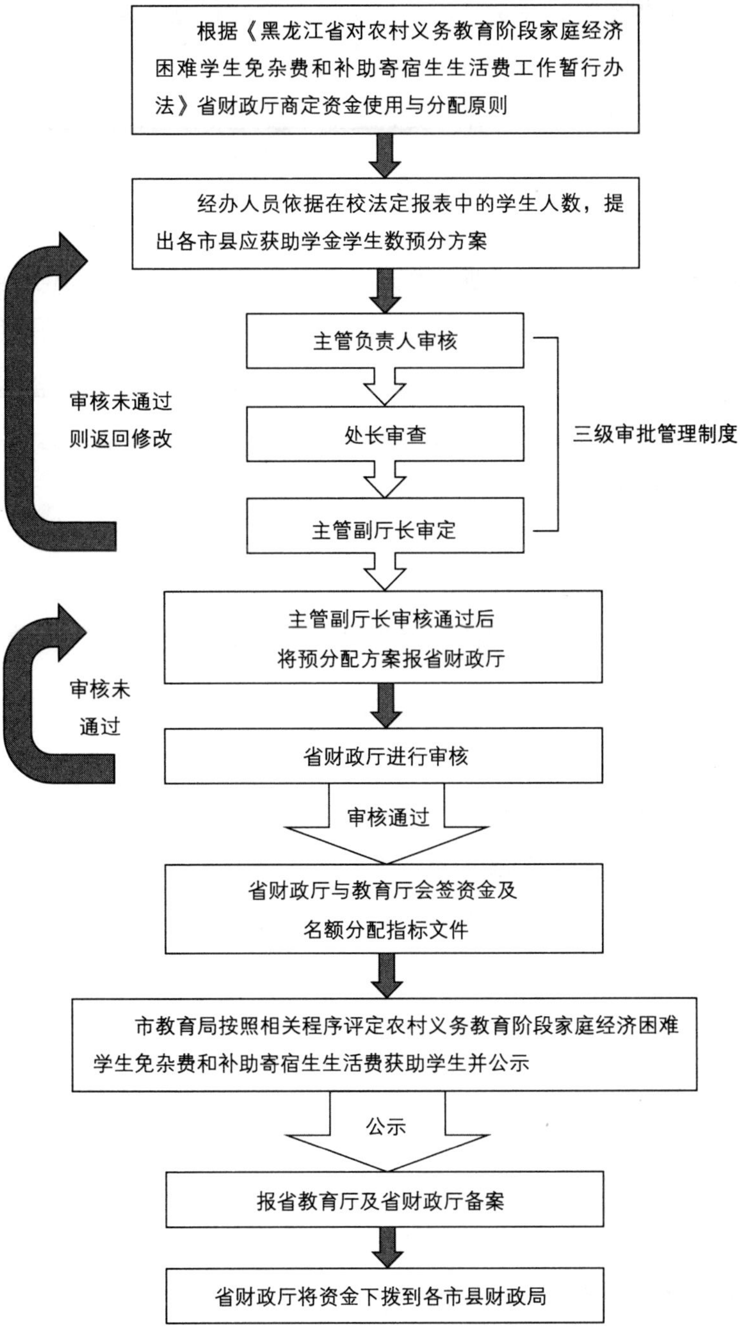

图 2–3　黑龙江省义务教育阶段家庭经济困难寄宿生生活补助专项资金安排与管理流程图

活补助地方承担资金，由县（市、区）教育部门根据实际情况及时将名额分配到各乡镇中心学校和中学。河北省提前准备、预拨资金，每年1月，省级财政就已经将“一补”资金足额下拨到市、县，保证了“一补”资金足额到位和按时发到学生手中。

4. 做好资金管理人员培训

为做好“一补”资金管理工作，各地十分重视对农村中小学预算编制的培训工作，市（州）、县（市、区）普遍开展了以县为主的分层次、分类别的农村中小学预算编制培训工作，校长和相关财务人员普遍得到了业务培训，掌握了预算编制方法，预算意识进一步加强，为“一补”资金的管理提供了保障。

（三）规范工作流程

为了避免在资助过程中因程序不规范导致的资助机会不公平，各地在具体设计学生资助工作程序时，采取了多种措施，保证“一补”资助程序的公平、公正和公开。

1. 细化资助对象认定标准

资助对象的认定是在落实政策过程中的一个难点，在《教育部关于坚决制止和查处中小学校虚报学生人数骗取财政资金行为的通知》文件中，对实施“一补”政策提出了规范程序的要求，“在确定补助对象时，要与当地扶贫开发工作相衔接，要召开有当地政府工作人员和学生、家长、教师、村（居）民代表等相关人员参加的会议，保证受助学生确为家庭经济困难学生”。吉林在“一补”专项资金暂行管理办法中对于资助对象作了细致的规定，在6种资助人群类别中，特别用年人均收入对学生家庭的贫困程度进行分类资助：农村年人均收入在625元以下的绝对贫困家庭学生和年人均收入在625元~1 000元之间的相对贫困家庭学生。山西省则规定：“一补”政策的资助对象是指经民政部门确认的农民人均纯收入在900元以下的农村低保或农村特困求助范围的家庭子女……”两省将受助学生的认定与学生家庭收入和民政部门的相关标准联系起来，为科学做好认定工作奠定了基础。

2. 加强评审、发放程序管理

在管理过程中，各地对“一补”受助学生评审程序以及“一补”资金的发放程序进行了详细规定，明确了具体实施步骤，包括公开信息、申请、审查、公示、资料报送、核定、补助费发放、建立贫困生档案资料库和统计总结。贵州省在公开信息环节中要求“学校通过有效、公开的途径公布资助信息，内容为‘一补’的申请条件、申请办法、审批程序、监督措施和申诉程序”，该做法的新意在于，在开始申请前向社会公开有关信息，以保证有资格申请“一补”资助的学生不会因信息不畅而错失受助机会。此外，贵州省还增加了申诉程序，学生可以对评审过程中出现的问题进行申诉，充分保障了学生的权利。在申请环节，学校按照县财政局、教育局下达的农村义务教育阶段家庭贫困寄宿生生活费补助资金预算和资助人数，向经过初步审核符合资助条件的学生发放并填写《贵州省农村义务教育阶段贫困家庭寄宿生生活补助费申请表》（见表 2–1）。

表 2–1　贵州省农村义务教育阶段贫困家庭寄宿生生活补助费申请表

学校名称：　　　　　　　　　　　　　　　申请日期：　　年　月　日

<table>
<tr><td rowspan="2">学生情况</td><td>姓名</td><td>性别</td><td>民族</td><td>出生年月</td><td>是否特教生</td><td>所在年级</td><td colspan="2">家庭住址</td></tr>
<tr><td></td><td></td><td></td><td></td><td></td><td></td><td colspan="2"></td></tr>
<tr><td rowspan="5">家庭情况</td><td colspan="4">人口情况</td><td rowspan="2">耕地亩数</td><td rowspan="2">家庭人均纯收入（元）</td><td colspan="2">家长（监护人）情况</td></tr>
<tr><td>总数</td><td>劳动力</td><td>上学人数</td><td>适龄未上学或辍学人数</td><td>姓名</td><td>与申请人关系</td></tr>
<tr><td rowspan="2"></td><td rowspan="2"></td><td rowspan="2"></td><td rowspan="2"></td><td rowspan="2"></td><td rowspan="2"></td><td></td><td></td></tr>
<tr><td></td><td></td></tr>
</table>

通过收集申请表，可以掌握有资助需求学生的基本信息，便于建立贫困生档案资料库。全国各地通过建立贫困生档案资料库，对贫困生实行动态管理，不仅掌握了贫困生家庭的收入状况和经济承受能力，对贫困生家庭收入有所增加并能够承受子女上学所需费用的，学校在下一学期停止向其发放生活费。在统计、总结环节，各地教育、财政部门于“一补”发放工作结束后，对发放生活补助费情况进行汇总统计和总结，分别填报《农村义务教育阶段家庭贫困寄宿生生活补助费发放登记表》和《农村义务教育阶段贫困家庭寄宿生生活补助费审核汇总表》，这有助于各级财政对“一补”政策执行情况在第一时间进行统计和总结。湖北省“一补”受助学生需经申请、评审和公示三步后才可以领到寄宿生生活补助。在申请阶段，由学生或家长（监护人）向学校提出书面申请，并由学生所在学校组织填写《贫困家庭学生资助申请表》。在评审及公示阶段的做法是，要成立评审小组，评审小组由学校、学生家长和教师代表组成（不得少于 10 人），对申请人家庭贫困程度进行审核，拟定受助学生名单。不同人群组成的评审小组，充分保证了评审的公正性。在公示阶段，受助学生名单要在校内及学生家庭所在乡（镇）、村、组范围内进行公示，公示期不得少于 7 天。公示期内，如有异议的，评审小组会对有关情况进行重新审核。河南省还增加了审定和批复这个环节，该省在“一补”管理暂行办法中规定：县级教育、财政部门负责审定和批复受助寄宿生名单，并逐级上报省教育厅、财政厅备案，从评审、公示到报批、审定和批复工作应在每年秋季学期开学后 20 个工作日内完成。

3. 加强资金发放管理

在资金发放管理上，各地也进行了一些有效的探索。云南省采取了三种做法加强资金发放管理。一是对“一补”工作实施台账管理。如红河州把学生管理台账建到班级，做到一个班级一本台账，一人一卡一证，向社会张榜公布。台账主要包括“班级学生数汇总卡”“学生登记卡”“学生两免一补登记证”，三卡（证）必须一致，做到有学生则有卡证，学生持证，学校存卡。学生持“两免一补”学生登记证报到注册，登记证中的内容由其班主任进行填写，家长签字，卡（证）随学生流动而流动。二是推行校园“一卡通”管理。如保山市结合义务教育阶段学生年龄小、用钱没有计划性的特点，在生活补助费发放管理中不断改革和探索，目前，部分学校正在推行校园“一卡通”管理试点工作，通过“一卡通”管理，一方面可以保证资金及时安全地拨付到学生手中，减少了资金周转次数，提高了工作效率；另一方面也避免了挪用资金的情况发生，让受助学生从生活补助资金中得到真正的实惠，让资金全部用到实处，既有效地解决了学生“留得住”的问题，又防止了个别学生乱花钱的现象。三是对生活费补助资金实行存折管理。如曲靖市罗平县与农村信用社联合对发放给学生的生活费补助资金实行存折管理，每个学生按照身份证号开设一个账户，每个月发放的资金直接通过银行打在学生的存折上，既方便了学校对资金的发放管理，不需要到银行提取大额的现金，又方便了用钱，同时可以有效地加强资金管理，可以检查资金是否按时足额发放，教育局和中心学校可以通过对存折的检查，发现流失学生的问题，及时把补助资金转发给未享受生活补助的同学。江西省则实行强农惠农“一卡通”政策，由财政部门按照教育部门公示的名单统一将补助资金打到学生家长的强农惠农资金卡上，城市初中寄宿生生活费资金的发放，由教育、财政、银行组成发放小组进校入班发放资助卡，学生确认签字领卡，再由银行按照教育部门公示的名单统一打入学生的银行卡内。

经过多年努力，各级有关部门在义务教育学生寄宿生生活补助管理方面，探索出一些有益的经验。随着我国义务教育学生资助信息化管理和精细化管理的逐步推进，义务教育阶段寄宿生生活补助管理工作一定会再上新台阶。

典型案例（高校）

高校家庭经济困难学生认定的实践探索*

新资助体系实施以来，国家对家庭经济困难学生的资助力度不断增强，资助范围不断扩大，多元混合式新资助政策体系日趋形成，资助育人的目标逐渐成为学校和社会的普遍共识，这些都对高校学生资助工作提出了更高要求。科学、准确认定家庭经济困难学生，是公平公正、合理适度资助家庭经济困难学生，实现资助育人的重要前提和保障。因此，充分认识高校家庭经济困难学生认定的重要意义，努力破解认定工作中存在的主要问题和突出难题，积极探索建立科学合理、行之有效的认定模式，不断提高对其科学内涵、原则方法和保障机制等方面的认识与把握，成为高校资助工作亟待解决的重要课题。东北师范大学用十余年时间逐步构建和完善了“信息采集、量化测评、民主评议、走访核查”四段一体的家庭经济困难学生认定体系，总结出了一套科学有效的家庭经济困难学生认定工作办法。

一、高校家庭经济困难学生认定工作的重要意义

思想和认识是行动的先导。目前，困难生认定工作已得到国家和高校的普遍重视，各高校在国家相关政策文件的指导下结合实际积极探索，

---

* 东北师范大学学生资助管理中心供稿。

取得了比较好的效果。对高校家庭经济困难学生认定的意义重视程度不足往往导致一些高校资助教育工作者满足于“分分类、发发钱”的工作现状，没有从国家社会发展和教育战略推进的高度对家庭经济困难学生认定工作乃至资助工作进行宏观视角的审视，缺乏深入思考并构建科学合理资助体系的研究态度，以及探寻家庭经济困难学生的实际需求及其成长成才规律的主动意识。因此，高校资助教育工作者要高度重视家庭经济困难学生认定的重要意义。

（一）有助于落实资助政策，促进教育公平

教育公平是整个社会公平的起点和前提，是现代教育的基本价值取向，促进教育公平是国家的基本教育政策之一。高校学生资助公平是教育公平的重要支撑，“是实施科教兴国和人才强国战略，优化教育结构，促进教育公平和社会公正的有效手段”①。只有通过资助公平，才能切实保障家庭经济困难学生群体享有平等的教育，获得公平竞争和发展的权利与机会，从而改变自己的命运。家庭经济困难学生的准确认定是保证资助公平的重要基础和基本前提。近年来，国家高度重视家庭经济困难学生认定工作对落实资助政策，促进教育公平的积极作用。教育部、财政部于 2007 年 6 月专门出台了《关于认真做好高等学校家庭经济困难学生认定工作的指导意见》，指出认真做好认定工作是“公平、公正、合理地分配资助资源，切实保证国家制定的各项高等学校资助政策和措施真正落实到家庭经济困难学生身上”②的首要措施。由于国家资助政策主要以财政投入为主，因此衡量资助政策能否有效落实的一个主要标准就是资助经费能否按需发放到家庭经济困难学生手中。科学准确、公平高效地做好家庭经济困难学生认定工作，能使政府投入的有限资助经费得到最

---

①《国务院关于建立健全普通本科高校、高等职业学校和中等职业学校家庭经济困难学生资助政策体系的意见》，http://www.csa.cee.edu.cn/show_news.jsp?id=1187.

②《教育部 财政部关于认真做好高等学校家庭经济困难学生认定工作的指导意见》，http://www.csa.cee.edu.cn/show_news.jsp?id=1210.

大化的使用，提高资助资金的使用效益，从而更好地“解决资助资源的配置问题，以此保障教育公平的最大化”①。

（二）有助于优化工作环节，建立科学资助体系

“要做好资助工作，必须首先解决家庭经济困难学生认定问题。”②作为高校学生资助管理体系的首要环节，认定指标、程序、材料和方法等方面的严密、规范、完整和科学为优化工作环节，建立科学合理、行之有效的资助管理体系提供必要基础。无论是从理论研究还是从实践操作的角度来看，目前我国仍处于构建科学合理的资格认定和资助体系的探索过程中，往往在方法和程序上缺乏严密性、完整性和科学性，也缺乏具体量化的认定指标，更多的是凭传统的、经验的、定性的主观判断，人为因素的影响较大。③高校在自身资助工作目标需要的基础上，总结工作实践经验并借鉴国内外高校和学者的理论成果与实践经验，对传统的高校贫困生认定机制的方式、方法与程序进行全面地、科学地优化与重构，建立科学有效、客观公正、操作性强的家庭经济困难学生认定机制，不仅有助于推动资助工作的良性有序发展，实现公平与效率兼顾，规范与透明并存，更有助于确保困难信息真实全面，认定指标客观具体，认定程序规范有效，从而构建更加科学合理的资助管理体系。

（三）有助于学生健康成长，提高人才培养质量

高校家庭经济困难学生资助工作不仅是经济问题，也是政治问题，更是教育问题。“其核心是‘资助育人’，基本逻辑起点是准确把握学生的成长需求，实现按需资助。”④家庭经济困难学生是高校青年学生中的一

---

① 毕鹤霞：《高校贫困生认定理论变迁述评》，《现代教育管理》2012 年第 6 期。
② 杨晓慧：《高校家庭经济困难学生认定模式的思考与实践》，《思想理论研究》2009 年第 11 期。
③ 赵炳起：《高校贫困生认定机制——优化与重构》，《教育财会研究》2006 年第 10 期。
④ 东北师范大学思想政治教育研究中心著：《高校经济困难学生家庭走访实证研究》，吉林人民出版社 2011 年版，第 1 页。

个特殊群体，他们不仅存在解决经济困难的表层物质需要，更有健康成长成才，实现全面发展的长远发展需要。高校对学生的培养要坚持“以人为本”的教育，“坚持以人为本，就必须注重资助育人，满足学生长远的深层发展需求。这一要求在新资助政策体系中已有体现。新资助政策体系不仅从经济上帮助学生，而且注重从思想上教育学生，从精神上培育学生”[①]。高校家庭经济困难学生在一定程度上存在自卑感、敏感、过度自尊、不愿自曝其短等“精神贫困”问题，长期承受着经济和心理的双重压力。高校资助教育工作者在进行家庭经济困难学生认定的过程中通过真诚、尊重、平等的交流与关爱，了解他们的真实情况，把握他们的性格特点、心理特点、根本需求及成长规律，对家庭经济困难学生的困难身份和困难程度进行科学准确的认定，不仅有助于为他们提供公平高效、具有针对性的资助，提高资助工作的精准度，更有助于引导家庭经济困难生通过获得资助公平产生对真实、公平、正义等人类普遍价值理念的认同，形成积极健康的心态，正视贫困，奋发图强，成长成才。

二、高校家庭经济困难学生认定工作的难点

总体看来，我国教育部门、高校和学者对于家庭经济困难学生认定的研究仍处于初级阶段，存在一定程度的问题与不足。

（一）认定信息缺乏真实性

家庭经济困难情况的真实性是学生家庭贫困程度评定的前提。首先，高校只能将学生本人当作其家庭信息的主要提供者。个别学生存在提供

① 金昕：《实施“双线资助”确保高校学生资助可持续发展》，《中国高等教育》2009年第3、4期。

信息不准确甚至虚假的现象，会给认定工作造成很大困扰，而在我国目前还缺少类似国外税收记录这样的客观判定手段[①]。学生本人填写的《家庭经济状况调查表》由于观念和心态的差异，存在故意夸大家庭经济困难程度以求获得更多的资助，或故意隐瞒家庭经济困难事实以避免“自曝其短”的现象。此外，民政部门在对《家庭经济状况调查表》进行审核盖章时，也缺少充分的核实条件。其次，高校难以全面掌握学生家庭经济从不同渠道获得的多样化收入。如农村家庭收入主要来源由固定的种地卖粮收入，逐步变化为包括种地卖粮、个体经商、进城务工等多渠道的复合型收入，而这些甚至超过种地卖粮收入的新增收入又是最难统计和评定的。第三，高校难以动态把握学生家庭的经济情况。受多种因素的影响，学生的家庭经济状况始终处在动态变化之中。例如：有的学生刚入学时家庭经济状况比较困难，后来家庭富裕了；有的学生刚入学时家庭经济状况并不困难，后来家庭遭遇变故而困难了；等等，这些都使得学生家庭经济信息的全面性时刻面临挑战。

（二）认定标准与指标体系缺乏合理性

首先，贫困的相对性和我国区域经济发展的不平衡造成了各地消费水平和最低生活保障线存在差异，难以形成全国统一的认定标准。其次，部分量化指标存在争议，如不少学校对持有手机、电脑的学生申请采取了一票否决的态度，或者将困难生资格认定与学习成绩挂钩，混淆了助学与奖学的含义。第三，构建性的指标体系缺乏实证性的家庭调查作为支撑，借鉴性的指标体系缺乏科学检验，缺乏说服力。如何给不同维度的信息赋予相应的权重，进而建立科学合理的信息加工模型，如在衡量学生家庭经济困难程度时，哪些信息对学生的家庭经济状况影响最大、大到什么程度、各占怎样的权重十分难以确定。此外，如何对海量的困难信息进行科学整

① 金昕：《实施“双线资助”确保高校学生资助可持续发展》，《中国高等教育》2009 年第 3、4 期。

理和分析，用什么技术、什么工具对困难信息进行汇集、录入、计算、结果表达等，这些都是让众多高校在实际工作中普遍感到棘手的难题。

（三）认定程序与方法缺乏科学性

首先，多数高校认定家庭经济困难学生都采取“学生申请—辅导员/学院审核—学校审批”的认定模式，学生自述信息的准确性与辅导员主观因素和处理方式的恰当性将影响学院和学校认定结果的准确与公平。其次，认定方法比较单一，极少有高校采用操作复杂、需要搜集的信息量大且准确性难以保证的“综合认定法”。第三，名额分配不够科学，部分高校采用“一刀切”的方式，把限定好的名额按学生总数的相应比例划拨到各学院、各班级，导致贫困生较多且名额紧张的班级或学院的一些困难学生被拒之门外。

（四）认定监督缺乏审查复核机制

首先，在制度层面上，部分高校尚未确立完善的规章制度，组建分工明确的专业团队，缺乏充足的资金投入。其次，多数高校仅在困难生入学时完成信息录入，忽视信息的动态监测和跟踪调查，无法及时对认定结果作出有效调整。第三，多数高校在认定过程中偏重形式审查，忽视实质性的核查。第四，仅有极少数高校建立了对学生家庭实际情况和助学金使用情况的监督机制。

三、东北师范大学“四段一体”的家庭经济困难学生认定模式

东北师范大学高度重视家庭经济困难学生认定工作，把家庭经济困

难学生认定作为开展学生资助工作的首要前提，高度重视，全力投入，科学推进，历经十余年时间逐步构建和完善了信息采集、量化测评、民主评议、走访核查“四段一体”的家庭经济困难学生认定体系。经过五年多的学生家庭实地走访核查等方式验证表明，学校家庭经济困难学生认定准确率达到 99% 以上。

（一）“四段一体”式家庭经济困难学生认定体系的构建

家庭经济困难学生认定工作的核心在于学生家庭经济困难信息的科学加工。信息的科学加工要遵循信息资源管理科学的基本原理，重视信息采集、分析与结果的修正、验证等关键环节，这是构建科学完善的家庭经济困难学生认定体系的基本思考框架。在这一框架的引导下，东北师范大学在对工作经验进行系统总结的基础上，结合新资助政策，逐步构建了信息采集、量化测评、民主评议、走访核查“四段一体”的家庭经济困难学生认定体系，有效地破解了家庭经济困难学生认定工作中的突出难题与实际问题，基本实现了认定工作的科学准确，公平高效。

在“四段一体”家庭经济困难学生认定体系中，信息采集、量化测评、民主评议、走访核查是环环相扣、互相联系、缺一不可的统一整体。

1. 信息采集是认定的根本基础

信息采集的水平与质量直接影响其他环节的开展。高校资助工作者，特别是一线辅导员要尽量通过多维度、多渠道的途径与方式全面、准确、客观地采集衡量学生家庭经济状况的信息，避免遗漏与虚假。

2. 量化测评是认定的重要核心

以科学化的数学建模为主要特点的量化测评为其他环节的工作开展提供技术保证。仅凭采集数据无法实现对困难生判定标准与困难程度的划分，量化测评正是通过对海量困难信息进行科学的加工处理，从而对不同经济困难程度的学生状况予以区分，它是确保整个认定工作科学准确、客观公正的关键。

3. 民主评议是认定的监督保障

通过第三方的深度体验与观察为认定工作提供监测和修正。量化测评的认定结果必然存在“机器大生产”式“一刀切”的客观不足，通过科学组建民主评议小组，全面细致地审视量化测评结果，根据学生具体情况进行个性化的修正，是确保认定结果科学准确的必要手段。

4. 实地走访是认定的有效核查

实地走访是确保上述环节真实性、准确性和公平性最有效的实证方式。高校资助工作者，包括一线辅导员通过直接深入困难生家庭，能够有效核实相关信息，确认认定结果的准确与否，又能在全校范围内营造良好的诚信约束环境。

（二）“四段一体”式家庭经济困难学生认定体系的基本流程

东北师范大学在每年9月新生入学后即开始启动家庭经济困难学生的认定工作，整个认定工作的时间周期大致为两周。在整体工作推进上，主要包括四个方面的基本流程。

1. 认定的专业培训

主要是召开全校辅导员、资助专员（各学院专门统筹学院资助工作的辅导员老师）家庭经济困难学生认定工作培训，强调认定工作的重要意义，指导认定工作的难点问题和关键环节。具体内容主要包括：如何指导学生填报《东北师范大学家庭经济困难学生信息采集表》，如何审核、甄别学生网上填报的信息，如何选定班级民主评议小组，组织开展民主评议会，如何将诚信教育有效融入认定工作中等。

2. 认定的过程审核

主要是要求各学院在规定的时间内统一组织学生进行信息采集，学院辅导员对照学生日常情况、贫困证明等审核学生网上信息。不具备申请资格的告知学生原因，审核通过的以年级为单位提交学院资助工作领导小组组长审核，学院资助工作领导小组组长审核确认后提交学校学生资助工作领导小组。

3. 认定的结果反馈

学校资助工作领导小组在学生资助信息平台内逐一审核各学院提交的信息，无异议后，通过量化测评模型对全校经济困难学生进行认定，并对困难状况予以划分，同时，将结果反馈各学院。

4. 认定的监督指导

各学院组建民主评议小组，对学校给出的量化测评结果进行民主评议，个别修正。学校资助工作领导小组采取抽查的方式，深入学院监督指导各学院民主评议会。根据各学院反馈情况，学校对量化测评结果进行修正，并在学生资助信息平台内公示，接受全校师生监督。

（三）“四段一体”式家庭经济困难学生认定体系的具体内容与操作

“四段一体”式家庭经济困难学生认定体系是东北师范大学历时十余年的实践探索形成的，主要包括对学生家庭经济困难信息进行采集与管理、对学生家庭经济困难程度进行“量化测评”、对“量化测评”结果进行民主评议和修正，以及对评定结果进行“实地走访”验证四项具体内容。

1. 学生家庭经济困难信息的采集与管理

信息采集的基本任务是全面、准确地了解学生家庭经济状况信息，基本流程是信息收集、信息审核和信息录入管理。学生的家庭经济状况不是一成不变的，信息采集工作也就不是一劳永逸的。信息的全面永远是过程中的全面，是动态的全面。

第一，多维度、多渠道采集学生信息。首先，全面采集学生家庭经济状况信息要从定量、定性两个维度入手。定量信息主要包括家庭经济信息、学生获奖助信息、学生生活消费信息等；定性信息主要包括家庭人力资源信息、家庭自然资源信息、学生社会资源信息、家庭特殊性信息、学生生活物质资源信息、学生文化与道德资源信息等。其次，学校在工作中突破传统上依据困难证明了解信息的单一渠道，从学生入学伊始，就综合采用学子卡数据流分析、生源地电话访谈、学生档案查阅、日常生活观察等多种渠道，全面采集学生家庭收入、人口数量、教育支出、医疗支出等所有反映学生家庭经济状况的关键信息，在起点上尽可能全面准确地收集信息。

第二，动态管理学生信息。受多种因素影响，学生家庭经济状况始终处在动态变化之中，必须在认定过程中动态管理困难生信息。动态管理学生信息主要包括三个方面：一是每学期定期进行一次整体更新，二是遇到重大突发情况及时更新，三是学生有变化随时更新。实现学生家庭经济困难信息的动态管理，加强信息化建设是关键。高校应建立学生资助信息软件管理系统，及时、全面存储、分析和动态更新学生的信息。为此，2007 年东北师范大学自主研发了“学生资助信息平台”，实现了对学生信息的动态管理。“学生资助信息平台”主要依托国内外经济困难学生认定模式的主要方法和结论，吸取家庭实地核查工作中的经验和结果，选取相应定量因素作为采集变量，并将定性信息转化定量信息进行比较。该模块主要从家庭经济状况、家庭基本状况、固定资产状况、本人基本状况、突发状况 5 个综合指标来采集、更新申请人困难信息，每个指标又细分为若干个子指标。当学生本人、辅导员、学校修改一项指标时，对学生的认定情况会随之改变。贫困标准的划分也是动态的，在一定的时期，考虑物价上涨、学生需求变化等因素进行修订。

2. 学生家庭经济困难程度的“量化测评”

“量化测评”的必要性产生于学生家庭经济困难信息的多源性。所谓信息的多源性，是指对被观测对象的各种属性或特征、背景或环境给出的定量表示或定性描述。学生家庭经济困难信息具有显著的多源性特点。家庭经济困难信息中有学生家庭收入、学生求学支出等直接的经济信息，也有家人健康状况、人数、生源地等非经济信息；有家庭人口数、收入总额等定量表示，也有家庭房屋状况、家庭成员身体健康情况等定性描述。对于多源信息，仅靠个人经验是难以科学评价的，必须找到恰当的信息表达方式。“要通过适当的融合策略或算法，实现具有相关性和互补性的多源信息的有效综合与利用，以期得到一个比单源信息更优的结果。然而，融合算法的建立依赖于对多源信息系统有效的建模”。[①] 因此，要建立学生家庭经济困难信息“量化测评”模型，对学生的海量信息进行综合分析与量化测评。

“量化测评”具有提高认定水平和效率的优点，其模型的构建也存在一定的难点。量化测评的优点在于：一是有助于高校资助工作者在学生千头万绪、千差万别的困难因素中归纳出相对统一的规律，便于信息比较和归类；二是有助于高校资助工作者借助先进的技术手段，对信息进行整合与分析，从而代替过去纸介质统计、手动计算、人工排序等方式，使评定工作更加方便、快捷，趋于科学和合理。“量化测评”模型构建的难点在于，要对不同维度的困难信息赋予适当等级的权重，确保测评的公平和准确。早在 1999 年，东北师范大学就组建了数理统计学专家负责的项目开发组，初步建立“量化测评”模型。在此后 10 年的时间里，学校通过 3 万学生样本进行连续不断的检验和修正。到目前为止，“量化测评”模型已经比较成熟，并形成了两个主要特点：一是建立了相对成熟稳定的加权指标体系及核心分类算法，可以实现对学生稳定的困难信息有效掌握，以不变应万变；二是量化评定模型形成了灵活升级优化的机制，可以随时修订和完善。“量化测评”模型的构建主要包括三个部分。

第一，确立指标体系。设计了包括 5 个一级指标和 16 个二级指标的家庭经济困难学生认定指标体系。一级指标包括家庭经济状况、家庭基本状况、固定资产状况、本人基本状况、突发状况 5 个综合指标。每个一级指标又细分为若干个子指标，并结合专家的经验和当前已有的赋权

---

① 徐晓滨、文成林、刘荣利:《基于随机集理论的多源信息统一表示与建模方法》,《电子学报》2008 年第 6 期。

方法赋予相应权重（指标结构及指标权重分配见图 3-1）。

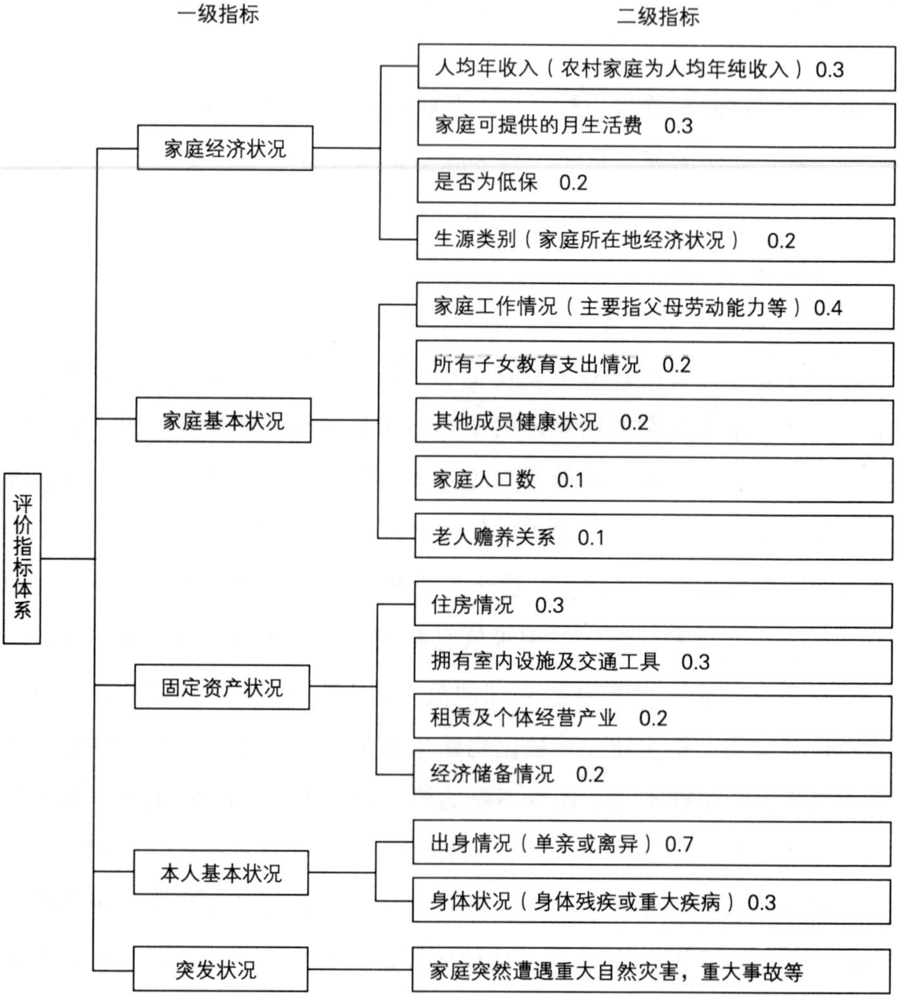

图 3-1 东北师范大学家庭经济困难学生认定指标体系

第二，建立量化测评模型。学校组建了由数理统计学专家负责的项目开发组，根据若干指标，把申请学生分为非贫困、一般贫困、重点贫困和特别贫困四类。经过对问题的理解和分析，考查现有应用统计方法中的分类方法，针对每种方法的优缺点，最终确定构建基于广义 logistic 模型、聚类分析、贝叶斯判别分类的多专家资助评价模型。该模型的创新之处在于，将多专家评价综合应用到困难生的资助类别判定领域，大大地提高了困难生分类的准确性（模型结构见图 3-2）。

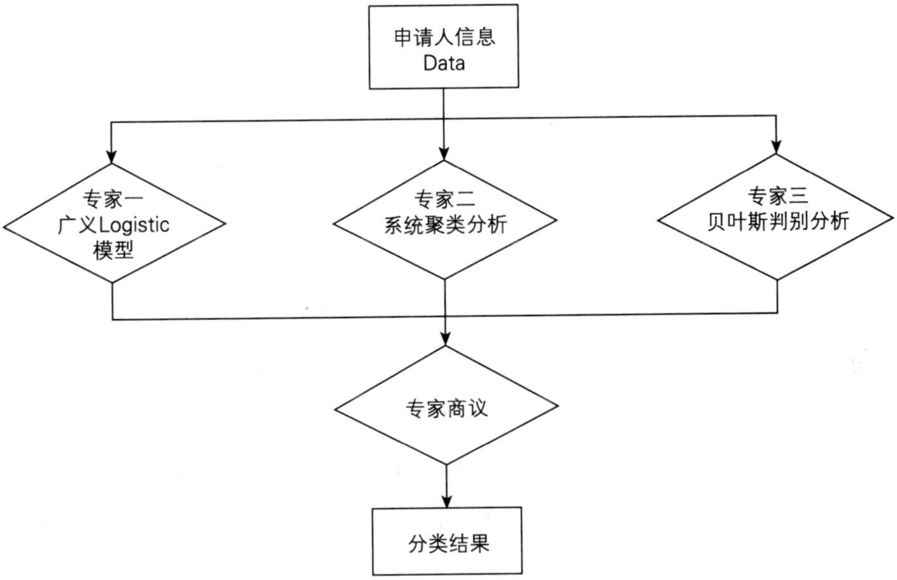

图 3-2　东北师范大学家庭经济困难学生认定“量化测评”模型结构图

第三，开发测评软件系统。依托多专家量化测评模型，学校组织专业化人员自主开发了“学生资助信息平台”资助对象认定系统，将“量化测评”模型绑定于“学生资助信息平台”。基本操作流程主要分三个步骤：一是学生通过信息平台提出申请信息；二是通过测评模型的“困难界定子模块”区分困难生与非困难生；三是通过模型的“困难类型划分子模块”区分学生困难程度，确定特别、中等和一般三个困难等级的学生名单。

3.“量化测评”结果的民主评议与个性修正

“量化测评”的批量性及家庭经济困难因素的复杂性决定了认定结果的非绝对准确性，因此需要根据个体情况对认定结果进行人为修订。人为修订的关键在于对认定个体的深入了解，为此，需要开展“民主评议”，对量化测评结果进行个性化、个别的微调与修正。“民主评议”由民主评议小组来组织实施。民主评议小组由辅导员、一定比例的学生干部代表以及学生代表等组成。“民主评议”的关键就在于评议组成员能最大限度地提供被评议学生的相关信息，并及时修正认定结果。其基本流程是评议小组对量化测评结果进行争议、民主表决和公示调整。“民主评议”时，要重点做好三个环节的工作。

第一，构建科学的民主评议指标体系。东北师范大学改变以往仅仅以学生代表面对面讨论为认定依据的操作方式，实施学生在校表现民主评议量化测评，从衣、食、住、行等维度，选取固定参数指标，采用学生自评与同学他评相结合的方式，对学生的实际经济状况进行科学分析，并通过自评与他评的信息对照，对学生提供信息的诚信度进行监测，从而进一步提升民主评议的准确性和科学性。

第二，注重民主评议小组的科学组成。在民主评议阶段，需要从多个维度组建民主评议小组，尽可能全面科学地掌握家庭经济困难学生的实际状况。在民主评议的过程中，首先，辅导员应发挥自身在民主评议环节中客观公正、真诚沟通的关键作用；其次，按照资助对象评议小组总人数不少于年级或专业总人数的 10%，非学生干部不少于 40% 的原则，分别从班级干部、同寝室同学、困难生、非困难生等维度组建民主评议小组，通过不同身份的学生代表，从多个侧面综合反映家庭经济困难学生的实际在校表现，从而对量化测评结果进行个性修正。

第三，注重信息公示和及时调整。学校要求家庭经济困难学生评定结果公示不少于 5 天，评定结果公示不隔夜，对于学生反映的问题处理不隔夜。要清楚地意识到量化测评是模具式的，抓住了学生的共性，对常态情况进行了有效的分析，但也在一定程度上抹杀了个性，缺乏灵活性。所以，在评议、公示等环节中，对特殊情况的特殊处理要及时到位。

4. 评定结果的“实地走访”验证

“量化测评”和“民主评议”都是依据学生本人提供的信息和学生在学校的表现而进行的。假如学生提供了虚假的信息，或是刻意隐瞒，依然会导致评定结果的不准确。因此为了真正实现家庭经济困难学生评定工作的公平、公正，有必要对学生申报的信息和评定结果进行进一步的验证。学生家庭实地走访是最有效的验证方式之一。通过实地走访，“不仅可以了解学生家庭的真实情况，发现问题，及时纠正。同时，可以通过对谎报信息学生的惩处教育，建立有效的诚信约束机制”①，在学生中形成强大的心理约束力，引导学生讲诚信，确保学生如实反映家庭经济状况。

学生家庭实地走访的一个基本原则是“抽样”与“全覆盖”相结合。“抽样”是指每年在学校招生区域（约为30个省份）中随机抽选几个地区（一般为3～4个省份）对学生家庭进行实地走访；“全覆盖”是指对所抽选地区的所有经济困难学生家庭进行全覆盖式走访。“抽样”与“全覆盖”相结合，既有全面性，又有随机性，不仅保证了比较全面地了解某一地域学生家庭实际情况，又因地域选择的不确定性，使走访对学生产生更大的心理约束力。2007年以来，东北师范大学始终坚持这一基本的走访原则，对13个省、市、自治区1 500余名学生的家庭进行了实地走访，取得了三个方面的显著效果。

第一，纠差防错，及时修正。在对学生家庭进行实地走访的过程中，要对走访发现的评定误差进行及时纠正。例如：在对辽宁省的走访中，走访教师发现了张同学无父无母，与70多岁的外公相依为命。该学生由于过于自尊，没有向学校报告真实情况；在对山东省的走访中，走访教师发现了王同学，家里经营了三层楼的饭店，年收入30余万元，却因在学校谎报信息，被评为中等资助对象，获得2 000余元的资助。对于以上偏差，必须及时地修正与处理，确保资助公平。

第二，诚信教育，典型育人。每次走访结束后，学校都认真总结正反两方面典型案例，以平面及多媒体形式，在全校范围内有针对性地进行宣讲，有的放矢地开展诚信教育，使学生们深受触动，有效地提高了

① 东北师范大学思想政治教育研究中心著:《高校经济困难学生家庭走访实证研究》，吉林人民出版社2011年版，第2页。

学生诚信意识。为了体现人性化管理，学校规定，每次走访后，都给学生两天的信息修改宽限期。在宽限期内及时修改个人信息的，既往不咎。否则，如发现谎报，一定严惩。走访验证不仅教育了学生，而且使从事这项工作的资助工作人员和辅导员也深受教育，走访的和看过走访宣传短片的，都严肃认真，举措慎重。

第三，完善体系，改进策略。学校将"实地走访"验证视为一项实证研究和行动研究，认为这是反思现有评定体系的不足，改进、修订并完善经济困难学生资助体系的有效手段。每次走访后，学校都认真听取走访教师的所见、所思、所感，并以此为根据制订出详细的、可操作的关于高校资助育人工作的改进策略，进而对学校的资助工作实践进行革新，验证效果。

（四）"四段一体"式家庭经济困难学生认定体系的主要成效

总体看来，"四段一体"式家庭经济困难学生认定体系具有四个特点：一是定性与定量相结合，既注重对学生困难的直观判断，又综合考虑量化评定结果；二是指标与程序结合，既注重评定指标的科学设计，又注重评定程序的公开、透明；三是共性与个性相结合，既注重整齐划一的模型化评定，又注重个性化的民主评议；四是又好与又快相结合，既注重对评定结果准确度的高要求，又利用信息平台提高效率。正是这四个结合，确保"四段一体"家庭经济困难学生认定体系准确率接近 99%。同时，以量化测评模型为基础的"学生资助信息平台"资助对象评定系统（简称 AIS1.0）获得了国家版权局颁发的"计算机软件著作权登记证书"。

东北师范大学在对家庭经济困难学生认定进行实践探索的过程中，始终坚持将理论研究与之相结合，其认定体系的科学性、准确性、公平性和有效性得到了学生的认可和上级部门的肯定。从 2007 年开始，东北师范大学把多年实践中积累的评定工作经验进行理论提升，结合当前理论研究成果，撰写、发表研究论文。在 CSSCI 级别的期刊上先后发表了包括《高校贫困生“双线资助”模式研究》《高校家庭经济困难学生认定模式的思考与实践》《实施“双线资助”，确保高校学生资助工作可持续发展》系列文章，对家庭经济困难学生认定进行了理论探讨。2009 年 1 月，《教育部简报》以“东北师范大学创新高校家庭经济困难学生认定模式，破解高校学生资助工作‘瓶颈’难题”为题目，专门报道了东北师大贫困生评定工作。2011 年 7 月，东北师范大学思想政治教育研究中心将 4 年来经济困难学生家庭实地走访的地区报告、案例分析和走访纪实结集成书，题名《高校经济困难学生家庭走访实证研究》，由吉林人民出版社出版。

四、高校家庭经济困难学生认定的经验总结

马克思主义认识论认为，经验来自于人们的实践，经验有待于上升到理性认识，理论的概念必须要由大规模积累的实际经验来完成。[①] 对教育经验进行科学总结意味着“以教育实践工作者为主体，对其从事的一个完整的教育活动的全过程加以主观的回顾、反省、总结，通过分析和思考，认识教育措施、教育现象与教育效果之间的一些必然与偶然的联系，为以后（或他人）在从事类似的教育工作时提供良好的经验、典型，以供借鉴。”[②] 因此，对高校家庭经济困难学生认定进行经验总结即是运用科学思维对认定的实践经验进行理论上的分析和综合、抽象和概括，使实践经验科学化和理论化，进而为进一步开展高校家庭经济困难学生认定工作，完善高校资助体系提供更好的指导。东北师范大学关于家庭经济困难学生认定工作的实践经验，提示了高校资助教育工作者要从加大

① 赵连军:《对教育经验总结概念的思考》,《上海教育科研》1993 年第 2 期。
② 顾天祯，高德建著:《教育科学研究入门》，人民教育出版社 1989 年版，第 6 页。

研究力度，坚持公平、尊重、科学、育人的认定原则和建立健全保障机制这三个主要方面来改进和完善高校家庭经济困难学生的认定工作。

（一）重视并加强对家庭经济困难学生认定的研究力度

有学者指出，当前国内关于高校家庭经济困难学生的研究成果主要存在“理论基础缺失、逻辑系统脆弱、经验色彩浓厚”等问题，研究多集中在国家资助政策下的宏观研究，缺乏比较全面的实证研究，也缺乏对具体管理程序和决策程序如何设计，具体评价方法和指标体系如何设计的微观研究。[①] 高校不仅要在实际工作开展中探索家庭经济困难学生认定的实践路径，还应重视并加强对家庭经济困难学生认定的研究力度，形成对家庭经济困难学生认定内涵的科学认识，并构建家庭经济困难学生认定的理论模型，促进理论与实践的相互观照。

1. 理性认识家庭经济困难学生认定的科学内涵

就家庭经济困难学生认定而言，国内高校和学者少有对“家庭经济困难学生认定”进行概念界定及其内涵解读。他们大都从高校家庭经济困难学生认定的现状出发，通过对困境、成因及其对策，国家相关政策文件以及支持体系的描述与分析，从而对高校家庭经济困难学生认定的方式、方法、标准、程序、模式等方面展开具体研究，仅有毕鹤霞、沈红认为贫困生判定（determination of needy students）“是指依据一定的理论和方法，对学生经济困难程度所做的评价，它是教育资助工作的重要内容，也是实施教育资助的前提”[②]。

我们认为，家庭经济困难学生认定是指按照国家政策文件的相关规定，运用包括数学建模、量化测评等量化方法，结合民主评议、走访调研等质化方法，对采集的家庭经济困难学生信息进行筛选与确认，对学

---

① 桂富强著:《高校贫困生发展性资助理念及管理体系研究》，西南交通大学出版社 2009 年版，第 20 页。

② 毕鹤霞、沈红:《贫困生判定的难点与认定方法探究》,《高教探索》2008 年第 5 期。

生经济困难程度进行理性判断与评价，从而划分并确定资助类别的审核过程。这一认定过程具有复杂性、科学性和动态性的特点。复杂性包含两个方面：一是由于我国居民收入透明度不高，导致每个学生的家庭经济困难情况极其复杂并可能产生动态变化，需要进行细致准确地调查；二是作为个体的家庭经济困难学生往往在价值观念、心态情绪上存在复杂多变的心理特征，需要在真诚沟通、理解尊重的基础上对其进行引导与了解。科学性是指认定过程中要始终坚持运用科学方法与科学技术对家庭经济困难学生信息进行统计、加工、分析与结果表达，对认定工作各个要素与环节进行研究和设计，尽量消除主观因素的影响，确保评定程序的客观公正，使认定工作始终保持规范、精确、高效的水平。动态性是指认定过程是一项长期的不断完善的动态过程。随着认定指标、困难信息、学生个体情况的动态变化，某一定点或某一短时间内的认定结果，可能会因为偶然因素的影响而出现偏差。因此要根据实际情况，及时修订，完善认定结果，确保认定的准确与公正。

2. 积极探索并构建家庭经济困难学生认定的原创理论模型

近年来，国内高校及学者已经开始逐步重视对家庭经济困难学生认定进行理论提升。有学者设计了多样化的认定指标体系，包括 7 个一级指标（家庭调查、学校调查、个人自评、学校层次、学校类型、所学专业、已获资助）和 18 个二级指标（家庭地域经济发展水平、家庭人口数和工作成员数、家庭成员学历和职业、家庭固定资产和负债、家庭其他重大支出项目、正向家庭特殊情况评判、负向家庭特殊情况评判、同学评价、教师评价、消费调查和监控、自我评价、学校所属类别和层次、学校所在地、学校层次、学制、是否“贵族专业”、就业前景、资助数额）的贫困生判定指标体系；[①] 也有学者借用西方的研究思路，拟定判定指标，运用层次分析法，通过设计“学生贫困度综合评判递阶层次模型”

① 刘进、沈红：《我国高校贫困生认定路径》，载《教育经济学年会会议论文》，2007 年版，第 33 页。

来认定家庭经济困难学生。该模型分为目标层、中间层和方案层三个层次，根据各层量化致贫指标，采用层次分析法软件计算，确定各指标的相应权重，计算出学生贫困度。[①] 其优点在于对西方科学方法的借鉴与运用，而不足之处在于：第一，所拟指标没有经过科学检验，人为确定因素较强，缺乏说服力；第二，由于层次分析法本身设计原理的限制，需要采取专家咨询法来规避人的主观因素影响，结论的可靠性不足。

总的看来，由于相关研究的不足，我国高校家庭经济困难学生认定尚缺乏科学的理论指导，尤为缺乏公认的完整而系统的理论框架、独立的研究工具和方法以及具有理论原创性的重大研究成果。目前，除了东北师范大学明确提出“四段一体”式家庭经济困难学生认定体系之外，仅有学者毕鹤霞、沈红提出了“目标—准则—方案”的三层次贫困生判定系统。[②] 基于此，我国高校及学者应根据本国社会经济的现实情况，充分考虑高校及其学生的自身特点，积极探索并构建家庭经济困难学生认定的原创性理论模型，以推动教育资助理论的发展和教育资助实践工作的顺利进行。

（二）坚持公平、尊重、科学、育人的认定原则

认定原则是做好资助认定工作所应当遵循的准则，它从家庭经济困难学生资助认定工作探索与实践的经验总结中抽象出来，反映了资助认定工作的客观规律，在资助认定工作中居于统领和指导的地位。具体来看，我们在实际的工作中应当遵循以下 4 个原则。

1. 坚持公正、平等的基本原则

公平是贯穿认定工作始终的主线，是认定工作应当遵循的基本原则。

① 桂富强著:《高校贫困生发展性资助理念及管理体系研究》，西南交通大学出版社 2009 版，第 75—82 页。

② 毕鹤霞、沈红:《贫困生判定的难点与认定方法探究》，《高教探索》2008 年第 5 期。

《教育部、财政部关于认真做好高等学校家庭经济困难学生认定工作的指导意见》中明确指出："家庭经济困难学生认定工作必须严格工作制度，规范工作程序，做到公开、公平、公正。"具体来看，"公平原则"包含三方面的内容：一是要确保"前提公平"，通过构建完整科学的资助认定流程，将所有需要资助的学生纳入到体系中来，使他们每一个人拥有获得资助的平等权利；二是要确保"过程公平"，要充分考虑学生家庭所在区域经济水平发展状况、就读专业成本等方面的差异性与动态性，实现均衡资助，按需资助；三是要确保"结果公平"，在认定结果初步确定后，通过民主评议、实地核查等方式，加强对认定工作的实时校验和调整。通过诚信约束机制的构建，激发他们的参与性与主体性，促使学生真正成为维护自身"公平"的主体。

2. 坚持真诚、尊重的心理原则

尊重原则是指尊重受资助学生的尊严与主体地位，一切工作的开展应以维护学生身心健康为核心。家庭经济困难学生认定不是机械化、程式化的工作，它必须建立在资助工作者对家庭经济困难学生充分尊重与人文关怀之上。一是要在情感上尊重学生以真正地理解他们。部分家庭经济困难学生存在将资助理解成一种"恩惠"的错误心态，认为自己是学生中的"特殊群体"，产生了自卑、过度自尊的不良心理，甚至刻意隐瞒家庭的真实经济状况。资助工作人员要真正走入学生的内心，在平等交流的基础上获取学生的信任，掌握学生真实的家庭经济情况，夯实认定工作的基础。二是在工作方法上要充满人文关怀。在认定的过程中，要尽量避免因过度的宣传与曝光给家庭经济困难学生造成心理上的压力，应当在尊重学生隐私的基础上加大隐性帮扶，并给予心理层面的理解及疏导，做到既能理解、满足学生的需要，又不给他们造成心理上的负担。三是资助工作人员要在学生中倡导朋辈间尊重、关爱的氛围，使非困难学生充分意识到关怀与帮助家庭经济困难学生是一种自发的、善意的举动，从而为认定工作创设良好的群众评议基础。

3. **坚持科学规范的方法原则**

科学原则是指运用科学方法和科学技术研究并设计认定工作的各个要素与环节，使认定工作始终保持规范、精确、高效的水平。具体包括两方面的内容：一是认定的模式构建必须采用科学方法。在对认定体系的各个环节进行研究与设计时，要坚持定性与定量相结合，指标与程序结合，共性与个性相结合的方法原则，才能有效地组合资助工作的各个要素与环节，使它们在有机的结合与作用中发挥出最优的效果；二是要不断提高资助认定工作的信息化水平。高校家庭经济困难学生认定工作的核心在于学生家庭经济困难信息的科学加工，只有充分运用科学技术才能破解这一难题。学校要组织专业化团队不断改善并革新信息技术，研发专业化的信息分析系统，才能更好地实现方法的科学性，提升资助认定工作的效率。

4. **坚持育人为本的教育原则**

育人原则是指将思想政治教育贯穿于家庭经济困难学生认定的全程，不断赋予认定工作育人功能。当前，大学生在困难生认定的过程中普遍呈现价值多元、心态复杂、心理多变等特点。因此，在认定工作中融入思想政治教育是关键。一方面，有针对性开展思想政治教育能够促进认定工作的真实性、准确性；另一方面，公正、公平、公开的认定工作也是对学生进行思想政治教育的重要渠道，能够确保资助资金用当其时、用当其人。因此，要不断丰富认定工作的教育内涵，将思想政治教育与认定工作紧密结合起来。一是注重对学生的人生观、价值观教育。在认定中，要逐步引导学生树立起面对暂时困难的信心和勇气，并学会辩证地看待困难与成长成才之间的关系。二是要注重对学生的感恩教育。要使学生意识到接受大学教育及获得资助机会的来之不易，最终要使“受助—自助—助人”成为他们发自内心的意识与规划。通过教育，激发学生自立自强的向上精神以及对党和国家的感恩情怀。三是要加强对学生的诚信教育。通过在认定的各个环节中设计有针对性的诚信教育内容，使他们在感悟与体验中逐步激发诚信意识，养成诚信人格，从而实事求是地参与到认定工作中来。

（三）建立并健全家庭经济困难学生认定的保障机制

我国仍处于并将长期处于社会主义初级阶段，农村贫困家庭和城市低收入家庭将在相当长的一段时期内存在，高校学生资助工作必将是一项长期而艰巨的任务，家庭经济困难学生认定也必将时刻面临困境与挑战。为此，有必要从制度、组织和技术三个方面建立并健全家庭经济困难学生认定的保障机制。

1. 丰富完善相关配套政策与措施，强化制度保障

就国家政策层面而言，应继续丰富完善与家庭经济困难学生认定直接相关的资助政策以及社会信用体系。一是高校应尽快建立家庭经济困难学生认定的操作性规程、方法。在国家建立的高校学生资助新政策体系中，仅有由教育部、财政部印发的《关于认真做好高等学校家庭经济困难学生认定工作的指导意见》（以下简称《意见》）与家庭经济困难学生认定直接相关。《意见》从认定原则、认定机构、认定程序、认定标准等方面对家庭经济困难学生认定作出了基本规定，但由于各个高校的实际情况千差万别，没有涉及微观层面可操作性强的关于资助认定方面的评价指标。这就需要各高校依据国家政策要求，建立结合自身实际的、操作性强的规程、方法。二是国家应进一步加快社会信用体系建设。一方面要尽快建立全国社会信用体系、全国个人资信征询系统、学生个人信息查询系统、学生诚信系统等；另一方面“应加强区域性信息网络资源建设，并充分利用这些区域性信息资源，实现政府、财政、高校、银行、教育、公安等部门的全面联网，进而实现全国社会信息网络资源的共享，以便高校及时地通过信息网络，准确地了解生源地学生的有关情况，从而有助于对贫困学生进行跟踪管理”①，更好地进行“甄别判断”。

① 赵炳起:《高校贫困生认定机制——优化与重构》,《教育财会研究》2006 年第 4 期。

就学校层面而言，高校应尽快制订本校家庭经济困难学生认定工作管理细则，建立健全相关制度。建立“评选、审批、监督”三权分立制度，即班级与学院具有评选权、学校相关部门具有审批权、师生员工具有监督权；建立困难生认定归口管理与责任追究制度，落实归口管理部门，强化职责，提高监控和约束力，对出现的问题追究责任。[①] 三是建立人性化的困难学生信息公示制度，做到评选透明化。最后要确保充足的资金投入。在家庭经济困难生认定过程中，研发专业化的信息分析系统、实地走访学生家庭等工作都需要一定的经费支持，否则，认定工作的质量和效益就难以保证。如东北师范大学在开发学生资助信息平台时就一次性投入 10 万元，后又每年投入 7 万余元用于系统维护、升级。学生家庭实地走访至今累计投入 40 余万元。

2. 建设职业化、专业化的资助工作团队，强化组织保障

家庭经济困难学生认定是高校资助工作的组成部分，其执行者正是高校资助工作人员。“职业化、专业化”的资助工作队伍是保持资助工作持续发展的关键因素之一。一是在人员选聘上，要坚持高标准选人，选择热爱资助工作，并具有与资助工作密切相关的教育、心理、经济、金融、管理等专业背景的人员，形成专业互补。二是在队伍培养上，要组织多层次的资助工作业务培训，遵循知识和技能，过程和方法，情感、态度和价值观三维一体培训目标，提升资助工作人员业务能力，强化职业情感。三是在考核管理上，要理清资助工作职能，制订一套科学的资助工作操作制度，明确资助工作评价标准，建立完善的奖励机制，提高资助工作专业化水平。[②] 就具体的认定工作而言，由于它涉及数学建模、数据分析、抽样调查等多方面的专业问题，需要专门的机构和专业化的人员设计实施。为此，东北师范大学主要从三个方面抓好队伍建设。首先，组建专业化工作团队。2006 年成立了正处级独立建制的学生资助管

---

① 任琪:《高校贫困生认定工作面面观》,《安徽农业大学学报（社会科学版）》2008 年第 5 期。
② 金昕:《实施“双线资助”确保高校学生资助可持续发展》,《中国高等教育》2009 年第 3、4 期。

理中心，10名工作人员中4名为博士毕业，其余6人硕士毕业，专业涵盖教育学、心理学、社会学、管理学、计算机科学等相关专业。其中有4名工作人员专门从事困难生认定工作。其次，成立专家顾问团。聘请校内10名数学建模、调查研究等相关专业领域的资深专家作为认定工作的常设顾问，负责指导困难生信息分析模型的构建，信息分析软件系统的建设与完善，以及困难生家庭走访的抽样选取工作。第三，建立信息工作室。由30名相关专业学生组成，负责日常信息的采集、录入和更新工作。此外，学校每年还定期对全校辅导员进行困难生认定基本知识的专门培训。

3. 开发动态信息管理系统，强化技术保障

实现学生家庭经济困难信息的动态管理，加强信息化建设是关键，高校应建立学生资助信息软件管理系统，及时、全面地存储、分析和动态更新学生的信息。一是加大家庭经济困难生认定的技术平台建设。要在建立动态困难生档案制度的基础上，自主开发困难生信息管理系统，积极建立包括贫困生生源地、具体家庭困难情况、父母职业、月收入、贫困证明、受助情况等相关信息在内的动态困难生信息数据库，搭建技术平台，实现困难生认定工作的信息化与网络化。二是对家庭经济困难生信息管理系统实行动态管理。要在对困难生家庭经济状况进行调查跟踪的基础上，对数据库中的相关信息进行调整和增减，实施动态管理，形成一个科学化、精细化、规范化的工作平台，并将相关工作及时上网，保证数据真实有效。

生源地信用助学贷款运行机制分析*

高等教育为经济建设和社会发展提供高层次人才和高素质劳动力，在“适度超前”战略指导下，我国高等教育从“九五”中后期开始进入快速发展通道，越来越多的家庭经济困难学生进入高校读书，这就需要借助外部资源来保障高等教育事业的改革和发展。国家助学贷款正是保障家庭经济困难大学生拥有平等的高等教育权利，通过学习和训练掌握理论知识、专业技能和社会适应能力从而改变家庭经济状况的政策性资助措施。生源地信用助学贷款是国家助学贷款的一种具体模式，是我国高等教育大众化进程中的新生事物。生源地信用助学贷款的健康发展取决于制度设计的科学性与合理性。江苏省在实践过程中重点研究和解决了资助对象筛选、贷款成本分担和信贷风险控制等问题，强化资助机构和管理队伍建设，不断规范和优化业务流程，通过开发使用预申请信息系统全面提高工作效率，全省生源地信用助学贷款业务呈现出资助准、增长稳、回收好的新特征。

一、生源地信用助学贷款政策背景

1999 年，我国出台第一个高校国家助学贷款政策，对学生资助理念

---

* 江苏省学生资助管理中心供稿。

的革新而言具有划时代的意义，它标志着我国高等教育学生资助引入了市场机制。2000年，国家又取消了国家助学贷款的担保制度，建立信用助学贷款制度，这在理论和实践上都是一个重要里程碑，它成为促进我国建立公民个人征信体系的一个重要因素。2004年，国家助学贷款政策再次改革，引入了风险补偿制度和招投标制度，在一定程度上分担了银行经办国家助学贷款的坏账损失。为了进一步推进助学贷款工作，浙江、江苏和河北等十多个省份又先后探索了由农村信用社等地方性金融机构发放生源地助学贷款的办法，因其具有信贷机制灵活、借贷双方联系方便和利率可以适当上浮等特点，取得了良好的资助效果，浙江省直至现在仍保持这种生源地助学贷款模式。但在经济欠发达地区，受信贷规模和地方财力限制，地方性的生源地助学贷款进展缓慢。

2007年，财政部、教育部、国家开发银行印发《关于在部分地区开展生源地信用助学贷款试点的通知》，标志着以国家开发银行为贷款发放主体的国家助学贷款业务正式诞生，同时这也是中央政府部门首次主导的生源地助学贷款尝试。2008年，财政部、教育部、银监会印发《关于大力开展生源地信用助学贷款的通知》，明确其他各省（区、市）“经报财政部、教育部备案可开展生源地信用助学贷款”，贷款经办银行为“国家开发银行等金融机构”。国家开发银行秉承“增强国力，改善民生”的办行宗旨，多年来以高度政治责任感积极探索和建立助学贷款新模式，为实现“人人享有平等融资权”和“教育公平”的社会目标提供了重要的金融支持①。2007—2011年，国家开发银行累计发放生源地信用助学贷款269亿元，累计支持家庭经济困难大学生560万人次，覆盖全国25个省（市、区）1 556个区县和2 451所高校。仅2011年，国家开发银行就发放生源地信用助学贷款100亿元，占当年全国各类国家助学贷款发放

① 光明日报专题调研组:《助寒门学子圆大学梦——国家开发银行开展助学贷款的探索与实践》,《光明日报》2012年6月5日，第15版。

总量的 80%[1]。国家开发银行生源地信用助学贷款业务已经实现预定政策目标，其成功的关键是建立了一套行之有效的运行机制，避免了商业银行办理助学贷款业务的利益捆绑动机，在贷款发放银行、地方财政和学生乃至高校之间有效分摊贷款综合成本，与县级政府教育和财政部门建立信贷风险共担与回收激励机制，高校和省、市、县各级学生资助管理中心积极参与业务全过程管理。

二、生源地信用助学贷款的成本分担机制

助学贷款成本分为资金成本、管理成本和违约成本。解决助学贷款成本问题有两个途径：一是优化业务流程和提高管理效率，努力降低单笔业务成本；二是将助学贷款成本在所有利益主体间分摊，形成收益与成本大致对等的国家助学贷款成本分担机制。从生源地信用助学贷款运行机制看，解决成本问题的重点是建立合适的分担机制。

（一）生源地信用助学贷款的资金成本分担机制

资金成本是指国家助学贷款发放银行为筹集和使用贷款本金而付出的费用，包括资金筹集费用和资金占用费。国家开发银行主要通过发行政策性金融债券融资，在进行商业化改革之前，国家开发银行金融债券具有准主权级信用背景，其发行利率低于其他商业性银行债券。国家金融政策鼓励商业性金融机构购买国家开发银行发行的金融债券，这保证了国家开发银行能以相对较低的融资成本获得大量稳定的资金来源。我国国家助学贷款利率统一按人民币贷款基准利率执行，目前还没有国家

---

① 国家开发银行:《业绩概况》，http://www.cdb.com.cn/web/NewsInfo.asp?NewsId=78，2012-08-01.

助学贷款利率下浮的案例。因此，与其他商业性金融机构相比，国家开发银行办理生源地信用助学贷款具有一定的资金成本优势。

生源地信用助学贷款的资金成本主要属于银行自身的成本管理范畴。在国外，为了降低助学贷款给学生带来的长期利息负担，政府会实行助学贷款优惠利率政策。为了保证金融机构能够按优惠利率政策发放助学贷款，政府就需要采取措施向助学贷款发放机构提供低成本的本金，或者在贷款发放后直接向金融机构补偿全额或部分利息。但从资金效率角度看，过低的助学贷款资金成本会带来金融机构过度供给助学贷款现象，从而增加政府财政部门为助学贷款进行融资和相关补贴的负担。如果政府不对助学贷款发放机构的成本进行直接或间接补贴，在贷款收益率确定的情况下，金融机构必然会采取措施控制资金成本，政府也可以将这部分财政资金用于补偿管理成本或补贴风险控制成本。

（二）生源地信用助学贷款的管理成本分担机制

管理成本是指国家助学贷款发放银行开展业务管理时付出的人力和物资消耗。规范的信贷业务必须有完整的贷前审查、合同制订与签署、资金发放、贷后回访和逾期催收流程，商业银行个人信贷业务单笔规模一般都在 10 万元以上数量级，具有一定的规模经济特征。而国家助学贷款每笔最高不超过 6 000 元，同样信贷规模下的业务管理成本要高出十多倍。国家开发银行主要通过开展中长期信贷与投资等金融业务，为国民经济重大中长期发展战略服务。从这个角度看，国家开发银行办理国家助学贷款业务不仅不具有规模经济效应，与其他商业性金融机构相比反而更显不足。

国家开发银行实行的是总分行二级管理体制，没有个人信贷业务平台，其开展国家助学贷款有两种业务模式：一是委托贷款模式，即将本金批量委托给商业性金融机构或高校发放给学生，受委托单位负责贷款本息回收，国家开发银行按贷款规模一次性支付适当比例的管理费用；

二是以县为主的直接管理模式，即强调必须建立县级学生资助管理机构，省学生资助管理中心进行工作管理，国家开发银行省级分行进行业务指导、评估和监督，县级学生资助管理机构的管理成本纳入同级财政保障范畴，国家开发银行给予一定的运行成本补贴。

委托贷款模式充分发挥了商业银行在个人信贷业务方面的优势，理论上讲应当在业务管理规范性和贷款回收保障方面做得更好。但是，在国家助学贷款分享收益时国家开发银行与代理银行产生了矛盾。国家开发银行付给商业银行的代理费用限制在贷款发放金额的1%以下，这显然不仅没有解决商业银行自营国家助学贷款面临的成本问题，反而使得贷款收益全部由国家开发银行"独享"。在江苏省，国家开发银行按贷款发放金额的5%向农村信用社支付业务委托费用①，但贷款的整体实施情况也很不理想，其原因主要在于：一是农村信用社（包括后来的邮储行）在个人信贷业务管理方面经验不足或制度不健全，以及基层信贷业务人员的专业知识不能满足国家开发银行对信贷业务的管理要求；二是委托代理制度天生存在信息不对称问题，在贷款发放和回收过程中委托与代理双方出于自身利益考虑，在很多具体问题上难以协调一致；三是代理行在回收阶段付出的努力与其收益没有关联性，国家开发银行制定的风险补偿金激励与约束机制至今难以兑现，代理行按资金发放额1%甚至更低标准获得的代理费补偿不了其业务成本，必然会消极对待生源地信用助学贷款代理业务。另一方面，随着商业化改革的推进，国家开发银行市场融资的成本越来越高，所以就不可能拿出更多的利差给商业银行做代理费。

因此，国家助学贷款运行机制改革的焦点聚集到了一个核心的问题——管理成本有效分担。市场经济制度发达国家，由于有较完备的家庭收入登记制度和个人纳税记录，金融服务条款细致、过程规范，而且

① 这个代理费比例远高于正常水平，主要是因为此前农村信用社办理生源地助学贷款业务时省财政按发放金额给予5%的一次性成本补贴。

大量采用信息化管理方式，因而办理助学贷款的管理成本问题不像中国现阶段这样突出。国家助学贷款管理成本主要由以下几个方面构成：一是甄别贷款支持对象（金融机构贷前调查）的信息采集较难，周期较长；二是签订贷款合同时的表单填写和核对量较大，特别是要手工填写申请表后还要经办人录入银行信息系统；三是贷款进入回收期后，商业银行要每季度扣收本息（国家开发银行回收周期是一年），一旦发生逾期就得联系借款人并按规范留存催收记录，仅通讯成本就是一笔不小的支出。在生源地信用助学贷款制度设计方面，国家开发银行大胆创新，主动提出并积极推进了成立县级学生资助管理机构的规划，借县级学生资助管理机构向下延伸了管理层级。从地方政府和教育部门看，成立县级学生资助管理机构是2007年国家新资助政策体系的内在要求，是有效实施义务教育、中职教育、普通高中和学前教育家庭经济困难学生资助政策，加强各类国家助学金和免学费资金管理的必然要求。从25个实施国家开发银行生源地信用助学贷款业务的省份来看，县级学生资助管理机构越是健全的省份其贷款覆盖面就越高，这也证明了管理成本有效分担在国家助学贷款制度设计中的重要性。

（三）生源地信用助学贷款的违约成本分担机制

为便于政策优化和业务管理，可以从成本角度分析国家助学贷款违约损失[①]。国家助学贷款违约产生于两个风险因素：一是系统性风险，这是制度本身所带来的具有不可抗性风险因素，包括借款人丧失民事行为能力等；二是非系统性风险，主要因借款人主观因素和客观条件不足而产生，包括恶意欠款、阶段性的还款能力障碍、忘记还款要约等。系统性信贷风险一般都会形成确定性经济损失，非系统性信贷风险在短期内以逾期贷款形式出现，经过积极催收或待借款人经济能力改善之后多数

① 金融机构一般将贷款违约损失计入当期损益。

逾期贷款能够将本息和罚息一并回收[①]。

从2004年起，我国国家助学贷款政策就引入了风险补偿金概念，即按国家助学贷款发放金额的一定比例一次性向金融机构拨付补偿资金。根据风险补偿金的实际管理和使用情况，其实质是对违约成本的确定性补偿，目前还不是真正意义上的对信贷风险的动态调节[②]。生源地信用助学贷款的风险补偿比例统一确定为贷款发放金额的15%，由中央财政和省级财政按比例分担。为强化县级政府部门在生源地信用助学贷款中的管理职责，督促县级学生资助管理中心积极催收到期贷款本息，国家开发银行江苏省分行与县级人民政府签订合作协议，约定生源地信用助学贷款违约率超过15%部分由国家开发银行和县级财政各承担一半，回收效果较好的则将风险补偿金剩余部分以运行经费形式拨付给县级学生资助机构。江苏省在制订实施细则时，认为高校应当在生源地信用助学贷款中承担一定的管理责任，因而确定省内高校按本校生源地信用助学贷款发放金额的1%缴付风险补偿金。如果能根据高校毕业生贷款回收率对高校学生资助管理机构实行必要的激励，则更有助于诚信教育和毕业生贷款确认等工作的深入开展，进一步降低生源地信用助学贷款的违约成本。

三、生源地信用助学贷款的风险控制机制

与一般商业性贷款业务不同的是，国家助学贷款不可能采用筛选优客户和提供担保物的方式进行风险控制。生源地信用助学贷款的信贷风

---

① 美英等国家助学贷款制度较完善的国家都制定了基于借款人收入水平和还款能力的弹性还款制度。

② 生源地信用助学贷款将来的有效回收必须充分发挥补偿金的作用：一是用于补偿县级学生资助管理机构的贷款催收成本，二是根据到期贷款回收率以风险补偿金返还或补征收形式建立奖惩机制。

险主动防范机制，只能够通过制度创新和强化管理来实现。同时，风险控制效果需要经过长期工作实践才能体现，国家开发银行引入了风险管理理念，提供了探索信贷风险控制机制的平台，这是它为国家助学贷款政策实践带来的最深入、最持久的积极影响。

（一）以制度创新防范信贷风险

良好的制度安排是降低生源地信用助学贷款信贷风险的基础，江苏省在制定生源地信用助学贷款政策时充分借鉴国内外国家助学贷款实施经验教训，在条件允许的情况下做了以下几个方面的改革。

1. 延长贷款期限与建立还款宽限期制度

学生资助特别是国家助学贷款需要将大学毕业生“扶上马、送一程”。考虑到就业初期是家庭经济困难毕业生经济压力最大的人生阶段，生源地信用助学贷款在制度设计时将最长贷款期限延长到14年（毕业后10年），借款学生在毕业后两年内可以只付利息而不还本金。对大学毕业后考取研究生的借款学生，可以申请将宽限期和财政贴息期延长到整个研究生学生阶段。这一方面减轻了借款学生毕业初期的还贷压力，另一方面也保证了国家开发银行的信贷报表质量。

2. 建立借款学生隐性担保机制

国家助学贷款借款学生毕业后具有很强的流动性，这给贷后管理特别是逾期催收带来了很大的困难。如果参照商业银行一般性信贷业务的做法要求借款学生提供担保，则受社会资源所限，家庭经济困难学生很难找到合适的担保人。生源地信用助学贷款在制度设计时引入了“共同借款人”概念，学生家长或其他法定监护人与学生一起作为借款人，既规避了作为保证人必须具备的苛刻条件，又基本满足了经办银行希望借款人能够提供稳定居住地和联系方式的迫切要求。

3. 建立信贷风险预警机制

生源地信用助学贷款在设计贷后管理制度时，除要求每年至少进行一次上门访谈外，还要求在借款人进入付息期或还本期前两个月时，经办人必须与借款学生或共同借款人取得联系，通知其还本付息时间与金额，必要时还须辅导共同借款人使用电子支付系统。

4. 延长本息扣款周期

生源地信用助学贷款将贷款本息扣收周期从一个季度延长到一年，而且固定在每年12月20日还本结息，这样既降低了借款学生异地还款的成本，又易于让借款人记住还款日。延长本息扣收周期还减轻了基层经办人的催收工作压力，让他们可以集中精力保证每年将所有借款人都至少联系一次。刚就业的国家助学贷款毕业生收入多不稳定，采取按年度扣收本息的方法更有助于其筹集资金按时偿还贷款。

5. 建立违约通报制度

生源地信用助学贷款制度规定银监会在系统内对违约学生进行通报，江苏省根据实际情况制定了国家助学贷款违约学生通报制度，定期将违约超过90天的借款学生个人基本信息、毕业学校和贷款受理机构等在资助网站通报。当国家助学贷款出现阶段性的逾期率上升时，省教育厅和有关金融机构联合行文，向全省通报各高校和贷款发放机构的贷款逾期率。事实表明，基层单位和学校对通报高度重视，通报发出1~2个月后逾期现象即会出现明显好转。

6. 建立贷款回收激励制度

江苏省制定了生源地信用助学贷款回收绩效管理制度，按贷款回收比率和贷款业务量安排每年度的运行经费，运行经费由国家开发银行按年度贷款发放规模的1%提供。贷款回收率是各市县学生资助管理机构年度学生资助工作绩效评价的重要指标，回收情况不理想的地区将影响其资助工作先进单位评选和年度资助奖补专项经费。国家开发银行江苏省分行与各区县政府签订合作协议，约定贷款回收期满后违约率超过15%部分由银行和地方财政均摊，如果低于15%则将扣除损失后的风险补偿金剩余部分拨付给区县，以此激励基层机构切实做好贷款回收工作。

（二）用规范管理防范信贷风险

风险防范制度最终必须落实到业务管理上，特别是在生源地信用助学贷款现有管理体系下，县级学生资助机构成立时间较短，业务人员多为转岗或兼职从事贷款管理工作，因此科学的管理流程和严格的考核制度显得尤其重要。

1. 严格贷前审查和合同管理

江苏省就生源地信用助学贷款的发放对象制定并实施了一套完整的预申请制度，基层资助管理中心必须严格按照预申请管理信息系统中的学生信息受理贷款。在受理贷款时，基层业务人员必须与借款学生面谈面签。一般情况下，借款学生和共同借款人需一起到场签订合同，禁止他人代签以确保信贷合同的法律效力。每年集中受理结束后，国家开发银行江苏省分行会集中力量检查贷款合同的规范性，指导和监督基层机构进行档案管理。

2. 印发资助政策简介和还款指南

江苏省学生资助管理中心每年都印发《江苏省高校学生资助政策简介》和《生源地信用助学贷款还款指南》，一方面指导学生根据家庭经济状况申请获得各类学生资助，并重点向学生详细介绍国家助学贷款政策要点和生源地信用助学贷款受理单位、地址、经办人和联系方式；另一方面向获得贷款的学生宣传生源地信用助学贷款还款规定，详细告知违约后果，公示基层机构还款联系人和联系方式。

3. 信贷记录纳入个人征信体系

信用是市场经济的基石，在市场经济发达国家一般都建立了完备的个人信用制度。从 2010 年起，生源地信用助学贷款的借还记录都纳入了人民银行个人征信体系，所有借款毕业生都有了可查证的个人信用档案，今后他们在金融机构办理个人信贷业务时都将被查验个人信用情况，在国家助学贷款业务中存在不良记录的毕业生将影响其他贷款申请等金融服务。

4. 建立工作群和短信平台

江苏省学生资助管理中心建立了资助工作群，国家开发银行江苏省分行的客户经理可以在群中与基层业务人员实时沟通，及时研究解决贷款回收中遇到的问题，提醒逾期率上升的基层机构加强管理。省学生资助管理中心还与中国移动江苏公司合作建立了工作短信平台，向即将进入还款期的借款毕业生和逾期借款学生发送还本付息提醒短信和逾期催收短信。

5. 开发和使用信息管理系统

江苏省很早就意识到信息化管理在国家助学贷款工作中的重要性，2007 年就开发使用了生源地信用助学贷款预申请系统，使高校和基层业务机构在同一平台上管理和交换借款申请人信息，基本保证了省级管理层、高校和基层机构信息完备和信息对称。根据规划，省学生资助管理中心还将在资助网站上提供链接，让国家助学贷款毕业生登录查阅个人借还款记录，反馈就业单位信息和个人联系方式。

6. 做好诚信教育与还贷辅导

江苏省高校已经普遍将诚信教育纳入学生德育课程体系，定期组织获得国家助学贷款的学生开展诚信宣传活动。人民银行南京分行会同省教育厅组织各市分行走进高校，宣传个人征信知识，教育国家助学贷款毕业班学生树立诚信还款意识。省学生资助管理中心要求各高校开展毕业生还款确认手续，教育学生合理规划还款时间与金额。江苏高校广泛探索增强国家助学贷款学生的“造血”机能，通过宣传演讲、社会实践和勤工助学等方式，指导他们提高学习能力和社会适应能力，提高人才培养质量，增强学生就业能力，集中社会资源帮助国家助学贷款学生就业以提升还款能力。高校还通过辅导员、同乡学生等关系与国家助学贷款毕业生保持联系，努力解决长期制约贷款发展的贷后信息沟通问题。

四、生源地信用助学贷款的预申请制度

预申请，顾名思义是在正式开展生源地信用助学贷款前就对学生进行初步的筛选，基本确定年度贷款总需求、采集贷款发放对象的相关信息，从而使生源地信用助学贷款总量在实现“应贷尽贷”前提下得到有效控制，更使各基层资助中心能够在有限的时间内高效率受理学生的正式贷款申请。

（一）实行预申请的必要性和可行性

江苏省普通高校在校本、专科学生和研究生共177.5万人，家庭经济困难学生28.74万人（约占16%），特困生14.2万人（约占8%）。从2007年起，各级财政加大了对高校学生资助的投入力度，仅2010年高校学生资助财政经费支出总额就达到9.6亿元，财政资助覆盖面超过在校生总人数的19%。与此同时，各高校还采取提取资助专项经费，积极争取社会捐助等措施，进一步加大学生资助经费投入。仅2010年，全省高校就从事业收入中提取学生资助专项经费4.76亿元，以特困补助、勤工助学补助和减免学费等形式资助23.41万人，约占在校生总人数的13%。

从以上数据可以看出，2010年全省高校各类奖助学金支出总额达14.36亿元，资助学生28万人左右，生均资助5 100元，资助覆盖面为15.8%。奖助资金主要用于资助学生在校期间的生活费支出，上述资助覆盖面已经接近全省高校家庭经济困难学生比例。在此背景下，生源地信用助学贷款应当用于解决学生的学费和住宿费问题。因为财政对学生在校期间的助学贷款进行全额贴息，所以意愿贷款远超过政策确定的有效需求。从工作实践看，基层政府部门大多既不可能也不愿意严格按政策要求进行家庭经济情况核查。从本息回收的角度考虑，金融机构也宁愿将贷款发放给更有能力还款的大学生。

在生源地信用助学贷款实施之初，江苏省政府就提出要确保“应贷尽贷”的政策目标，包含两层意思：一是符合政策规定的家庭经济困难学生只要申请就必须能获得助学贷款，二是家庭经济不困难的大学生不可以获得助学贷款。为了相对科学地、精准地确定助学贷款支持对象，江苏省探索制定了生源地信用助学贷款的“预申请”制度：将贷款申请学生分为在校生和参加高考学生，在校生的贷款申请资格由其所在高校根据国家和省有关家庭经济困难学生认定办法确定，参加高考学生（即高中毕业班学生）由所在高中组织班级评议确定家庭经济困难学生贷款申请资格。作为预申请制度的必备配套制度，江苏省教育厅、省财政厅和国家开发银行江苏省分行每年度都研究确定全省生源地信用助学贷款发放额度，贷款额度分配到每个高校和市县教育局。需要说明的是，生源地信用助学贷款额度不是计划性指标，只是总量控制性指标，具有一定弹性。2007 年 8 月，教育部、财政部印发了《关于认真做好高等学校家庭经济困难学生认定工作的指导意见》，对高校家庭经济困难学生认定提出了明确要求，规定了具体程序。实施生源地信用助学贷款政策后，各市、区县教育局成立了学生资助管理中心或指定了专门机构负责学生资助工作，这就分别为审查在校大学生和应届高考学生的生源地信用助学贷款申请资格提供了条件。

（二）预申请工作的组织实施

2007 年 8 月，省教育厅、省财政厅印发了《江苏省生源地信用助学贷款资助对象贷款资格审核暂行办法》，规定市、区县学生资助管理中心和各普通高中具体落实应届高中毕业班学生申请贷款资格审核工作，高校资助管理中心和院系具体落实在校生申请贷款资格审核工作。

1. 应届高中毕业班学生预申请

江苏省应届高中毕业班学生生源地信用助学贷款预申请安排在春季学期开学后，具体程序如下：① 每年 3 月底前，各普通高中依据往年发放高中助学金的情况，对本校高三年级准备参加高考的学生家庭经济情况进行调查，并对有贷款需求的学生进行摸底，初步测算出本校当年申请贷款的额度，报区县学生资助管理中心。区县学生资助管理中心汇总所属普通高中贷款需求信息后，参照上年的贷款实际情况，提出当年本区县的贷款申请额度。② 每年 4 月，省教育厅会同国家开发银行和省财政厅下达各地生源地信用助学贷款额度，部署生源地信用助学贷款申请的具体事项。③ 每年 5 月底前，各市、区县学生资助管理中心组织所属普通高中将预申请审核通过的学生名单录入江苏省学生资助管理信息系统。在高考录取阶段，区县学生资助管理中心负责组织所属普通高中将学生录取信息录入省学生资助管理信息系统，再打印《国家开发银行生源地信用助学贷款申请审批表》一式两份，加盖高中公章后交给学生。④ 每年 7—9 月，在生源地信用助学贷款受理期间，高考录取新生凭《国家开发银行生源地信用助学贷款申请审批表》和相关证件，到共同借款人户籍所在区县学生资助管理中心申请贷款。资助中心业务人员在省学生资助管理信息系统中核实学生申请信息后，即可在国家开发银行业务系统中办理贷款手续。

2. 高校在校学生预申请

高校在校生的生源地信用助学贷款预申请由高校学生资助管理中心组织实施，具体程序如下：① 每年 3 月底前，各高校根据《江苏省高等学校家庭经济困难学生认定工作暂行办法》对本校家庭经济困难学生进行认定，对有生源地信用助学贷款需求的在校生进行贷款资格审核和贷款需求汇总。对入学时已经通过新生贷款资格审核的生源地信用助学贷款资助对象，高校原则上不再进行贷款资格审核；对在校生中因家庭变故、突发事件等新增贷款需求的学生，高校按规定予以认定，进行贷款资格审核。② 每年 4 月，省教育厅会同国家开发银行和省财政厅下达各高校生源地信用助学贷款额度，部署生源地信用助学贷款申请的具体事项。③ 每年 6 月底前，各高校学生资助管理中心组织院系将预申请审核通过的学生名单录入江苏省学生资助管理信息系统，打印《国家开发银行生源地信用助学贷款申请审批表》一式两份，加盖高校学生资助管理中心公章后交给学生。④ 每年 7—9 月，在生源地信用助学贷款受理期间，在校大学生凭《国家开发银行生源地信用助学贷款申请审批表》和相关证件，到共同借款人户籍所在区县学生资助管理中心申请贷款。资助中心业务人员在省学生资助管理信息系统中核实学生申请信息后，即可在国家开发银行业务系统中办理贷款手续。

3. 其他特殊情况学生预申请

其他特殊情况学生的预申请分为两类：① 对当年贷款资格审核结束后，因家庭变故、突发事件等新增贷款需求的高考录取新生，可持相关的证明材料到各区县资助中心提出申请，区县学生资助管理中心都会及时对其进行贷款资格审核，审核通过后，将信息补录入省学生资助管理信息系统，并打印《国家开发银行生源地信用助学贷款申请审批表》一式两份，加盖区县学生资助管理中心公章后交给学生。学生再凭《国家开发银行生源地信用助学贷款申请审批表》和相关证件，到共同借款人户籍所在区县学生资助管理中心申请贷款。② 对在省外普通高校就读、有生源地信用助学贷款需求的江苏籍学生，若入学前未经市、区县学生资助管理中心进行贷款资格审核，则由其所在学校参照江苏省政策要求进行家庭经济困难认定和贷款资格审核并出具书面材料，书面材料需说明两方面内容，一是家庭经济困难，二是当年没有在高校办理助学贷款。学生凭校方材料到区县学生资助管理中心申请贷款资格认定。资助中心确认后将其申请信息补录入省学生资助管理信息系统，并打印《国家开发银行生源地信用助学贷款申请审批表》一式两份，加盖区县学生资助管理中心公章交给学生。学生再凭《国家开发银行生源地信用助学贷款申请审批表》和相关证件，到共同借款人户籍所在区县学生资助管理中心申请贷款。

（三）预申请与信贷风险可控性管理

江苏省认为，实行预申请制度最大的优点在于信贷风险可控性管理，即通过县级学生资助管理中心、高校学生资助管理中心的审核，辅之以省学生资助管理信息系统，建立了完整的生源地信用助学贷款申请、发放和贷后管理的信息链。主要体现在以下几个方面。

1. 信息集中导入国开行业务系统

江苏省生源地信用助学贷款没有采用学生在线申请模式，在每年贷款受理之前，国开行江苏分行协调总行有关部门将预申请信息一次性导入国开行业务系统。在贷款受理期间，区县学生资助管理中心业务人员可从国开行业务系统中直接调用学生申请信息，这样就免除了很大一部分信息录入工作量，同时有效提高了信息的准确率。

2. 贷款受理期间规范有序

由于采取了预申请，各区县学生资助管理中心、省学生资助中心和国开行江苏分行，在正式受理之前，已了解各区县当年的申请人数和贷款规模，国开行江苏分行据此印制和分发贷款合同。这样，国开行江苏分行既避免了多印合同造成浪费，也没有因合同不足或发放不合理而造成贷款停办。区县学生资助管理中心也能够根据本地预申请学生信息，合理安排工作人员、受理场所和接待时间。例如：他们可以在高考录取前先办理大学在校生的助学贷款申请，还可以将办理点延伸至申请人数较多的乡镇。

3. 便于风险补偿金的测算和预算安排

由于采取了预申请，省财政每年安排风险补偿金和贴息资金时做到了心中有数。这几年省财政安排的经费预算都能得到保证，没有出现较大缺口或结余。各高校也都按照预申请信息安排学校应承担的风险补偿经费，为省里及时归集学校承担的风险补偿经费提供了保障。

4. 及时从国开行系统导出贷款合同与发放信息

江苏省组织技术人员定期从国开行系统导出全省贷款合同信息和贷

款发放数据，再将其导入省学生资助管理信息系统。这样，高校和区县学生资助管理中心也能在省系统中查看学生贷款信息。将来，这些信息还可以在省学生资助网站上向学生开放，让学生也能远程查看贷款情况，提醒他们及时还贷。

5. 辅助贷后风险管理

在生源地信用助学贷款贷后管理阶段，从国开行系统中导出所有借款合同的贷款回收信息，再将这些数据导入省学生资助管理信息系统。各高校和区县资助中心可以看到本单位生源地助学贷款的违约情况和排名，从而激励各单位加强贷后管理，降低违约的积极性，也为江苏省公正公平的开展资助工作绩效评价打下了基础。

五、工作展望：建设国家助学贷款救济制度

国家助学贷款救济制度，是指通过财政补偿或政府信用担保方式，对丧失还贷能力或出现暂时性还款障碍的国家助学贷款毕业生采取减免或延缓还本付息负担的政策。

国家助学贷款是采用市场机制实施的学生资助手段，因而不可避免地会出现“市场失灵”现象，特别是对家庭经济特别困难学生而言，贷款上学反而增加了长期经济负担。在高等教育家庭经济困难学生资助体系中，政府应当发挥主导作用，特别是对收入水平处于最低层的家庭子女应当首先采用无偿资助措施。而在政策实践中，由于国家助学金总量有限，特困生所接受的助学金平均金额较低，特别是经济欠发达地区和农林牧矿类高校，家庭经济困难学生比例较高，国家助学金供给与需求的矛盾更为突出。为解决长期困扰高校的欠费现象，学校往往会采取各种措施“帮”学生申请办理助学贷款。据调查，江苏全省35万名本、专

科在校生对就业后月收入的预期仅为2 100元~2 350元，实际的就业率和首次就业收入水平则受宏观经济景气指数的影响越来越大。在对高校国家助学贷款逾期学生的调查中发现，有45%左右的学生是因为收入能力有限而无力偿还贷款本息。除了单纯性的因贫欠贷外，一些国家助学贷款借款人因病或意外事件丧失民事行为能力或还款能力，部分国家助学贷款毕业生选择自主创业的初期亟需资金周转，如果适当延缓还贷时间则可以大大提高其经济收入水平和还贷能力。

在国家助学贷款制度较为完善的国家，已经实施了类似的国家助学贷款救济措施，英国根据借款毕业生的收入水平延长还贷时间，美国根据借款毕业生的纳税情况延长或部分免除还贷压力。我国可以结合国情，适当建立国家助学贷款救助机制，即对国家助学贷款毕业生中最贫困人群采取免息、延期还本、部分甚至全额免除本金的救助措施，其资金来源于财政专项补贴或经办银行国家助学贷款让利。如果按每名贷款学生贴息4年计算，各级财政支付的生源地信用助学贷款风险补偿金和贴息资金总额达到贷款本金的43%左右，面对如此高的政策实施成本，决策层可以考虑压缩商业性助学贷款规模，拿出部分财政资金建立特困生特别贷款项目，实行低利率、更长的还款周期和弹性还款计划等扶持措施，同样会达到对特别贫困家庭子女的助学贷款救助目的。实施国家助学贷款救济制度的最大困难在于信息不对称，这需要通过不断细化和完善实施制度以及加强管理等措施予以解决。

以上从生源地信用助学贷款的决策背景、成本分担机制、风险控制机制和预申请制度等4个方面，初步分析了生源地信用助学贷款的运行机制，所涉及和评述的内容主要是目前我国生源地信用助学贷款工作中已经存在的制度设计和工作实践，也有部分内容是改革和完善生源地信用助学贷款政策的理论尝试。江苏省利用绩效管理体系对包括生源地信用助学贷款在内的高校和市县学生资助工作进行评价，较好地促进了各级各类学生资助工作的规范化管理。2007年实施生源地信用助学贷款后，江苏省开发应用了预申请信息管理系统，全省实现了贷款信息化管理，预申请、实时通报、在线统计报表等助学贷款工作都能通过管理系统高效开展。更重要的是，国家开发银行从 2008 年以来投入巨大的人力和资金，开发并不断完善了个人金融业务系统，成为区县学生资助管理机构开展生源地信用助学贷款必不可少的平台，有效弥补了国家开发银行二级管理体系办理个人金融业务的不足。最后，应当充分意识到县级资助机构从业人员的业务水平和敬业精神将根本性地决定生源地信用助学贷款的发展前景，县级学生资助管理机构的硬件和软件建设都很重要。

让自强之花在勤工助学中绽放*

高校勤工助学是指学生在高校的组织下，利用课余时间，通过自己的劳动取得合法报酬，用于改善学习和生活条件的社会实践活动。高校勤工助学是社会发展的必然产物，是青年学子直面生活困境所作出的勇敢挑战，也是他们在实现自我梦想、不断超逾自我的脚步。

一、勤工助学的内涵解读

作为一个让学生了解社会、服务社会的窗口，学校和社会是最好的桥梁和纽带，勤工助学活动能够帮助大学生实践专业技能，增强社会适应能力，提升自身综合素质。通过参加勤工助学，大学生也能够了解社会对人才的需求状况，看到自身能力和社会实际需要的差距，有利于学生在学习中进一步加强与完善。

（一）勤工助学是青年学子强烈责任感、使命感的体现

随着经济和教育改革的不断发展和深化，勤工助学已经成为了大学生日常生活、学习和工作中的重要组成部分，是他们努力成长成才的重要手段和勇于承担社会责任、改变自身命运的体现。当代大学生能够勇

---

* 华东师范大学勤工助学管理中心供稿。

敢地面对经济困难的现实，他们渴望通过自身的努力改变自己和家庭的经济状况。调查显示，有高达96%的困难学生勇于承担起改变自己家庭命运的重任，在遇到困难的时候会选择勤工助学，体现出了强烈的社会责任感和使命感。通过参与各类勤工助学以自己的劳动获取相应的报酬，大学生们不仅减轻了父母的经济负担，自强自立地完成了学业，而且锻炼了自身的能力、提高了综合素质，为将来走上社会做了充分的准备。

（二）勤工助学是社会发展对人才资源需求的体现

社会的快速发展需要更多的大学生参与其中。高校是当地人才最集中的地方，具有劳动力与人才优势。当大学生到企业做兼职或参加其他形式的勤工助学活动时，也能够帮助企业降低生产成本，提高生产效率。此外，大学生作为新生力量，有闯劲，有干劲，在开发新产品、推广新技术等方面也具有一定的优势。越来越多的高校开始充分利用和发挥广泛而多样化的人才资源，推进大学生兼职及创业服务，为社会经济发展注入了一股新的推动力。大学生是有知识、有技术的高层次专门人才，他们有能力利用自己的知识和技能服务于社会，从而为社会经济的发展贡献一份自己的力量。

（三）勤工助学是高校人才培养理念的体现

开展勤工助学工作，是高校实施素质教育和实现学生全面发展的现实要求，也是新时期实践教育与生产劳动相结合，培养全面发展合格人才的重要途径和方法。高等学校人才培养的目标就是要全面贯彻党和国家的教育方针，以德育为核心，以培养学生创新和实践能力为重点，造就德、智、体、美、劳全面发展和知识、能力、素质综合协调发展的、适应未来社会需要的高级专门人才。勤工助学是帮助困难学生“放心工作、安心生活、专心学习”的重要保障，是大学生全面发展，全面提高自身素质的基地和平台。

二、勤工助学的发展历程

勤工助学不是新生事物，它是伴随着整个人类社会而存在，伴着“学”的发展而发展。

（一）第一阶段：无偿劳动（1949—1988 年）

从新中国建立初期到20世纪70年代末，我国实行计划经济体制，与之相对应的高等教育也实行了“统包、统分、免费入学”的招生制度。在免费上大学的同时，经济困难的学生可以申请“人民助学金”。在这一时期，勤工助学主要以“参加社会主义劳动”的形式体现，其具体特点如下：为培养学生爱国爱民和爱劳动的意识、基本的生产劳动技能、勤俭节约的观念服务；没有经济收入，主要是义务性的劳动；以有组织的集体活动为主，学生在活动中缺乏主动性和选择性；活动形式单一，活动内容几乎与学生所学专业无关。1985 年开始，高等学校资助政策由“人民助学金”向“奖学金”转变，与此相适应的勤工助学活动也从“无偿劳动”向“按劳取酬”过渡，但由于刚刚起步，观念滞后，许多师生一时难以适应。此时勤工助学仅限于家庭经济特别困难的学生，规模较小，管理不够规范，没有受到应有的重视。

（二）第二阶段：扶贫济困（1989—2006 年）

1989—2006 年，随着改革开放的深入和高等教育体制的改革发展，高等教育培养费用开始由国家全包向成本分担的方式转变，这从客观上给经济困难家庭造成一定的压力，勤工助学的主要功能也由此转为“济困”。

1990 年，原国家教委在《普通高等学校学生管理规定》中明确指出，学校提倡和支持学生开展勤工俭学活动，并指明学生勤工俭学的主要内容是与专业学习相结合的科学技术和文化服务，目的是有利于培养劳动观念和自立精神；同时也规范了学生勤工俭学的范围、时间等。1993 年 9 月，原国家教委、财政部联合发文，要求高校把勤工助学作为“改革的配套措施”和“学校重要的常规工作”认真对待。1994 年，原国家教委颁发了《关于进一步做好高等学校勤工助学工作的通知》，要求将勤工助学作为学生社会实践的重要方式，作为高校学生工作的重要内容，有组织地实施，逐步做到制度化、规范化，这使勤工助学逐步走上了有序的发展轨道，标志着高校学生勤工助学活动进入了一个全新的历史发展阶段。2004 年，中共中央、国务院在《关于进一步加强和改进大学生思想政治教育的意见》中指出，让大学生在参加勤工助学等实践活动中受教育、长才干、作贡献，增强社会责任感。2005 年，共青团中央、教育部在《关于进一步做好大学生勤工助学工作的意见》中强调，勤工助学是贯彻教育与生产劳动相结合、推进素质教育全面实施、加强和改进大学生思想政治教育的重要举措，同时也对勤工助学的管理体制、办法、机构作了相应的规定。

这一阶段高校学生勤工助学活动作为特殊的社会实践活动，其主要特征是学生主动通过勤工助学活动获得一定的经济收入，实现精神上的自强和经济上的自立，体现自我价值。它由单一的社会服务发展为自我服务和社会服务相结合，由单一的体力劳动发展为体力和智力相结合。学生付出的劳动是有偿的，直接的经济受益者是学生自身。在这一阶段，绝大多数高校开始重视勤工助学的引导和管理，使学生获得直接的经济利益，并在促进其专业学习的同时侧重培养和锻炼个人的自立、自强的素质和能力。虽然高校的勤工助学管理在这一阶段取得了不小的进步，但勤工助学活动仍然具有一定的自发、分散、无序的个体活动性质，学生在活动中自由度大、随意性较强，学生的智力优势没有充分发挥出来，缺少较有科技含量的工作。

（三）第三阶段：提升能力（2007 年至今）

2007 年，我国高校学生资助工作跨入了一个重要的发展阶段，出台了新的勤工助学政策——《高等学校勤工助学管理办法》（以下简称《办法》），明确指出勤工助学是提高学生综合素质和资助家庭经济困难学生的有效途径，并凸显三方面特点。一是更加重视勤工助学在学生资助工作中的作用，强调把勤工助学工作和学生能力培养有机结合起来。政策指出“勤工助学活动是学校学生工作的一项重要内容”，规定“学生资助工作领导小组全面领导勤工助学工作”，要求在“学生资助管理机构下设专门的学生勤工助学管理服务组织，具体负责勤工助学的日常管理工作，并对学校勤工助学人员配备、资金落实、办公场地、活动场所及助学岗位设置等都提出了要求，切实保障其正常开展”。二是在落实上更加具有操作指导性。《办法》对于勤工助学管理服务组织的职责、岗位的设置都有着更为明确、细致化的要求。如对校内勤工助学岗位的设置、校外勤工助学活动的管理、学生勤工助学的时间、勤工助学酬金标准及支付等都有了明确规定，便于高校在勤工助学管理工作中操作与执行。三是更加关注勤工助学中的法律保障。《办法》首次明确学生勤工助学管理服务组织必须经学校授权，代表学校与用人单位和学生三方签订具有法律效力的协议书。此外，对协议书所应包含的权利和义务、意外伤害处理办法以及争议解决方法也作了要求。新政策还突出要求发挥勤工助学的育人功能，要求“帮助学生树立正确的劳动观”，培养学生自立自强精神，增强学生社会实践能力，将资助与育人进行了有机结合。

在这一政策规范与支撑下，我国高校勤工助学工作有了划时代的发展。首先，新政策的出台为高校勤工助学发展提供了明确的方向和具体的操作指南。各高校纷纷调整或出台新的勤工助学管理规范性文件，对勤工助学活动的管理进行了更加明确的、细致的规范，确保了勤工助学有序、健康、迅速发展。其次，在新政策指导下，高校勤工助学从简单的“有偿劳务输出”为主，逐渐向“活动类型多样化、组织形式多层化、经营管理基地化”的方向发展，岗位规模不断扩大，岗位质量不断提升，学生的勤工助学经济收入明显增多。第三，在全国学生资助管理中心领导与支持下，各高校积极开展经验交流，探索创新模式，努力打造特色品牌，使得勤工助学更具创新与活力。例如：华东师大走勤工助学品牌化发展之路，合肥工业大学注重勤工助学基地化建设，南开大学搭建岗位信息沟通平台，西南交通大学重视勤工助学育人内涵挖掘等，形成了“百花齐放、百鸟争鸣、百木争荣”的良好局面。

总的来说，在新政策的指导下，勤工助学的“育人”功能越来越受到重视，在大学生接触社会、培养能力、完善知识、磨练意志等方面发挥的重要作用得到了社会的广泛认可；勤工助学活动向规范化、法制化、科学化方向发展，很多高校成立了勤工助学管理机构并将组织工作纳入整个教育系统，制定了较为完善的管理制度。在涉及勤工助学的经济活动中，高校勤工助学管理部门依法经营和利用法律维护自身权力的意识有了提高，勤工助学活动内容不断丰富，规模不断扩大，投入不断增加，社会参与日益广泛，受益人群不断增长。参与勤工助学活动不再是困难学生的专利，越来越多的非困难学生也把勤工助学作为自己锻炼才智、体验社会的“试验田”“磨刀石”。

三、勤工助学的开拓管理

勤工助学既不是学生的必修课，也不是高校量化考核指标，但它确确实实是广大学生的期盼，一种超越家庭经济、覆盖所有学生的期盼。高校如何正视大学生需求，如何有效帮助解决这种需求不仅是高校学生管理工作的需要，也是高校必须面对的现实和责任。而解决这种需求所面临的挑战有很多：譬如如何在有限的经费和人员编制下创造足够多的岗位来满足大量学生的需求，如何使大学生勤工助学行为符合社会服务的市场需要和高校教育管理的需要，如何在积极组织学生走出校门的同时防范可能面临的安全风险。这是一门管理的科学。华东师范大学在教育部有关文件精神指导下，在学生勤工助学工作方面，进行了长期的探索与实践，通过创新理念、加大投入、改进机制等，使得学校每年能够为学生创造校内外勤工助学岗位 18 000 个，学生通过勤工助学获得的收入连续 8 年超过 3 000 万元，既帮助家庭经济困难学生有效改善学习和生活条件，更成为大学生锻炼能力、提高素质、促进学习就业的实践平台，是新时期高等人才培养不可或缺的重要手段。

（一）整合资源，为勤工助学持续发展创造良好条件

持续创造出大量的、能满足学生多样需求的岗位是发展勤工助学首要解决的重要问题。事实证明，单纯依靠学生的自发组织和招贴栏上形形色色的小广告是永远无法满足这种需求的。因此推动勤工助学的发展，势必要求高校有所作为。

华东师范大学多年来十分重视勤工助学的发展，努力整合资源，为勤工助学发展提供良好的政策环境与硬件资源，不仅达到了服务学生、服务社会的初衷，而且发挥出多倍于学校前期投入的社会效益和育人成果。在十余年的发展历程中，勤工助学工作取得的成绩不仅得到学校的肯定，而且也由最初的向学校要资源，变成了学校主动给资源。勤工助学管理中心有句口号，“给我一个支点，我们将撬起这个地球”。

1. 成立勤工助学的公益运作实体

1995 年，学校斥资 50 万元注册成立专门服务勤工助学的公益性独立法人企业——上海育师商社，现已更名为“上海育师商贸有限公司”（见图 3–3），登记开设了家教、翻译、科技服务、会展服务、百货零售、印刷等学生勤工助学可能会涉及到的服务项目，并秉持如下的服务原则：一是不以追求利益最大化为目标，以为学生提供尽可能多的岗位为己任，

公司收益能够支撑其自身运作和发展即可；二是遵循市场化运作规则，以良好的服务形象和服务品质向市场争取岗位；三是重视学生思想道德教育，借助勤工助学育人平台，促进学生全面成长；四是建立科学的管理机制，有效防范大学生勤工助学中可能存在的风险，促进勤工助学的和谐开展。十多年来，该公司不仅实现了资产的有效增值，更为大学生每年创造 18 000 个岗位与 3 000 万元的勤工助学收入。

2. 整合校内资源，提供管理和服务

为了促进校内勤工助学基地建设，学校提供两栋总面积近 2 万平方米的学生活动中心大楼，数个校内黄金地点的铺位，作为勤工助学开展的活动场所和办公房源。依托这些硬件资源，学校在校内开辟了体育馆、爱心屋、学生书报亭、文印室、校园纪念品店、学生超市、体育用品店、校园饮品店、咖啡屋及各种文体活动室等多个校内勤工助学基地，将原本一些后勤服务的岗位，改造、发展为适合学生勤工助学，有助于提高学生实践能力的公益性岗位。

3. 给予政策保障，有力支持持续发展

为了促进勤工助学的持续、健康及规范发展，学校给予了全面的政策支持。一是集中授权，实施归口管理。学校指定勤工助学管理中心为校内唯一的勤工助学服务机构，任何单位开展勤工助学活动必须通过勤工助学中心，接受统一管理。二是专立账号，给予资金支持。学校每年提供 470 万元的专项资金，用于支持学生勤工助学各项工作的开展。三是规范运作，纳入制度保障。学校出台《勤工助学管理办法》，并将其写入《学生手册》，纳入新生入学教育，将参与勤工助学的学生列入学校“优秀学生干部”的评选范畴。四是配置到位，确保岗位编制。学校为勤工助学管理中心配备了 6 名具有硕士以上学历的在编专职人员。此外，为勤工助学服务的公益实体另聘了会计、出纳、信息管理等 8 名企聘员工，共同承担了勤工助学业务开拓、岗位管理、信息整合、服务接待、财务结算等工作。

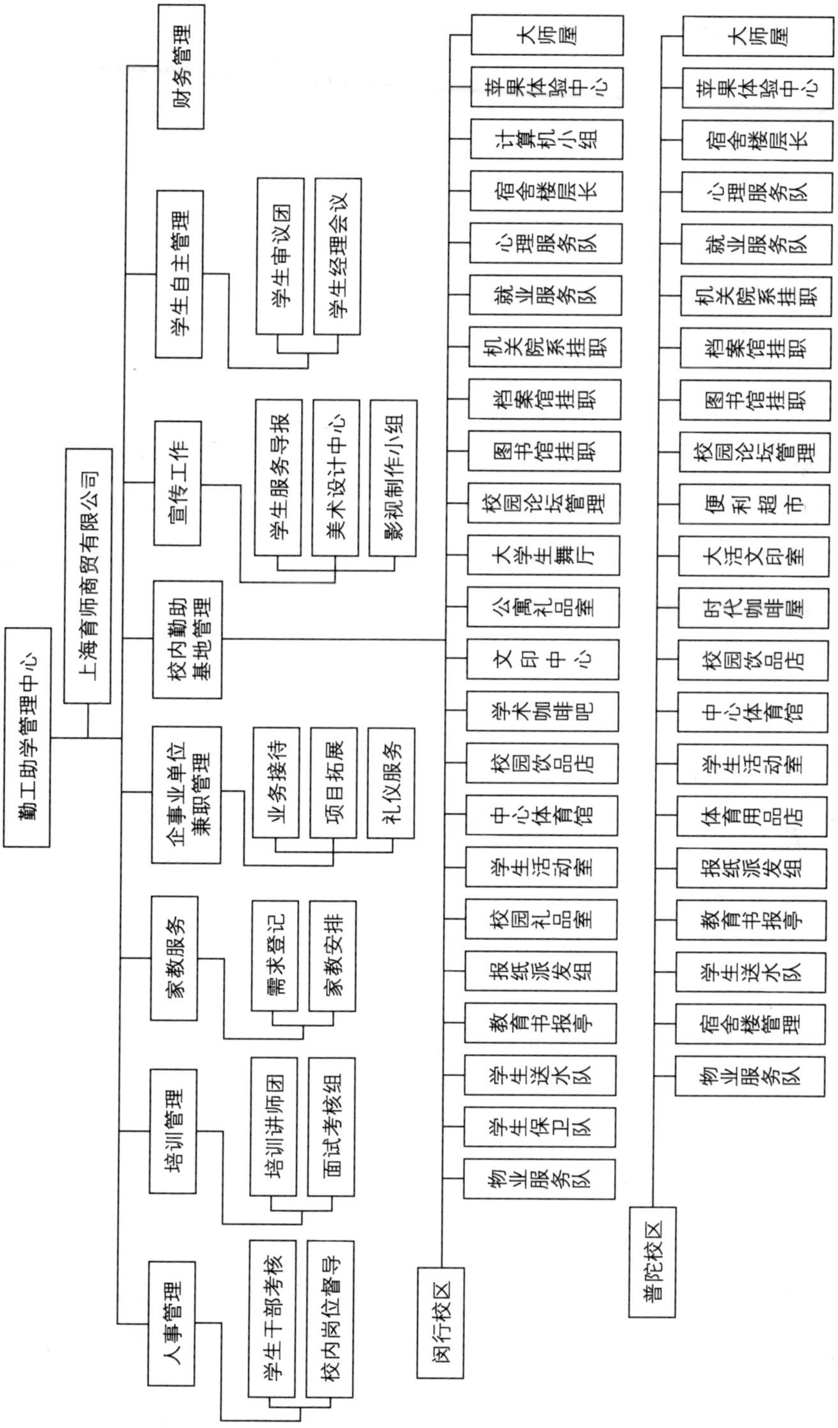

图 3-3 华东师范大学勤工助学管理中心机构设置图

（二）优质服务，为勤工助学岗位开拓打通发展渠道

勤工助学的岗位主要分为校内岗位与校外岗位。相对校外岗位而言，校内岗位数量毕竟有限，要有效拓展勤工助学的空间，必须向社会大市场争取岗位，势必要求勤工助学具备“服务”的特性，要求参与勤工助学的学生参与社会服务的竞争，获得用人单位的肯定，以优质的服务和良好的品牌赢得市场的认可。

1. 构建服务双通道

勤工助学管理，不仅是高校的一项日常行政工作，更重要的是一项面向校内外的服务，需要在服务学生与服务社会之间找到良好的平衡点，做到学生放心、社会满意。正是对管理细节和服务质量精益求精的追求，才能赢得“广大学生愿意积极参加勤工助学，众多用人单位及家长愿意与学校建立长期合作关系”的良好局面。

第一，在服务学生方面，学校主要做了四方面的工作。一是提供多样化足额岗位。学校开辟的校内勤工助学岗位具有花费时间少（不需要花费大量时间去寻找机会）、安全有保障、岗位形式多样化等特点，十分受学生的欢迎。学校依托运作实体，不断加大投入和品牌建设，勤工助学管理中心所能提供的岗位数量增长迅速，类型形式多样。目前已经能够满足所有学生需求，有时还向其他高校输送岗位。在这种情况下，勤工助学管理中心成为学生生活不可或缺的重要部分。二是提供培训服务。学校为所有希望参加勤工助学的学生提供优质的勤工助学培训服务。培训能够帮助学生掌握必要的社会工作技能，树立正确的服务态度，确立安全防范意识。三是提供全时段服务。即使在寒暑假期间，勤工助学中心也坚持开放，365 天为学生提供服务，有效保障假期留校学生的岗位需求。四是提供特殊群体服务。对于少数民族学生而言，勤工助学是他们较为难得且合适的实践岗位，即使有普通话、风俗习惯等制约因素的存在，也不会错过勤工助学机会。

第二，在服务社会方面，勤工助学的服务品质直接关系到勤工助

学的发展成败。以优质的服务获得用人单位的信任，是学校勤工助学长效发展的基础。一是提出质量承诺。学校通过对学生进行严格的岗前培训、考核准入、过程监管、奖优罚劣等措施确保服务品质。譬如，要求家教服务必须做满一个学期，中途不应无故退出，以保证教学连续性。要求家教学生承诺质量“三包”，如期未达到效果应向家长全额退还补课费用。二是实施全程监管。针对校外企事业单位兼职，学校制定了从接待洽谈、签订协议、面试学生、监督反馈等一系列工作规程，保证服务的质量。三是做出服务特色。学校明确规定各岗位的优质服务标准，推出了一系列以客户为出发点的贴心举措。譬如，学校通过竞拍取得“62226222”这一简洁好记的号码作为服务热线，365 天早 8 点至晚 8 点全年无休，而且此号码同时可以进行四路通话，有效避免遇忙占线情况。

2. 走品牌化建设之路

勤工助学与其他所有社会服务一样，必须面临激烈的市场竞争，因此品牌化建设对于勤工助学在服务市场的立足就显得尤为重要。树立勤工助学服务品牌，能够有效利用特定品牌价值，凝聚更多的勤工助学资源。

第一，建立岗前培训制度（见图 3–4）。从 1997 起，学校在沪率先

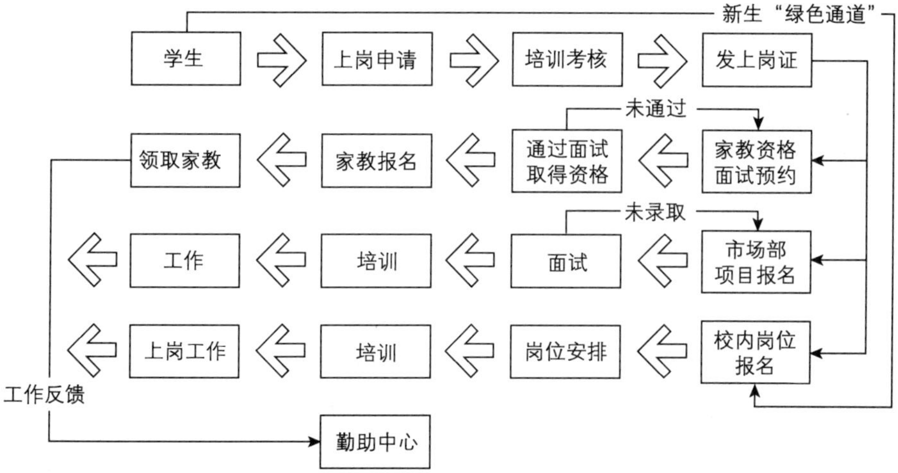

图 3–4　学生参加勤工助学流程图

推行勤工助学岗前培训制度，还专门编印出版勤工助学培训教材，通过培训让学生树立服务意识，提高服务技能，掌握安全知识，培养适应能力。经闭卷考核成绩超过 80 分以上者，才有资格获取勤工助学上岗资格。部分技能性强的岗位需接受多次面试考核，经见习、实习后才能正式上岗。近年来，学校又重点实施 30 人以内的小班化培训，讲师团由勤工助学经验丰富的高年级学生组成，既增强了互动效果，又提高了培训质量。此外，勤工助学中心还每月出版勤工助学刊物，为学生提供经验交流、相互学习的平台。

第二，建立全程监管制度。学校始终重视用人单位或家长的意见反馈，做到份份工作有回访、有记录。家教服务重点考察辅导教师的教学态度、备课质量、出勤情况，了解辅导对象成绩是否有提高，及时掌握学生的辅导效果。企事业单位兼职工作则配备专门的学生项目经理，做到负责到人，施行“招聘—面试—录用—工作—结薪”全过程监管，既能有效协助用人单位开展工作，也能够及时发现并协调解决用人单位与学生在校外工作中可能遇到的任何问题。

第三，建立品牌推广制度。勤工助学作为一项社会服务，同样需要增加公众的认知度。为此，学校每年投入 30 万～50 万元，通过报纸、出租车、电视、114 声讯台、电信账单及网络等渠道开展宣传。广告资金全部源自勤工助学自身运作，没有给学校、学生增加分毫负担。学校组织有 50 人的学生业务拓展队伍，到园区、写字楼有针对性地开展业务推广。学校还积极与街道居委会合作，进社区开展各类教育咨询活动，提升学校勤工助学的服务形象和知名度。

（三）科学管理，为勤工助学发展提供空间

勤工助学管理是个复杂的系统工程，既有市场化品牌服务需求，又要符合高校学生特点、实现育人化的目标。如何加强信息化建设，提高服务水平；如何完善制度规范，保障合法权益；如何防范安全风险，解

决发展瓶颈；如何引导学生参与，体现育人宗旨，都是创新勤工助学模式、提升勤工助学活力所面临问题。

1. 推进信息化，实现科学预警

当前大学多校区的发展现状，给勤工助学工作的跨校区管理带来了新的挑战。为了便于勤工助学的多校区管理，发挥网络办公的便捷化优势，学校依托数字校园的信息化平台，建立了高效的勤工助学信息化管理系统，既有利于自身管理工作的开展，也有利于对学生的服务，起到了事半功倍的效果。

第一，建立勤工助学信息化服务系统。华东师大于2004年起全面实施勤工助学的信息化管理。不同校区的学生能够同时在网上查阅岗位需求并进行报名，确保参与机会的公平性。而且，学校也可以借助网络实现岗位分配与流程监督，有效提高了勤工助学流程管理的效率，同时也便于及时、全面地了解某一工作岗位或某一学生的勤工助学信息，对于学生及相关部门的提问也能够做到“实时解答”“有问必答”。

第二，建设勤工助学预警平台。在信息化建设的基础上，学校又开发了学生勤工助学预警平台。在管理实践中，学校发现存在学生过度参与勤工助学而影响专业学习的情况。为此，学校整合信息，引入预警机制，实时掌握各项工作的进度与学生的工作情况，尤其是重点掌握学生勤工助学的工作小时数与每月工资收入。通过信息化检测，能够及时筛选与发现过度勤工助学的学生，并及时给予教育引导，帮助学生合理安排勤工助学的时间。

2. 推进法治化，提供法律保障

学生不属于《劳动法》涵盖的劳动主体，他们很难获得全职员工的权益保障。但是，学生的勤工助学行为与一般短期劳务行为也有很大区别。在学校从事勤工助学活动中如何当好这个纽带，定位好用人单位、勤工助学学生、学校这三者的关系；如何在勤工助学服务行为发生时既确保学生权益，又保证用人单位的合理需求，促进勤工助学形象的提升是工作中必须面对的难点。

2005 年 10 月，华东师范大学在学校举办了由法律专家、律师、高校教师、勤工助学管理教师参与的研讨论证会。会上进行了如何定位勤工助学活动中学校、学生、用人单位之间法律关系，如何确保各方权益的专题讨论。2006 年 3 月，华东师范大学学生勤工助学三方协议书正式推出。该协议书有以下几个特点。

第一，确立了学校的地位和作用。如用人单位的所有用人行为必须经学校同意，学校在发现学生身体状况或学业状况出现问题时可以随时终止勤工助学活动。在出现纠纷时必须由学校参与处理，必要时学校可以要求用人单位提供保证金交由学校保管。学校发现用人单位的勤工助学活动偏离原先初衷可以终止服务行为。

第二，确保了学生权益。如协议中有以下条款“以下情况之一特定乙方（学生）在征得丙方（学校）同意的前提下，可单方面解除与甲方的协议，同时甲方需支付给乙方已工作部分的劳务费：① 乙方由于学习、考试、学校要求等方面的原因（需学生在读院系或学校相关部门开具盖有公章的证明）；② 由于身体状况方面的原因（需就诊病历证明）；③ 由于其他可以理解的原因，如家庭重大变故等（需学生在读院系或学校相关部门开具盖有公章的证明），确实不能继续履行本协议义务的”。此外，学校在制定协议时，确定较长时间服务行为时一般以学期为一个阶段。

第三，保障了用人单位合理权益，约束了学生服务行为。如在协议期内学生不得随意终止勤工助学工作，学生损坏财物需要赔偿，学生须服从用人单位安排，达不到工作标准可以扣发部分勤工助学报酬。

3. 推进安全化管理，有效防范风险

勤工助学意外风险防范一直是制约高校倡导学生参与社会实践的瓶颈问题。部分学校因担心学生发生意外，要承担不必要的安全责任，在组织勤工助学方面犹豫徘徊、止步不前。但是实践证明，学生渴望参加勤工助学的潮流是无法改变的，学校如果不去正视这个现象，不去驾驭它，那么其中所暗藏的事故风险以及给学生思想上、习惯上带来的不良影响则是无法估量的，负面效应远要高于学生参与学校组织勤工助学可能发生的风险。华东师范大学经过近20年的摸索实践，形成了以“重教育、讲技能；严审核、重资质；买保险、降风险”的三步勤工助学安全工作流程。

第一，开展安全教育。学校在学生岗前培训中就学生可能面临的安全风险包括财物安全、人身安全、交通安全、寒暑保健等知识进行培训。任何工作开始前，学校都会针对工作特点，对学生进行二次培训，反复强调安全工作须知，提醒学生加强自我保护。向学生发放《安全手册》，凡是参加勤工助学的学生在参加工作前每人一本。

第二，严格审核用人单位资质。对于校外勤工助学，学校在渠道接洽时即严格把关。家教岗位须“四有”：有稳定家庭地址、有稳定工作单位、有固定家庭电话和单位电话、有详细的家教对象资料。兼职岗位须“四备”：营业执照副本、介绍信、组织机构代码、详细的用人需求，切实保障工作信息的安全与可靠。

第三，买保险，降风险，为了进一步解决学生勤工助学遇险可能会带来的问题，自2006年起，学校与中国人寿保险公司共同推出全国首个学生勤工助学保险项目。该保险项目专门针对学生参加勤工助学、教育实习、志愿服务等社会实践而设立，保险内容在参考大学生人身意外伤害险的基础上，增加了性侵害和精神损失的赔付规定等，保险对学校勤工助学和社会实践的健康发展起到良好的推动作用。

4. 推进民主化，实现学生参与

勤工助学的服务主体是学生，如何发挥学生的主观能动性，促进勤工助学的和谐发展一直是学校关注的焦点。以学生为本，让学生参与到勤工助学的管理中，是勤工助学育人的重要体现，也是促进勤助工作政策合理、运作有序的有效保障。

第一，成立学生审议团——把决策权留给学生。2007年，华东师范大学成立勤工助学学生审议团，凡是出台勤工助学政策，均须获得学生审议团通过才能够付诸实施。学生在勤工助学中遇到纠纷或有异议均可向审议团表达诉求，寻求帮助。通过这种方式，既充分调动了学生参与的积极性，也有效解决了勤工助学中的纠纷，成为了学生自我教育的有效途径。

第二，实施“三自管理”——把管理权留给学生。在校内岗位的管理中，华东师范大学引入企业管理模式，以求为学生走向社会、适应社会做好准备。校内勤工助学基地实施学生“三自管理”（自我使用、自我服务、自我管理）和学生经理（部长）负责制，在工作制度的制定、经营策略的实施、员工工资绩效考核、部门人事聘用等方面，指导教师授予学生干部很大的自主管理权，确保学生获得充分的锻炼。

（四）过程育人，为勤工助学育人成才搭建发展平台

勤工助学不仅是广大困难学生实现经济上自强自立，顺利完成学业的重要途径，也是推进素质教育全面实施、加强和改进大学生思想政治教育的重要举措。如何丰富勤工助学的育人内涵，更好服务于大学生的成长成才是勤工助学工作者面临的考验。

1. 注重教育引导，树立自强自立意识

勤工助学作为较为特殊的资助措施，需要学生通过自身的辛勤劳动来获取报酬，从而实现经济上的自强自立。此外，学生通过勤工助学证明了自身的能力，克服了自卑心理，并摆脱可能存在的“等、靠、要”思想，树立了正确的人生观与价值观；逐步学会了独立自主，储备了社会技能，为将来踏入社会，顺利就业提前做好准备。多年来，华东师范大学一直重视自强教育，积极鼓励困难学生参加勤工助学。不少困难学生通过奖助学金和勤工助学，完全解决了在校期间的学习与生活费用，不需要给家庭增加负担。与此同时，学校把勤工助学扩展到所有的学生，营造勤工助学积极的育人氛围。

通过勤工助学自强不息的少数民族学生①

当日，记者通过《青年报》，与伊力扎提取得了电话联系。伊力扎提，新疆伊宁市人，目前就读于华东师范大学2007级心理系。伊力扎提告诉记者，他家在伊宁市，爸爸因重病只能干些临时的活，妈妈也在他上初三那年下岗了。他家兄弟3个，好在他的大哥、二哥都通过助学贷款在新疆完成了大学学业，现在已走上了工作岗位。“我自己苦一点、累一点无所谓，只要能帮到家里人就好”，伊力扎提说。他是华东师范大学的免费学生，每月国家还给400元的生活补助，为了减轻家里的负担，他就利用课余时间做家教、当收银员挣钱。伊力扎提说，他的工资在每个月的13日就会发放，每一次，他都会把工资分成两部分，一小部分自己用，大部分寄回家去补贴家用，从大一到现在，伊力扎提每个月都会给爸妈寄钱，已经寄了38个月了。

伊力扎提说，他大一的10月份就在大学生活动中心文印室开始工作。11月中旬，他拿到了100多元的首月收入，全部转账给了爸妈。“虽然只有100元，但当时我特别激动，一直以来我都是让爸妈操心，现在终于可以报答爸妈了。”

2. 引入约束机制，树立责任服务意识

勤工助学作为一项社会服务，工作者的责任意识与服务意识十分重要。华东师范大学引入责任共担机制，通过制订学生守则和服务三方协议，规范学生服务行为，引导学生按质按量完成任务。如倡导服务“三包”，学校要求家教服务必须达到“包满意、包放心、包进步”的“三包”标准，并向家长承诺：通过一个学期每周一次的家教辅导，保证学生成绩有所提高，否则全额退还补课费用。要求贵在坚持：教学工作具有连续性，教师的中途变更会给学习者带来很大的困难。出自对品牌服务的追求，以及对师范生职业道德培养，学校要求每份家教必须坚持做

---

① 节选自新疆《亚心网》报道。

满一个完整学期，即使在大学生考试期间也必须保证每周一次的授课，不得中途任意退出。强调履约意识：对于企事业兼职，学校会根据不同种类的工作，与学生、用人单位签订三方协议，违约一方须按照协议向对方给予赔偿。如无故退出工作的学生，须承担相应的违约责任，违约金 100 元~300 元不等。

3. 健全奖惩制度，树立争优创先意识

学校注重建立勤工助学奖惩制度，通过激励与约束机制，通过多种途径，引导学生树立争优创先意识。一是绩效创优。学校率先打破校内岗位统一工资的“大锅饭”局面，引入浮动工资，每月根据不同员工岗位工作绩效与服务情况，拉开工资差距，奖优罚劣。二是服务创优。每个校内岗位每月都会评选校内岗位服务之星，颁发荣誉证书，并给予奖励，鼓励学生以良好的形象提供更优质的服务。三是证书认证。建立“星级家教制度”，获得 4 星级以上的老师，学校会提高其家教辅导费用，并在毕业时颁发星级家教证书。四是评选自强之星。定期组织全校范围内自强之星评选，树立家庭经济困难但通过个人努力自强不息、勤奋好学的榜样示范典型，进一步营造和谐的资助育人氛围。

4. 丰富生活体验，让学生在社会大课堂中塑造自我

勤工助学是大学生就学期间接触、了解、认识社会十分重要的途径，不仅开阔了学生的眼界，帮助学生把在校所学应用到社会实践中去，在社会实践活动中不断增长新的知识和才干，还能让学生提前接触社会，在求知的同时，锻炼走向社会所应具备的各种能力，增强社会适应性，逐步完成社会化的过渡。此外，勤工助学还有助于学生的自我规划和自我调整。在勤工助学中，大学生紧密联系客观实际，加深对社会、国情、民情的了解，不断修改、补充、深化自己的认识。在此基础上，进行自我调整、自我规划、自我完善，使自己的目标贴近客观实际，个人追求贴近社会需求，从而实现自身价值。

华东师大 2008 级本科生李洋洋：爱教会我勇敢地生活[①]

我来自一个贫穷的家庭，父母自幼残疾，家中还有年逾八十卧病在床的奶奶，生活艰苦但很快乐。……在大学的三年里，我在努力完成学业的同时，积极参加了勤工俭学，带过家教也在文印室当过员工，从这些经历中我不仅仅是得到了经济上的帮助，更重要的是我学会了更多的做人的道理。无论我在做什么，我都要做好，因为我知道我肩上担着责任。当我穿着勤助的绿马甲，看着同学们从文印室满意而归的时候，我感到内心无比的快乐，我为我能够给别人提供哪怕一丁点儿的帮助而感到骄傲。我想人生最大的欢乐莫过于自己奋斗的同时也给别人带去了快乐。……我今天之所以能够坚强地站在生活这个舞台上，是因为爱给了我勇气。一年后我也将走上工作岗位，无论生活怎么变化，我都不会忘记鞠躬尽瘁，死而后已的责任；我都不会忘记为人师表，求实创造的教导；我都不会忘记笃行信道，自强不息的古训。

华东师大 2005 级本科生阿如普江：参加勤工俭学，在社会实践中实现自我[②]

流自己的汗，吃自己的饭。我经历劳动之后认识到赚钱的艰辛，开始懂得去体谅父母，珍惜来之不易的辛苦钱，学会生活；在艰难困苦面前，我不但练就了自己的钢筋铁骨，也磨练了坚强的意志；在与社会接触中，我开始了解社会，认识社会，为自己的独立积累自信心和经验，增强了自立意识和自立能力，我还在实践中遇到了书上没有的问题，在学习和解决这些问题的过程中，专业知识得到了深化；最后，我在勤工俭学过程中发现了自己的价值，找到了自己的位置。

参加勤工俭学，在社会实践中实现自我。勤工俭学给了我一个尝试

① 节选自《爱教会我勇敢地生活》，曾获上海市 2011 年“感恩成长 励志成才”征文特等奖。

② 节选自《勤助之恋》，曾获华东师范大学“助学政策 助我成才”征文活动优秀奖。

的机会，让我感受到了用自己的劳动换取果实，用实际行动克服困难的那份自豪与喜悦。更为重要的是培养了我的自信，使我更勇敢地面对人生的荆棘。我要抓住每一个机会，为以后的漫漫人生之旅打下坚实基础。

四、勤工助学的重要成效

勤工助学的作用在于它能够将资助与育人有效地进行结合。在经济上，它能够有效缓解大学生在求学期间的生活困难，帮助学生顺利完成学业；在教育上，它对于学生综合素质的影响是多元化、复合化的，对于促进大学生成长、成才具有重要意义。

（一）勤工助学成为资助体系重要支撑

1. 勤工助学成为家庭经济困难学生资助体系的重要组成部分

目前，国家已经在高等教育阶段建立起国家奖学金、国家励志奖学金、国家助学金、国家助学贷款（包括高校国家助学贷款和生源地信用助学贷款）、师范生免费教育、勤工助学、学费减免等多种形式有机结合的高校家庭经济困难学生资助政策体系。对于勤工助学，国家明确规定了学校应筹措经费，设立勤工助学专项资金。以华东师范大学为例，学校每年投入的勤工助学资金约为 470 万元，占帮困资金相当大的比例，且比例不断扩大。此外，从资助的形式上，勤工助学需要学生通过付出劳动来获取收入，在整个资助体系中又独具育人的效果。

2. 勤工助学成为改善家庭经济困难学生经济状况的有效举措

据调查，有近八成的大学生认可勤工助学对改善其经济状况有一定的帮助，尤其是体现在生活费问题的解决上，使他们可以维持基本的学习生活。根据上海市教委学生处 2008 年在上海部分高校进行的勤工助学调研显示，参与勤工助学的大学生中有72.3%的勤工助学月收入在400元以下，而其生活费开支一般在500元左右，对于大多数参与勤工助学的学生来说，勤工助学的收入为他们提供了一半或以上的生活费，部分经济困难的大学生的生活费来源甚至完全依靠勤工助学收入。因此从客观上来看，参与勤工助学在较大程度上改善了大学生的经济状况，调查中有36.5%的学生认为勤工助学对其经济的改善较大或非常大。当然，由于勤工助学收入有限，不能完全解决学费等较大项目的开支，仍然需要其他帮困手段的配合实施。

3. 勤工助学成为吸纳社会资源的有效途径，一定程度上减轻了资助资金的压力

勤工助学作为一项服务，除了校内的公益性岗位外，更多的还是面向社会，学生通过勤工助学获得的收入，大部分也来自于社会。以华东师范大学为例，学校学生每年的勤工助学收入为3 000万元，其中学校提供的费用仅占15%左右，更多的来自于社会的资源。通过勤工助学，学生获得了可观的收入，学校减轻了资助资金的压力，社会也得到了优质的服务，形成了三方共赢的良性循环局面。

（二）勤工助学成为学生成才的重要通道

1. 有助于拓宽视野，促进专业学习

勤工助学对于大学生在学习方面的影响主要表现为正面促进作用。由于多数学生能够合理安排时间，因时间和精力冲突而导致勤工助学对学习产生不良影响的情况并不多见。虽然勤工助学对于专业学习的直接促进作用相对有限，但是特别能够在广度上对学习产生促进作用，使得多数学生对目前从事的勤工助学工作感到满意。

调查显示，有32.5%的大学生在从事勤工助学期间学习成绩有所提高，仅有11.4%的大学生在参加勤工助学期间成绩下降（见图3–5）。这是由于多数学生能够控制好学习和勤工助学工作的关系。正是由于合理安排和规划了学习工作的时间，学生不仅没有因为参加勤工助学而影响学习成绩，反而促进了学习成绩的进步。在考察勤工助学和学习的关系中，调查结果进一步显示，勤工助学项目与学生专业有 17.7% 的相关度，说明约有五分之一的大学生从事的勤工助学工作是与专业有关的，能在深度上加强对专业学习的促进作用。更多的学生从事的勤工助学工作虽然与专业的相关度不高，但是亦能从广度上促进学习，补充书本以外的知识，这一比例为 46.9%。勤工助学对于学习的正面促进作用获得大学生的普遍认可。

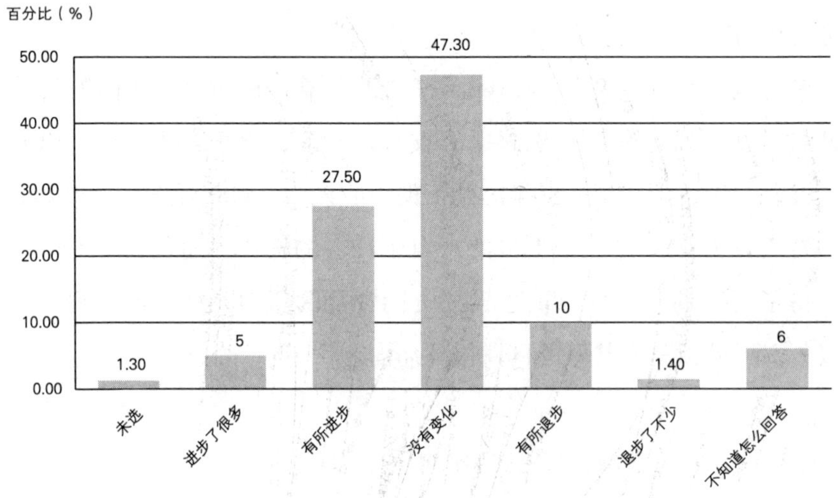

图 3-5　勤工助学后学习成绩的变化

2. 有助于提高实践能力，促进就业择业

勤工助学作为一种大学生在校期间参与社会实践和工作的途径，对帮助大学生就业的作用是明显的。在当前就业形势严峻的情况下，有过勤工助学经历的大学生的综合素质、对工作岗位的适应能力和理解程度均较没有类似经历的学生占优，他们拥有较强的就业能力。因此，参与勤工助学的大学生在选择勤工助学时，也会或多或少地从主观上将其与未来的就业相联系。

在对“勤工助学对我毕业后找到合适的工作具有促进作用”这一看法的调查中，有26.2%的学生表示非常赞成，37.9%的学生表示比较赞成，持不太赞成和非常不赞成的观点的学生比例仅有5.1%和1.4%（见表3-1）。可见超过六成的学生认为勤工助学对其毕业后找到合适的工作具有促进作用。调查还显示，在选择勤工助学种类时，学生会考虑的因素呈现多元化，其中“能提升自己的交往能力”和“有机会通过这份工作得到一些毕业后的工作机会”等因素的考虑权重略重，分别占到了总数的33.4%和33.1%，显示出多数学生在选择勤工助学时会直接或间接的联系到今后的求职就业。在调查对勤工助学的看法时，有75.5%参与勤工助学的大学生表示赞同或者非常赞同“参加勤工助学帮助其积累了工作经验”。由于多数参与勤工助学的大学生没有实际的工作经历，因此在大学学习阶段，参加勤工助学对于他们来说就是最好的积累工作经验的机会。大学生在参与勤工助学的过程中可以了解社会最新职业动态，熟悉某些行业的实际情况，可以积累工作经验和学习工作本领、锻炼工作能力，为其今后毕业的求职就业积累资本，增加竞争力。有的大学生由于在实习中表现优异，往往能够在毕业后直接成为实习单位正式员工，凸显了参与勤工助学对于大学生就业的积极作用。

表3-1　勤工助学对毕业后找到合适的工作具有促进作用

	人数（人）	百分比（%）
非常赞成	438	26.2
比较赞成	633	37.9
一般	422	25.2
不太赞成	86	5.1
非常不赞成	23	1.4
未选	42	2.5

3. 提升综合素质，促进全面发展

勤工助学对于学生综合素质的影响呈现出因人而异的多元化、复合化，主要包括对于大学生自立自强意识、节俭意识、尊重他人的意识和团结互助意识的培养和能力的锻炼。

根据调查显示：勤工助学对大学生综合素质的影响呈现多元化。在各种影响因素中，“非常赞成”选项选择最多的两项是“勤工助学使我更自立、自强”（40.8%）和“帮助锻炼了我的能力”（37.2%）；而在“比较赞成”中，所有选项的选择比例都高于38%，选择最多的三项分别为“让我体会了赚钱的辛苦，以后要节俭”（45.6%）、“勤工助学过程中学会了尊重别人”（45.3%）和“懂得了团结、互助与合作”（43.2%）。

勤工助学的初级目标是为了帮助经济困难学生通过自己的努力解决暂时的经济困难以顺利完成学业，而勤工助学工作的开展实施，带来的育人效果也极其丰富。通过参与勤工助学工作，无论是经济困难学生还是非经济困难学生，都能从各自不同的角度获得除了经济收获之外的更大收获，其首要的就是培养了大学生自立自强的精神。对于广大经济困难学生而言，勤工助学并非直接给予，而是要求他们通过自己的劳动和努力获得经济支持以完成学业，这既是对经济困难学生的尊重，又能磨练他们自立自强的品质，达到了最佳的助学育人的效果。同时，勤工助学工作第一次要求学生将课本知识和个人能力发挥到工作中去，直接考验了大学生的综合素质，并通过工作进一步锻炼他们，教给了他们在课堂上学不到的知识。除此之外，在实际的工作中，学生还能培养节俭意识、尊重他人的意识和团结互助意识，育人效果良好。值得注意的是，学生在勤工助学中获得的综合素质的提升并不只是单方面的，而是多项复合的，每个参与勤工助学的学生都能从中获得多方面的锻炼，获得多方面的成长和收获。

五、勤工助学的未来展望

大学生勤工助学的科学发展不仅是现阶段资助工作的需要，也是高等教育人才培养发展的需要。勤劳、自强是中华民族的传统美德，也是一个国家乃至整个人类社会发展的源泉所在，培养具有勤劳自强品质的学生是高校的使命。勤工助学工作目前虽然取得了一定的成绩，但在未来还有更大的发展完善空间。

（一）深化认识，全方位渗透育人理念

家庭经济困难学生往往在学习、心理、能力、就业等方面处于弱势，高校要落实“以人为本”的理念，全面理解勤工助学的育人内涵，充分认识勤工助学的重大意义，多角度健全育人机制，帮助引导家庭经济困难学生摆脱精神上的贫困，具有健全而独立的人格，从而提升帮困育人功能。一是健全勤工助学育人规划机制，将资助计划与生涯规划相结合，建立适应家庭经济困难学生特质的育人规划机制，制订个性化的帮扶计划。二是健全家庭沟通机制，与受助学生家庭加强联系，沟通学生受助成长状况，共同帮助贫困学生成长。三是健全典型示范机制，发挥引领示范作用。注重挖掘整理家庭经济困难学生、资助人员中的典型人物、典型事迹，发挥引领带动作用。四是转变“输血”机制为“造血”机制。树立家庭经济困难学生信心，增强自我成才意识，提高自我发展能力。

（二）与时俱进，科学构建保障制度体系

随着 2007 年《高等学校勤工助学管理办法》的出台，高校的勤工助学工作出现了迅速良好的发展态势，体现了制度保障对于推动勤工助学发展的重要意义。不过当前在法律法规的制定上，尤其是对勤工助学学生权益保护方面，仍有空白需要弥补。譬如，勤工助学学生并不作为

劳动者纳入《劳动法》范畴，因而不受《劳动法》《劳动合同法》等相关法律保护。在勤工助学过程中，不少企业甚至知名企业，以此为借口，用低于法定最低工资的劳务费聘用学生以降低生产成本。此外，参加勤工助学的大学生也不能享受工商保险等劳动者福利，暑期勤工助学也无法获得法定的高温补贴。目前单靠学校、企业、学生三方的劳务协议，还很难完全保障这方面的合理需求。更为关键的是，此类问题不是教育部门自身可以解决的，须与多个相关部门加强沟通与协调，完善相关立法保障，保护学生的合法权益。

（三）多方联动，积极打造资源共享平台

勤工助学作为一项社会服务，与所有的社会服务一样，存在着规模效应。目前，各高校的勤工助学虽有很大的发展，但是还局限在各高校独自发展的状态，缺少信息共享与策划联动。加强高校之间、区域之间的交流和联系，开阔思路，一方面可以促进先进经验在更多高校间推广，推进高校资助工作整体水平的提高；另一方面，又可实现资源共享，确保资助信息及时、有效传递。此外，进一步建设以市区为单位的统一的勤工助学信息查询、资金管理、数据统计、信息发布、信息反馈为一体的方便快捷的工作平台，提高工作效率和工作质量，让任何高校的学生都能通过平台查阅勤工助学需求信息并进行报名。勤工助学资源共享平台的建设，既有利于节约高校勤工助学人力、物力资源，提高高校与用人单位的谈判能力，又能够提高勤工助学工作的透明性与安全性，保障学生权益。

（四）重点突破，全面推进实训基地建设

新时期资助政策和资金的支持，使勤工助学的内涵不断丰富，受助学生的需求层次不断提高。勤工助学工作人员的专业化是资助工作自身发展的内在要求和必然趋势，是提高资助水平，深化育人效果的有效途

径和必由之路。推进培训、科研基地建设，提高勤工助学工作队伍专业化、专家化水平。通过举办培训班、专题讲座、参观学习等方式，不断提高勤工助学工作人员的实际工作能力和管理水平。以解决勤工助学工作中的问题为出发点，以提升育人效果为落脚点，加强勤工助学科研工作，为制订科学性的勤工助学育人规划和有针对性的成才发展规划提供基础。

加强人文关怀，促进家庭经济困难学生健康成长*

2007年，国务院下发《关于建立健全普通本科高校、高等职业学校和中等职业学校家庭经济困难学生资助政策体系的意见》后，国家不断加大对高校家庭经济困难学生的资助力度，开始实施国家新资助政策。5年来，国家在确保家庭经济困难学生不因交不起学费而失去接受高等教育的机会的基础上，不断加强人文关怀，促进了家庭经济困难学生健康成才，取得可喜成绩。

2006年初，北京大学成立了全国最早的专业化学生资助机构，致力于学生资助模式从资金资助型向全方位帮助型的优化升级，在经济资助基础上，更加注重人文关怀，努力扶助家庭经济困难学生成长成才。考虑到学生所处年级、专业、性别、民族、家庭背景等情况的不同，对资助体系的需求也不尽相同，北京大学构建并完善了全方位的个性化资助体系（北京大学“绿色成长方案”）。从早期只关注学生入学，扩展到全面关注学生在校期间的学习、成长状况，以及毕业后的发展状况，逐渐实现对家庭经济困难学生全方位、全过程的支持和帮助，促进家庭经济困难学生在思想道德、学习成绩、学术科研、社会实践、奖励荣誉等方面取得长足发展。

---

* 北京大学学生资助管理中心供稿。

一、加强人文关怀的现实需求：家庭经济困难学生存在差异化人文关爱需求

北大学生资助中心在长期从事学生资助工作的实践中，发现家庭经济困难学生在适应学校生活、培养个人能力等方面存在着不足。家庭经济困难学生除了需要经济资助外，也需要得到更个性化的人文关怀。北京大学学生资助中心在2009—2011年，连续3年对该校家庭经济困难学生的成长情况进行了全面的问卷普查。2010年，中心又专门针对家庭经济困难学生的需求，尤其是人文关怀需求进行了问卷调查，涵盖25个院系所有年级的学生。调查显示，如果缺失人文关怀，将导致家庭经济困难学生在成长过程中产生入学适应慢、学习方法欠缺、自信心不足、人际交往能力有限等困难。

（一）调查发现家庭经济困难学生存在较大的差异化需求

家庭经济困难学生在年级、专业、性别、民族、文化知识背景、学习状况和经济情况等方面存在着差异，这种差异导致不同年级、不同民族、不同性别、不同区域、不同贫困层次的家庭经济困难学生存在着不同的个性化的差异需求。例如：在性别差异上，男女生对各项活动的选择存在一些差异，更多女生期望参加就业素质指导和国内国际交流活动，而男生则更期望参加知识讲座；在年级差异上，各个年级在期望得到的资助金额、资助方式、参与的活动上存在显著年级差异，低年级家庭经济困难学生对知识讲座、节日活动、公益活动、学业指导和素质拓展训练5种活动的兴趣大于高年级学生，更需要给予特别的人文关怀；在城乡差异上，农村和城市的家庭经济困难学生，在家庭收入、生活费、期望资助额度及渠道都存在显著的城乡差异，反映了农村学生较差的经济处境以及对更多资助渠道的期望。

（二）调查发现家庭经济困难学生存在明显的人文关怀需求

调查发现，在助学金、助学贷款等经济需求的基础上，家庭经济困难学生期望能参与的活动中，63% 的同学选择了公益活动，47% 的同学选择了知识讲座、就业素质指导、国内国际交流这三项活动。除了经济困难外，学生的未来规划问题处于显要位置，超过 50% 的家庭经济困难学生认为自己对于未来如何合理规划存在困难。此外，35.1% 的被调查者选择了素质拓展训练作为他们的期望活动，但仅有 5.5% 的被调查者说明了期望的素质拓展的具体内容。同样地，仅有 17.3% 的被调查者在问卷所涉内容外提出了额外的服务需求。这些数据一方面显示大部分家庭经济困难学生对人文关怀的渴望，同时也反映出他们对自己的切实需要并没有清晰的认识。学生对职业技能、社会实践、人际技能、心理素质及健康等方面的需求比较高，这些都需要从学生的个性化需求出发，加强人文关怀，促进家庭经济困难学生健康成才。

二、加强人文关怀的经验举措：北京大学“绿色成长方案”

北京大学坚持学生资助工作“政府主导、社会参与”的原则，按照“建立独立机构、加大财政投入、经费合理分担、政策导向明确、多元混合资助、各方责任清晰”的要求，加强顶层设计，以建立健全专业化学生资助机构和队伍为主导，扎实做好学生资助工作，有力维护教育和社会公平。自 2006 年开始，学校以学生资助体系为依托，从家庭经济困难学生成长成才的角度考虑，为学生设计了个性化的“绿色成长方案”。“绿色成长方案”的重要特点不仅在于资助手段比较丰富，而且还在于它采用了统筹优化、分类资助、精细设计的原则，给予家庭经济困难学生全过程、全方位的资助，尤其注重加强人文关怀。北京大学根据不同年级、不同民族、不同性别、不同区域、不同贫困层级的家庭经济困难学生的各自特点，分别制订了相应的资助方案，尽可能地优化整合资源，实行科学化、人性化的惠及全体家庭经济困难学生的资助模式。5年来，“绿色成长方案”不断健全、深化和完善，实现了资助与育人的深度融合，成效显著。

（一）健全专业化资助机构，扎实打造人文关爱理念

2006年以前，北京大学学生资助工作由学生工作部助学工作办公室负责，并无专业化学生资助机构。这种情况下，家庭经济困难学生对该部门相对不了解，对资助信息的了解也很有限；社会资助也不容易找到捐助对接渠道，导致学校资助以经济资助为主，且主要采取助学贷款的方式，其他资助项目非常有限，对学生其他生活方面关注较少。同时，由于人员、场地不足，机制欠缺，使得项目咨询、设置、实施、评估与完善等各个资助环节的矛盾不断凸显。

为了解决这一困难，根据2004年《国务院办公厅关于切实解决高校贫困家庭学生困难问题的通知》和《教育部关于进一步做好资助贫困家庭学生工作的通知》文件精神与要求，北京大学于2006年初在全国高校范围内率先成立学生资助中心，全面负责北京大学学生资助工作，以专门机构、专职人员、专业背景、专项经费，搭建平台直接面向家庭经济困难学生服务。学校为资助中心提供100多平米办公资源，配备7个专职人员编制，工作人员均为研究生及以上学历，且专业背景覆盖教育学、社会学、经济学、管理学各领域。机构得到学校专项资金支持，拥有专业财务人员负责财务工作（财务部派驻），切实保障了各项资助与人文关爱工作的有效开展。

1. 资助工作组织体系完备

北京大学在学生资助工作上，组建了由全校学生资助工作领导小组、高级顾问委员会、学生资助工作委员会、学生资助中心、院系学生资助

工作小组构成的五级组织架构，职责明确、组织体系完备。学生资助中心的岗位设置、专业人员的配备与国际上许多著名大学基本一致，保证了专业化机构的正常运行。

2. 资助机构人员分工明确

北大专业化学生资助机构具备了七部分的职责和人员配置：一是信息管理人员。负责家庭经济困难学生的认定、资助机构信息的采集、整理，同时负责家庭经济困难学生的受助信息整理，资金来源信息的统计、资助信息的对外发布与宣传等工作；二是财务专职人员。资助经费由专业会计人员负责，确保款项及时、准确发放，及时查清到账款项，配合资助机构的统计人员做好各类资助报表的统计；三是项目管理人员。设置资助项目管理人员，积极为借款者、学生、院系、捐款人服务；四是资助人员的培训考核的专业人员。负责为整个机构人员以及有关院系相关人员进行定期的培训和考核，为人员的发展创造良好条件；五是项目评估与咨询人员。负责对项目执行效果的评估，并面向全校提供咨询服务；六是监督人员。负责监督各级机构执行情况，确保各项工作公开公正开展；七是机构的负责人。负责整个机构内部运行、制订工作流程和规章制度、设计资助项目、联络外部等。

3. 资助政策执行有效到位

学校资助中心通过专业化学生资助机构的工作，直接面向家庭经济困难学生提供服务，有效保证了学生对资助信息的了解；保证了助学资金的有效使用和及时准确发放，实现了学校、社会和政府间的有效沟通，丰富了资金来源渠道，减少了院系学生工作办公室的事务性工作。具体而言，学生资助中心在第一时间通过网络、广播、电视、学生资助工作信息发布亭、展板、学生资助工作专题会、主题班会等各种媒介广泛宣传国家新资助政策。通过建立学生家庭经济情况调查与跟踪制度，建立家庭经济困难学生档案，并每年及时更新档案信息，实现对家庭经济困难学生情况的动态管理。根据学生需求，学生资助中心分别为农村学生、少数民族学生、女生、毕业生实施农村学生关爱计划、雪域阳光计划、彩虹工程、燕翔工程等特色资助，在资助资金、实践机会、能力建设等方面给予一定的帮助。

北京大学的成功实践证明，国家新资助政策的落实必须依靠专业化学生资助机构，专业化机构在高校学生资助工作中起着不可替代的作用。加强人文关怀，促进家庭经济困难学生健康成长，离不开专业化机构的高效运作，必须依靠专业化机构。北京大学学生资助中心按照科学化、精致化、信息化、国际化的发展要求，统筹管理全校的资助资源，为家庭经济困难学生成长成才提供广阔空间，充分满足社会和学校发展的要求，实现学生资助工作可持续发展。

（二）实施个性化人文关怀，有效实施“绿色成长方案”

由于家庭经济困难学生在年级、专业、性别、民族、文化知识背景、学习状况和经济情况等方面存在着差异，导致每一个学生需要的资助方式都有所差异，因此，必须根据每个学生的需求实施个性化资助。北京大学学生资助中心成立后，积极贯彻落实国家新资助政策，在个性化资助上进行了富有成效的尝试和努力，提出了针对学生成长阶段差异性的北京大学家庭经济困难学生“绿色成长方案”。

该方案的成型与完善经历了一个变化过程，从早期只关注学生入学，扩展到以资助为基础，以育人为导向，以“精致化”理念全方位、全过程关注学生在校期间的学习、成长、毕业去向等状况；从关注农村家庭经济困难学生，到关注城市低收入家庭学生，真正实现了个性化人文关怀。“绿色成长方案”的重要特点不仅在于资助手段比较丰富，而且还在于它采用了统筹优化、分类资助、精细设计的原则。“绿色成长方案”的核心理念是在实现资助工作经济支持、精神关爱、能力锻炼三项基本功能基础上，更加强调对学生的综合激励、个性服务、因材施教等三方面的人文关怀，形成了保障家庭经济困难学生从顺利入学到顺利完成学业的体系化项目机制。

1. 综合激励方面，重视用温馨资助感染人

北京大学注重在资助细节、资助过程、资助环境、资助氛围上的精心设计和科学安排，让活动成为极富文化意蕴、心灵震撼和教育实效的特色环节。每年中秋、元旦、春节等节日，学生资助中心通过举办晚会、发放慰问品、座谈会、各级领导慰问等多种方式，让家庭经济困难学生感受到学校给予的人文关怀。学校精心设计“温暖家园”计划，让家庭经济困难学生真切感受到情感上的支持。学校通过“公益之星”评选和“温暖家园”计划营造积极向上的氛围。从 2007 年起，北京大学设立“公益之星”这一校级荣誉，每年评选一次，以表彰北大家庭经济困难学生中热心公益、成绩突出的学生。

2. 个性服务方面，重视用全程引导培养人

每年高考前后，北京大学就积极开展政策宣传，使每个家庭经济困难学生从被录取的那一刻起就感受到“绿色成长方案”的支持。对一年级新生，主要给予助学金、学费减免等经济资助，让他们可以安心学习，快速融入到大学的学习氛围中。二年级学生，一方面针对学生的需求，鼓励他们申请国家助学贷款，学校给予助学金等经济资助，适当鼓励学生进行勤工助学，在实际工作中不断提高能力；另一方面培养学生的自立自强意识，鼓励学生参与到学校的社团和各种有意义的活动中去锻炼自己的能力，努力获得奖学金。对三年级学生，除了国家助学贷款和助学金资助外，主要针对其专业要求，鼓励他们参加“挑战杯”“校长基金”等学生课外学术研究活动，侧重结合学生专业特征，加强能力培养。对四年级同学，除了国家助学贷款和少量的助学金资助外，尽可能地为他们提供勤工助学和实习的机会，同时结合学生就业需求，提供就业类的指导活动，帮助他们顺利就业。学校从 2009 年起开始实施“燕园领航”计划，聘请知名学者或社会成功人士担任领航老师，一对一地指导学生大学四年的学习生活；2011 年增加“燕园携手”计划，邀请受益于国家资助政体系惠泽的高年级或已毕业的优秀学生与在校家庭经济困难学生结成对子，帮助学生成长。

3. 因材施教方面，重视用实践锻炼教育人

针对新生，将迎新“绿色通道”打造成资助与介绍成才经验融为一体的“绿色成才大道”；针对毕业生，实施“燕翔计划”，通过代偿政策引导学生面向基层艰苦地区就业；针对关注重点群体，分别面向农村学生、少数民族学生、女生、毕业生实施农村学生关爱计划、雪域阳光计划、彩虹工程、燕翔工程等特色资助，在资助资金、实践机会、能力建设等方面给予倾斜帮助。在持续关注农村学生特别是集中连片贫困地区学生的基础上，积极关注城市低收入家庭学生。家庭经济困难学生在获得资助之后，自动编入学生服务总队。通过学生服务总队，给予家庭经济困难学生更多的人文关怀、能力培训，增强他们的集体归属感。学生服务总队是由获得资助的学生组成的公益组织，队员们利用课外时间开展公益活动，包括校内外服务、支教、环保、公益讲座等。北京大学积极拓展如家教、礼仪队、教室助管员、食堂安全员、校园参观引导员等勤工助学岗位，让学生在学习之余通过自己的劳动所得补贴生活，既缓解了他们的经济压力，又锻炼了他们的能力。学生资助中心通过举办学习方法、安全防护、文明礼仪、信用知识等知识宣讲活动，提升学生的能力和素质。

三、“绿色成长方案”的实施成效

北京大学依托专业化学生资助机构（学生资助中心）优势，积极贯彻落实国家新资助政策，坚持以资助为基础，以育人为导向，大力加强专业机构和队伍建设，提供充足经费保障，建立健全覆盖全体家庭经济困难学生的资助体系，全面实施“绿色成长方案”，实现了资助和育人的双丰收。

国家新资助政策实施5年来，北京大学学生资助中心积极贯彻落实国家新资助政策，在专业化机构建设和资助育人上取得了巨大成就。2007—2011年，学生资助中心先后荣获教育部、北京市、海淀区等一系列荣誉。2010年12月，教育部首次召开全国学生资助工作表彰大会，北京大学荣获“全国高等学校学生资助工作先进单位”称号。2011年，北京大学学生资助工作综合排名居部属高校第一。2011年，学生资助中心指导下的家庭经济困难学生成长成才平台——学生服务总队受到北京大学通令嘉奖。

（一）建立了全方位、多格局的学生资助联动机制

1. 打造了全校联动的五级工作体系

自2006年学生资助中心成立以来，北京大学提供足额经费、办公场所、充足设备等资源，并形成了学校领导支持、以学生资助中心为主导、校内各部门积极参与、基层院系提供支持的全校联动机制，建立并完善了由全校学生资助工作领导小组、高级顾问委员会、学生资助工作委员会、学生资助中心、院系学生资助工作小组组成的五级工作体系。在全校联动机制的作用下，北京大学实现了教育机会的公平性。

首先，在经济资助上，学生资助中心在确保国家和学校资助政策充分落实的情况下，不断拓宽社会捐赠渠道，积极吸引各方财力支持，下发给学生的各类资助金逐年增加，目前的资助覆盖了约占总人数20%的全体家庭经济困难学生。

其次，在校内资源上，学生资助中心得到了校内各部门、基层院系的大力支持，丰富了资助资源。如在校内开拓了家教培训、礼仪服务、校园引导讲解、图书馆助理、教室协管等富有北大特色的勤工助学项目，每年惠及学生5 000余人次。

最后，在资助过程上，实现了家庭经济困难学生从入学前到入学后

全过程资助。从“绿色通道”入学开始到最终毕业，学生资助中心与院系行政部门紧密配合，精心设计制定“绿色成长方案”。如 2012 年学生资助中心在高考前开通两条全国免费咨询电话，成为全国第一家开通免费咨询电话的专业化资助机构。高考招生结束后，学生资助中心立即通过招生工作办公室，将北大资助体系和“绿色成长方案”手册随录取通知书发放到每一个新生手中。根据招生组反映的家庭经济困难新生情况，学校会立即安排专人与新生电话联系了解情况，让学生在第一时间了解学生资助政策。学生毕业后，学生资助中心还建立完善了“点面结合”工作机制，建立校友月度联络制度，动态掌握校友基层就业情况，取得较好效果。

2. 形成了高校—政府、高校—高校、高校—企业共同培养学生的联动机制

在不断完善校内联动机制的基础上，北京大学学生资助中心实施走出去与引进来相结合的发展战略，积极与全国、省、市、县等各级地方政府、地方资助部门联络交流，建立了高校—政府之间的人员交流培训，共同培养家庭经济困难学生的联动机制。中心前往省、市、县等各级地方资助部门调研考察，实地了解了地方资助管理部门的运行经验。中心每年都会安排专人根据招生组反馈的困难新生名单，给每名家庭经济困难的新生打电话了解情况，并主动联系地方（省）资助管理部门，请其在家庭经济困难学生认定、解决学生入学前困难等方面给予帮助。

中心重视高校之间互派工作人员交流、联合开展资助工作、搭建平台定期研讨等活动，建立了高校—高校专业化学生资助机构之间的联动机制。仅 2011—2012 学年，就有 30 余家境内外高校学生资助部门前来北京大学学生资助中心访问、交流。北大也广泛前往兄弟院校开展调研、访问。2012 年 7 月，北京大学与贵州大学互派师生开展交流活动，利用两所高校的资源，共同培养家庭经济困难学生，开启了高校—高校共同培养学生的新机制。

在高校与企业联动共同培养家庭经济困难学生方面，北大学生资助中心更是走在全国前列。首先积极拓宽企业捐赠渠道，吸引各方财力支持，不断增加下发给学生的各类资助金额，形成了与知名企业的联动机制。在经济资助的基础上，学生资助中心还与企业联动，设计注重学生人文关怀和能力培训的资助项目。例如：与新东方教育集团合作，给予家庭经济困难学生免费学习外语的机会；在中国国际航空公司、中国电信等企业建立能力建设基地，直接选拔家庭经济困难学生前往知名企业实习锻炼。此外，学生资助中心还向境内外企业交流、学习、培训，开阔视野，积极吸收转化国内外先进的管理经验。

（二）建立了动态化、全覆盖的学生资助工作体系

1. 建立采集、发布动态化的资助模式

北京大学学生资助中心建立完善了学生资助信息管理系统、校内信息共享机制，以学生资助管理信息平台为基础，完善动态管理和项目评估机制，实现了学生资助工作的动态管理。学校建立了家庭经济情况跟踪制度和家庭经济困难学生档案库，每年向新生发放家庭经济情况调查表，并在回收统计分析的基础上，通过问卷普查、举办座谈会等多种形式，及时跟踪学生家庭经济收入变动情况，定期更新档案信息，建立和完善家庭经济困难学生电子档案，实现档案管理、资助项目的信息化，保证了家庭经济困难学生的全年不间断动态管理，为科学有效地分配资助资源提供了更为准确的依据。学校还通过短信平台、系统邮箱、个人综合门户相结合的系统，及时通知学生受助信息和资金发放信息，提供更加便利、更加人性化的服务。5 年来，北大学生资助中心在旱灾、冰雪、地震、洪涝、泥石流等自然灾害发生时，均在第一时间实施了“燕园关爱”特别资助项目，在人文关怀上做到了及时、有效、温馨，在校内外引起很大反响。

2. 实施农村、城市全覆盖的资助保障

北京大学学生资助中心在成立之初，始终将工作重心放在资助农村

家庭经济困难学生，扶助农村学生从顺利入学到顺利完成学业，成效显著。如在绿色通道上专门开辟“农村学生特别关爱服务台”；针对农村学生普通话、英语和计算机能力较差的问题设立“北京大学学生服务总队能力建设基地”，对农村学生进行相关能力的培养，并组织学生前往知名企业参观锻炼。在“绿色成长方案”的帮助下，农村家庭经济困难学生发展状况良好。来自农村的家庭经济困难学生，在专业排名上，有30%的农村学生排名在专业前30%，60%排名在前50%，得到过校级及其以上荣誉和奖学金的比例高达21%。2010届农村家庭经济困难本科毕业生中，有55.8%继续攻读研究生。根据社会形势的变化，学生资助中心也不断动态调整工作重心，加强对城市低收入家庭的关注力度。2012年暑期，学生资助中心工作人员前往黑龙江、安徽、江苏等地，实地调研城市下岗失业等低收入家庭的经济情况与子女上大学受资助需求，根据实地考察获取的一手资料，及时调整资助工作的方案和工作重心，强化对城市低收入家庭学生关怀。2012年7月，北京暴雨受灾，学生资助中心在第一时间与北京市的学生电话联系，详细了解学生受灾受损情况，直接送上学校的关怀。

（三）取得了素质强、学业精的高校人才培养成效

“绿色成长方案”的实施效果，必须用家庭经济困难学生的成长和进步状况来衡量。国家新资助政策实施以来，北京大学家庭经济困难学生中涌现了一大批包括每年的“公益之星”在内的优秀学子，他们自立自强、品学兼优。

2008年4月，北京大学学生资助中心对全校家庭经济困难学生进行状况普查，了解家庭经济困难学生的成长情况。通过与非受资助学生的类似情况进行对比，发现受资助学生在北大的个人发展状况并不因其是受资助学生而落后于非受资助学生，在有些方面甚至更优于非受资助学生。例如：调查显示非受资助学生成绩欠优的比例要高于受资助学生，

受资助学生曾经或正在担任班级、学生会（研究生会）或社团职务的比例也较高。

2010 年，北京大学学生资助中心又重点对 2006 级本科毕业生进行了随机抽样调查，调查结果再次显示了类似的情况。

首先，在思想道德方面，家庭经济困难学生积极追求进步，本科期间加入中国共产党的比例达到 60%，高于学校平均水平。

其次，在学术科研方面，2006 级家庭经济困难学生的成绩高于学校平均水平，专业排名在前 50% 的比例达到 66.5%（见图 3–6）。其中许多特别优秀的同学获得了“国家奖学金”。相当一部分同学都有挑战杯获奖、校长基金、君政基金等参与科研项目的经历，比例达到 53.6%；超过半数的同学本科毕业后继续深造。

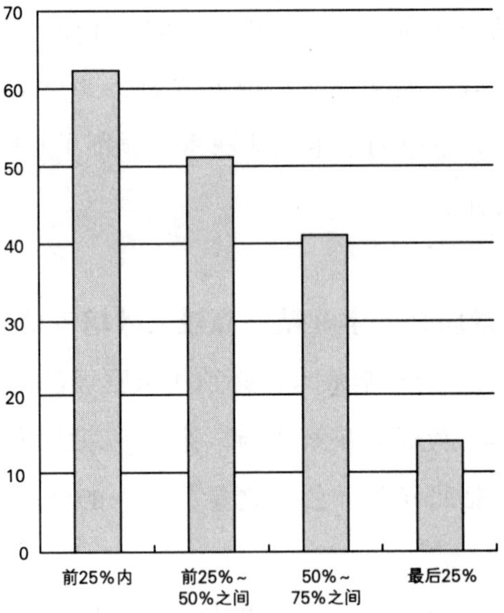

图 3–6　2006 级家庭经济困难毕业生的专业排名

第三，在社会工作和实践活动方面，2006 级家庭经济困难学生本科期间担任学生骨干的比例（见图 3–7），以及人均参与公益服务的时间均超过了学校平均水平。2008 年北京奥运会期间，奥组委通令嘉奖的北京大学体育馆志愿者团队中，有40%的志愿者来自学生服务总队，总队队员通过积极参加培训，掌握了更加扎实的志愿服务知识与技巧，更加懂得如何将热情、激情和对他人的友好通过合理的方式进行表达和传递。

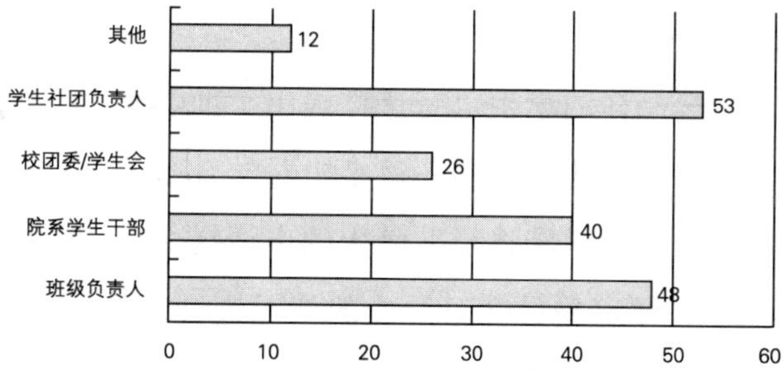

图 3-7　2006 级家庭经济困难毕业生担任学生干部情况

调研数据清楚地证明了，北京大学实施“绿色成长方案”以来，家庭经济困难学生在校期间各方面都取得了长足进步。在2007—2011年连续5年的北京大学家庭经济困难学生状态普查中，家庭经济困难学生对学生资助中心的工作的满意度高达98%，同学们普遍反映学生服务总队的各项活动对他们综合素质的提高有较大帮助。

（四）困难学子在这里成长成才——“绿色成长方案”案例展示[①]

北京大学中文系2006级本科生柴同学是一名来自甘肃西部农村家庭的学生，由于家里同时供着两个大学生，经济非常困难。2006年7月，柴同学在收到北京大学录取通知书的同时，也收到了随信寄来的《北京大学学生资助体系简介》。九月份报到时，他顺利地通过了北京大学“绿色通道”，拿到了专为家庭困难同学准备的“迎新大礼包”，通过相关评审之后，学校为其提供了国家助学贷款，解决了他的学费。而后学校又迅速为其提供助学金，妥善解决了他的生活费。同时，学校也将其编入

① 全国干部培训教材编审指导委员会组编：《科学发展观主题案例：民生保障与公共服务》，人民出版社、党建读物出版社2011年版，第68—74页。

北京大学服务总队。

柴同学刚一入学，学生资助中心就安排老师采取“结对子”的方式与他建立并保持了联系。询问他的学习生活需求，同时还详细了解了他今后的学习计划和理想，指导他填写了个人助学申请和项目助学金申请书，连同家庭经济调查表一并交到了学院里。

很多和柴同学一样的学生也是这样提出了助学金申请材料，由所在学院根据学生的情况组织专门的评审小组对学生受助资格进行了评议和公示，获得受助资格后学院将受助学生的申请提交到学生资助中心，由学生资助中心组织评审委员会对学生的情况进行复审。如果没有异议，对受助学生发放助学金。助学金的发放全部都汇入学校为每位同学办理的实名制银行卡，在方便同学的同时也保证了资金的随时可查。对申请助学贷款的学生还进行档案动态管理，依据学生不同的发展模式，指导和帮助其助学贷款的还款和延期工作，配合银行做好贷后管理工作，实现学校与银行的良性合作，保证更多的家庭经济困难学生获得助学贷款。

2007 年，柴同学进入了大学二年级，国家开始实施新资助政策。在学生资助中心的鼓励下，他通过 BBS 家教版找到了一份家教工作，教一名高二学生英语。柴同学坦言，做家教的那段时间，自己的英语表达能力提高了很多，经济上也得到补贴，一个小时能挣 50 元，学习生活有了更好的条件。这也是北大资助中心的资助措施之一——勤工助学。学生资助中心注意到各院校的学生存在着年级、专业、性别、民族、文化知识背景、学习状况和经济情况等个性化的差别，通过建立北京大学新生家庭经济困难学生数据库，根据每个学生的实际需求，提供不同的资助办法。

2008 年初，柴同学的家乡甘肃受了灾，而家里又要供他和弟弟两人上学，经济十分拮据。学生资助中心得知这一情况后，立即给予他 2000 元的助学金，及时的帮助使柴同学得以安心学习。

得到诸多关爱的柴同学，在学生资助中心的指导和鼓励下，不仅学习努力，成绩优秀，还积极回报社会，利用课余时间积极投入到实践活动中。他参加了北京大学学生服务总队，积极参加学生服务总队的能力建设项目，参与组织环保宣传、爱国主义教育、义务支教、校园引导等活动，与伙伴们一同成长，能力得到提高。因为表现突出，柴同学获得了“国家励志奖学金”。

到柴同学读大三时，正逢北京举办奥运会。柴同学在学校全方位的资助下，学习和生活已经得到很好的保障。他报名做了北京奥运会志愿者，在“鸟巢”提供志愿服务。因表现突出，他获得了北京奥运会“鸟巢五好志愿者”的荣誉称号。此后，在学生资助中心和院系的支持和指导下，他组织团队报名参加北京大学“挑战杯”科研活动，获得“挑战杯”优秀项目提名。由于在公益服务方面的突出表现，2008 年柴同学获得北京大学“公益之星”称号。2008 年 5 月 4 日，在胡锦涛总书记视察北京大学期间，他作为优秀学生代表，到场聆听了总书记的讲话，并受到了总书记的接见。柴同学的事迹被编入教育部主编的《希望——2007 年国家奖学金获奖学生风采录》，并得到媒体的广泛关注和报道。

本科学习期间，他还获得了北京大学三好学生、优秀社会工作奖、北京大学暑期社会实践先进个人等荣誉。大学四年级，柴同学因为各方面表现优秀，获得了保送研究生的资格。保研后，柴同学没有放松学习和实践。他积极参加学生资助中心针对毕业生组织的能力建设项目，包括职业技能培训、模拟面试、英语口语强化、素质拓展等活动。虽然已经保研，有着深厚文字功底的柴同学却选择在媒体做实习生，在实践中为本科的学习画上圆满的句号。现在柴同学正在一边进行社会实践，一边为研究生阶段的学习做准备。

在国家新资助政策实施 5 年以来，北京大学每年有几千名像柴同学这样的优秀学子通过学校“绿色成长方案”的帮助，圆了自己的大学梦，并走上了成长成才的道路。北京大学的资助体系，以其健全的制度构建、高效的运行模式和卓越的成效获得了社会各界的认可。专业化学生资助机构应继续完善资助工作模式，继续加强并完善人文关怀，实现从资助资金向资助资源的转变，在保证经济资助力度的基础上，加强对学生成才的帮扶力度，加强政策宣传，积极探索家庭经济困难学生成长成才规律，扶助家庭经济困难学生顺利完成学业，培养一大批理想远大、刻苦学习、艰苦奋斗、开拓创新、品行高尚的，堪当国家建设发展重任的拔尖创新人才。

典型案例（地方）

“一体两翼”促进中等职业学校学生资助工作科学发展*

近年来，在省委、省政府“教育强省”和“人才强省”战略目标指引下，浙江省职业教育事业快速发展，取得了令人瞩目的成绩。同样，浙江省高度重视中职学生资助工作，在严格学籍管理制度的基础上，着力于学生资助政策的健全与完善，创新学生资助工作管理机制，“一体两翼”促进中职学生资助工作科学发展。

一、严格的学籍管理制度为中职学生资助工作奠定了坚实的基础

中职学生资助对象是以学籍确认为标准的，学籍管理是中职学生资助“瞄准机制”的重要基础。教育部已经于2008年7月开通“全国中等职业学校学生管理信息系统”，全国所有中等职业学校的学生学籍和资助信息全部纳入该系统，学生人数的变化实行月报制度。实践证明，学籍管理的好坏，直接决定了资助对象的准确可靠性，决定了资助工作的成与败。按照浙江省中职学生资助政策，国家助学金的覆盖面达到了百分之百，免学费的困难学生享受面在部分欠发达地区也超过50%。但不管

* 浙江省学生资助管理中心供稿。

哪项政策的落实，都必须以受助学生学籍的确认为前提。在确认受助学生的身份资格过程中，浙江省强化了学籍管理的严肃性，在做好助学金发放对象网上审核的同时，严格学籍网外核查。衢州市的学籍核实制度具有代表性。2010 年 3 月，衢州市教育局下发了《关于建立中职学校学籍核实制度，做好助学奖学工作的通知》，规定每学期由市县两级教育行政部门组织专人对所属职业学校在校生情况进行 3 次实地学籍核实，学籍核实要进行包括学生本人、学生身份证件、学籍核实名册在内的三核对。现场核实后及时对点名核实结果进行整理，其中有两次以上（含两次）未被点名核实的学生，组织人员进行专门询问，若无特殊情况（如长期病假、事假）即作为流生处理，并通知学校将其从在册学籍中删除，同时取消其享受助学金资格。衢州市教育局还指导各中职学校建立起规范统一的学籍档案，要求各职业学校将学籍核实结果与中职学籍管理信息系统、学校学籍档案系统 3 种信息进行同步更新与即时维护。实现 3 种信息同步维护以后，更及时、更准确地反映了学生学籍管理信息。“现场确认三核对”和“信息维护三同步”等措施已在市县两级教育行政部门学籍核实中得到落实。学籍核实制度的实施，有效地强化了中职学生的学籍管理，为学生资助奠定了扎实的基础。

二、与时俱进，完善政策体系
是中职学生资助工作科学发展的本质要求

政策和策略始终是我们工作的生命。学生资助政策的制定与完善，是浙江省学生资助工作的最重要内容。中等职业学校学生资助工作的科学发展，首先应该体现在完善的资助政策体系上。不断完善政策体系是全力推进中职学生资助工作，促使学生资助工作科学发展的本质要求。

通过几年的努力，浙江省中职学生资助基本形成了既与全国政策相协调，又与浙江实际相适应的，以国家助学金、免学费、政府奖学金、生活补助（营养餐）、顶岗实习等为主要内容的完整体系。浙江省中职学生资助工作已经或者正在显现出一些鲜明特点。

（一）资助对象“全覆盖”

这主要体现在三个方面：一是浙江省中等职业学校一、二年级在校生全部享受1 500元的国家助学金，国家政府资助覆盖面达到100%；二是中职学生资助的所有政策，无论公办、民办学校，对在校生一视同仁，全部落实执行；三是取消户籍限制，户籍不分本省外省，不分区域来源，只认学籍，做到所有学生都享受所有的资助政策。

（二）资助渠道混合多元，资金分担机制合理

资助方式多管齐下，资助经费渠道多元混合，呈现政府主导、学校与社会共同参与的特点。在中职学生资助中，由于学校地位与办学条件的特殊，政府为主的特征更为突出。国家助学金和困难学生免学费由中央和省、市县财政分级负担，涉农专业免学费由中央和省财政分担，政府奖学金由省财政承担，生活补助（营养餐）由省财政和县市财政分担，顶岗实习由企业提供资金。各学校按事业收入的一定比例计提学生资助经费，社会企业也会为学校设立奖助学金，但数量都十分有限。中职学生资助的主体仍然是国家财政。浙江省中职学生资助经费（省内承担部分），实行省财政和各市县分担的办法。省财政的分担比例，按照六类地区法（省财政分别承担100%、90%、80%、60%、40%、20%）执行，涉农专业免学费和省政府奖学金全部由省财政承担。随着资助力度的加大，省财政承担的比例将越来越大，并充分考虑了地区的差异性，使分担机制合理，确保了中职资助经费的到位。

（三）资助工作与职业教育发展相结合，同步谋划，同步落实

发展中职教育重要的出发点或归宿是让更多的经济困难家庭的孩子能读书，读好书，成为对社会有用的技能型人才；发展中职教育的目的是为了更好地推动区域经济发展，更快地使经济困难家庭脱贫致富。只有帮助家庭经济困难学生解决了选读中职学校的后顾之忧，才有可能有效地提高初中毕业生选读中职学校的积极性，推动中职教育的健康和谐发展。因此，浙江省中职学生资助工作的起步是与中职教育的发展同步谋划，同步落实的。2003 年中职教育大发展起步阶段，就及时推出了中职学生的奖助政策；2006 年启动“浙江省职业教育六项行动计划”，学生的奖助政策得到了大力的推进。这也是浙江省中职学生资助工作起步早、力度大和扎实推进的根本原因所在。

（四）资助力度与本省社会经济发展水平相适应

资助工作是一项“花钱”的工作，与社会经济发展水平密切相关。社会经济发展水平的高低，对资助水平提出不同的要求，也制约着资助事业发展的能力与水平。浙江省中职学生资助范围、力度的不断扩大与提高，始终以全省社会经济发展实际状况为依托。2009 年秋季开始，浙江省扩大了减免学费的低收入家庭的范围，把低收入家庭的标准从原来的农村居民年人均收入 1 500 元和城镇居民年人均可支配收入 3 000 元提高到农村居民年人均纯收入和城镇居民年人均可支配收入 4 000 元以下，学费减免的比例从原来的 10% 提高到 25% 左右，实现了翻番。从 2012 年起，浙江全省已将扶贫标准提高至 4 600 元人民币，此标准为国家新扶贫标准 2 300 元的两倍。浙江省中职学生资助标准也将再次进行动态调整。

（五）资助方式上激励与济困相结合

经过几年的努力，浙江省中职学生资助的力度不断加大，资助政策体系已经基本完整。中等职业学校学生资助政策以免学费和国家助学金

为主，生活补助（营养餐）和省政府奖学金为辅。品学兼优的家庭经济特别困难学生，可同时享受1 500元国家助学金和1 000元政府奖学金，每年还可以免除学费、代管费，部分地区还能免除住宿费。中职家庭经济困难学生免学费范围包括了一、二、三年级学生，免学费比例远远超过全国平均水平，达到了25%。个别地区对就读中职的所有学生全部免除学费，部分地区对艰苦行业技术类专业学生全部免除学费。家庭经济困难学生完全可以通过国家资助顺利完成学业，中职学生求学的经济保障问题已经得到有效解决。浙江省对中职学生的资助，从一开始，就重视奖助结合，励济并重，助学金与奖学金同时评审。中职学生资助政策，既帮助家庭经济困难学生，又通过政府奖学金鼓励优秀学生；既免除家庭经济困难学生的学费，又免除涉农专业学生的学费；既解决全体学生的生活费，又通过营养餐补助强调困难学生的健康问题。从目前浙江的实际出发，已经在中职学生资助工作中迈出了全新的步伐，正在逐步实现从以经济保障为主的“保障性资助”，向以全面培养中职学生健康成长成才为目标指向的“发展性资助”转型。

三、明确工作规程，实施资助工作专项考核，推进全省中职学生资助工作整体均衡发展

资助工作是一项政策性很强的工作，必须规范。推动中职学生资助管理过程的精细化，首先抓的是规范化。根据中央和浙江省关于中职学生资助工作的各项政策规定，2011年5月，浙江省正式出台了《浙江省中等职业学校国家助学金和免学费管理工作规程》（以下简称《规程》），从组织机构设立、国家助学金审核、国家助学金发放、免学费的申请审核、监督管理等5个方面提出了明确的、详细的要求，形成浙江省国家

助学金和免学费管理工作的指南。同时，召开了全省中职学生资助工作现场会，要求各市根据《规程》的要求，加强中职学生资助考核检查，强化资助过程的精细化管理。各市、县教育局根据《规程》，结合自身实际工作，纷纷制定了市县资助工作的管理规程。《规程》的实施，进一步规范了国家助学金和免学费管理行为，使各地在操作中有章可循。

考核是低成本推进学生资助工作整体均衡发展的有效手段，是以标准化要求达成规范化管理的有效途径，是对各级学生资助管理机构执行力的全面评价，能有效促进其管理上台阶、上层次，是学生资助管理工作发展到一定阶段的必然要求。浙江省明确将中职学生资助工作列入省教育厅对各市、县（市、区）教育局进行年度教育科学和谐发展业绩考核的重要内容，从机制上予以保证。各市、县在省教育厅考核的大指标体系下再具体细化，以不同形式对学生资助工作开展专项考核。

例如：杭州市针对区、县（市）及市本级中等职业学校学生资助管理机构设计了两套不同的考核指标体系。对学校的考核，设计了 7 项一级指标，22 项二级指标。指标体系中重点体现了资金管理的内容，一级指标中工作机构建设情况赋值 10 分，资助制度建设情况 10 分，资助工作管理情况 35 分，资助资金管理情况 30 分，资助宣传工作情况 35 分，资助档案建设情况 10 分，资助工作创新情况 20 分。对县（市）的考核，设计了 6 项一级指标，20 项二级指标。一级指标中工作机构建设情况赋值 15 分，资助工作规划情况 10 分，资助工作管理情况 55 分，资助宣传工作开展情况 40 分，资助档案建设情况 10 分，资助工作创新情况 20 分。另外，为了体现“自选动作”的特色，对工作的研究等作为附加分列入考核指标中。考核指标总分值 150 分。考核名次按常规分排列，在常规分值相同的情况下参考附加分排名。考核等级分为优秀、合格、不合格 3 个等级。判定得分率在 85% 以上的为年度考核“优秀”等级，60%～85%（含）为“合格”等级，60% 以下为“不合格”等级。

考核过程中，浙江省根据学生资助工作的实际，明确对年度“优秀”的“一票否决”等约束性条件。如工作投诉查实一起及以上并对学生资助工作造成严重影响的，严重违反规定评审和发放奖助学金，学生、家长及老师反映强烈的，工作有重大差错造成恶劣影响的，都不能评为“优秀”。考核工作落实了过程管理的基本规范要求，促进了各地、各校资助工作“比、学、赶、帮、超”，推动了全省中职学生资助工作质量的全面提升。

中等职业学校
国家助学金集中发放模式的探索与创新*

为深入贯彻和落实国务院《关于建立健全普通本科高校、高等职业学校和中等职业学校家庭经济困难学生资助政策体系的意见》精神和教育部、财政部等部门对中职学校国家助学金管理的有关要求，真正做到帮助每个贫困家庭学生顺利完成学业，促进教育公平，5 年来，广西壮族自治区不断加大中等职业教育资助资金投入，每年投入资助资金从 2007 年的 2.2 亿元增加到 2011 年的 7 亿元，受助学生从 2007 年的 37 万人次增加到 2011 年的 43 万人次。相对其他教育阶段，中等职业教育具有办学灵活、学生流动频繁的特点，再加上资助工作线长、面广，使得中等职业教育国家资助资金的发放环节相对复杂。如何加强学生资助资金监管，提高资金使用效益，确保资助金及时有效发放到受助学生手中，成为学生资助工作亟需解决的问题。为此，广西从国家中职学生资助新政策实施以来，努力探索和完善中职学生资助资金监管模式，逐步形成了“统一管理、银行统发、直接到人、准时足额”的国家助学金集中发放管理模式，并在南宁市先行试点，取得了显著成效。

---

* 广西壮族自治区学生资助管理中心供稿。

一、推行中等职业学校国家助学金集中发放模式的背景

（一）国家助学金发放模式常态

国家助学金常规发放模式基本流程为：中央资金预算→各地学生资助资金经过各级财政、教育、人社部门层层分解配套→同级中等职业学校→为受助学生办理银行储蓄卡→经银行将资助资金代发到学生的银行储蓄卡中（见图 4–1）。

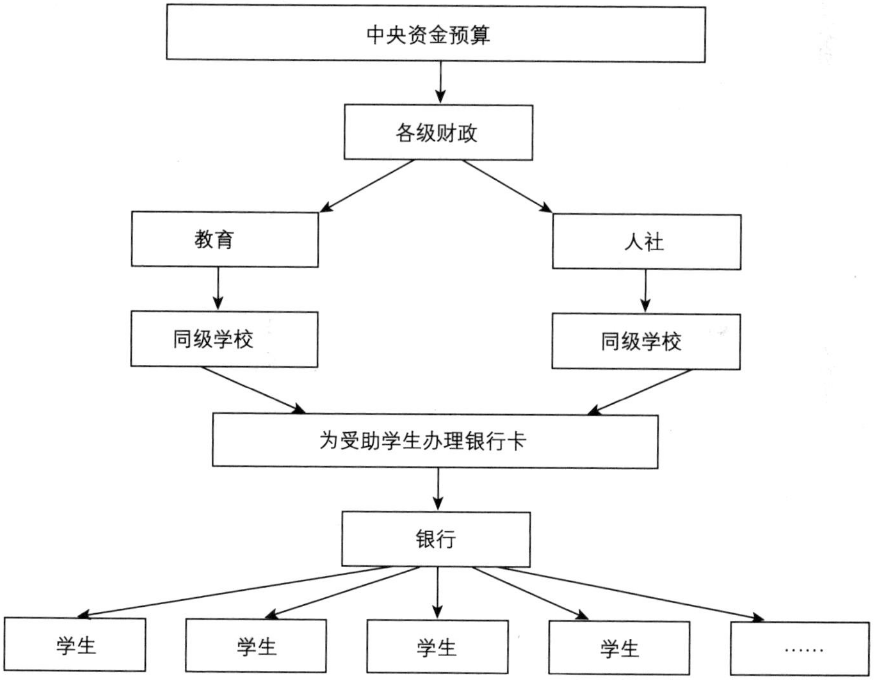

图 4–1　国家助学金常规发放模式基本流程

（二）国家助学金常态发放模式的困难及问题

1. 中等职业教育“复杂”，助学金监管难度大

中职教育复杂性体现为办学灵活性和管理多元化并存。首先，中职学校普遍采取免试注册入学，从而造成频繁更换就读学校行为的普遍发

生，使学校受助学生名单和人数呈大幅度变动的状况，加大了助学金准确发放的难度。其次，中职学校的业务主管部门多头，除教育部门外，部分学校受人力资源社会保障等部门管辖，这些学校既提供中职学历教育，又提供技工培训，容易造成同一学生分别通过教育和人社部门双渠道申领助学金。

2. 财政资金流转“不畅”，造成助学金发放效度低

中等职业学校国家助学金采取中央和地方分担机制，每次预算都要经过各级财政、教育、人社部门进行分解配套后，才能下达到同级中等职业学校，资金周转环节多，拨付时间长，学校往往不能及时收到财政资金而造成延迟发放助学金。

3. 学校管理水平“不齐”，构成资金安全隐患

首先，由于少数中职学校对学生资助工作重视不够、工作人员对政策理解不透、发放流程规范化程度不高等问题的存在，容易导致直接发放现金，或代管学生助学金银行卡直接抵扣学费，甚至代领助学金的现象产生。其次，少数学校，尤其是民办学校没有专职财务人员或经常更换财务人员，难以按规定设置账簿，造成会计核算不完整或账务处理不正确等，导致助学金结余资金无法执行专项结转核算而在下个会计年度不按规定用途使用，对资金安全构成隐患。

（三）国家助学金集中发放模式的设想

在充分借鉴财政国库集中支付管理成功经验的基础上，依托银行系统发达的储蓄网络，在中等职业学校国家助学金财政资金预算下达市县级财政、教育部门后，资金不再拨付到学校，而是由同级学生资助管理机构根据学校上报的受助学生名单，通过指定代理银行集中统一发放，直接将中等职业学校国家助学金发放至学生资助银行卡内。整个模式可以概括为“资金集中、管理集中、申报集中、发放集中”（见图 4–2）。

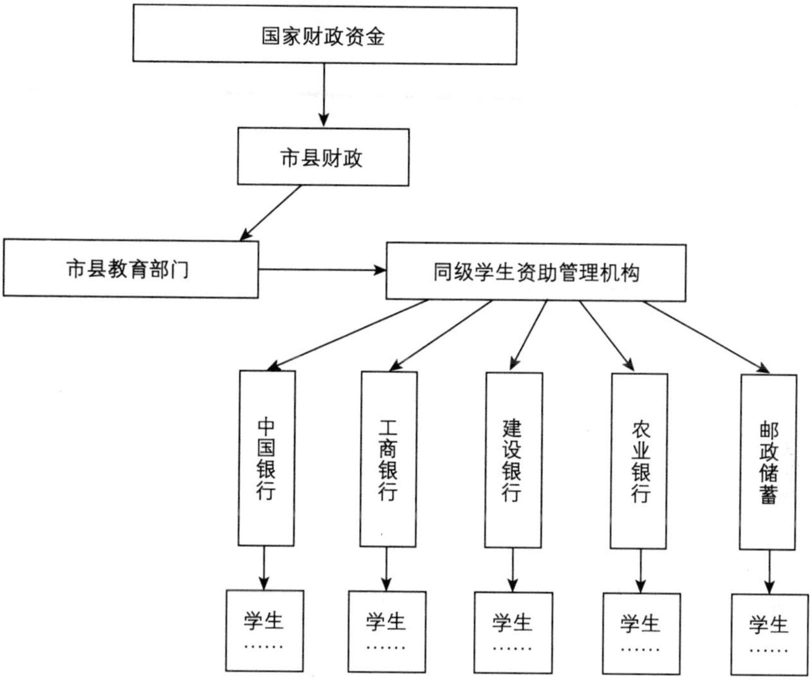

图 4-2　国家助学金集中发放模式

（四）国家助学金集中发放模式的预期目标

通过将助学金发放主体由学校上移到学生资助管理机构，同时引入绩效管理的考核制度；通过精减程序环节，整合有利资源，降低潜在风险，力求在制度上杜绝舞弊行为，最大限度地预防助学资金被截留和挪作他用，可实现资金管理高效率、高安全、高效益的目标。

二、中等职业学校国家助学金集中发放模式的具体内容

针对国家助学金常规发放模式存在的问题，南宁市积极探索实施中等职业学校国家助学金集中发放。

（一）集中申报，归口管理

集中申报，即学生集中时间申请国家助学金，集中由市学生资助管理办公室申报助学金用款计划，财政部门集中将助学金预算指标下达并拨付到市学生资助管理办公室，最后完成全市中等职业学校国家助学金归口教育部门统一管理。

1. 率先成立机构，健全工作网络

2007 年 9 月，南宁市在全区率先成立市级学生资助管理机构，即南宁市学生资助管理办公室，为直属南宁市教育局管理的全额拨款事业单位，具备财务单独核算的法人资格。随后，南宁市明确要求市属中等职业学校成立学生资助部门，安排专职工作人员从事学生资助工作。健全的机构编制和工作网络为全市各类职业学校国家助学金实行归口统一管理提供了组织保障。

2. 集中申报，统一办理银行储蓄卡

南宁市根据自身具体情况制定了《南宁市中等职业学校国家助学金发放工作实施方案》，明确规定教育部门、人社部门、各行业管理的中等职业学校国家助学金申报、发放等环节都需通过市学生资助管理办公室统一审核上报同级财政部门和教育主管部门，实现助学金统发工作归口管理。市学生资助管理办公室为受助学生统一办理建设银行储蓄卡，统一办理银行储蓄卡不向学生收取任何费用，建设银行给予免收年费、工本费等优惠政策。每月银行代发助学金发生的手续费列入市本级财政部门预算，在项目支出中单独列支。2010 年秋季学期，南宁市根据相关规定，推行国家统一制定的“中职学生资助卡”制度。

3. 启动协调机制，明确职责

中等职业学校国家助学金的管理涉及到多部门及机构的协调运作，是一项跨系统、跨部门的系统工程。为有效监管并利用助学金，南宁市启动协调机制，明确相关部门的监管职责。

市教育局是实施国家助学金发放工作的牵头单位，负责助学金的统

筹、分配和审批，安排专项督导检查，落实助学金绩效考评工作。

市财政局负责筹措中等职业学校国家助学金本级财政配套经费，审批、核拨和使用监督助学金。

市人力资源和社会保障局负责技工学校国家助学金的审批，汇总后向教育部门报送相关报表，以及资助政策的宣传。

市卫生局负责卫生学校国家助学金的审批，汇总后向教育部门报送相关报表，以及资助政策的宣传。

市监察局、审计局负责全程监督国家助学金依法依规拨付和使用情况，依法开展专项资金监察和审计工作。

市学生资助管理办公室负责实施公办、民办中等职业学校和技工学校、卫生学校国家助学金的集中发放工作，审核学校申报数据，向代发银行传达助学金发放指令，做好助学金档案管理工作，做好助学金绩效考评的材料报送工作及资助政策宣传。

中职学校负责受理学生申报材料和初审，办理和发放银行卡，助学金集中统发基础数据维护，助学金档案管理，向学生和家长宣传资助政策。

代理银行负责助学金代发、发放数据汇总、违规支取预警，向市学生资助管理办公室代发成功和失败清单，助学金银行卡使用宣传。

（二）集中发放，信息化管理

根据国家助学金实行归口管理原则，南宁市将市属职业学校助学金的发放管理权限集中在市学生资助管理办公室，授权代发银行集中发放。为提高工作效能，南宁市借助现代化办公手段，开发“南宁市中职学生国家助学金信息管理系统”，与国家和银行的管理系统成功对接，实现资源共享。

1. 实行专门账户管理

市学生资助管理办公室根据上级和本级财政下达的预算指标，以中职学校助学金发放（月份）汇总表列示的人数和金额为依据，统一提出用款计划申请，市财政局审批后，将助学金用款额度拨入市学生资助管理办公室零余额银行账户，再划入银行专设代发账户，实行专账管理。

2. 实现集中发放的基本路径

一是明确集中发放时间，各中职学校于每月 28 日前将次月的《南宁市中等职业学校国家助学金发放明细表》报送到市学生资助管理办公室，由市学生资助管理办公室汇总后于次月 5 日前送达代理银行，代理银行于每月 8 日前将当月助学金划入学生银行储蓄卡内。二是对受助学生实行动态管理，针对中职学校普遍存在学生补录和流失的问题，南宁市实行月报制度，要求学校于每月 28 日前将本校受助学生人数的增减变动情况以明细报表的方式报送市学生资助管理办公室，市学生资助管理办公室以此作为下个月发放助学金的主要依据。三是建立信息反馈制度，市学生资助管理办公室向代理银行发出划款指令，在确认代理银行已经将助学金划到学生银行卡后，马上通知学校，由学校即刻将划款信息反馈给学生。

3. 实行信息化管理

结合助学金统发的工作特点，南宁市设计开发“南宁市中职学生国家助学金信息管理系统”和“全国中等职业学校学生管理信息系统”与代理银行助学金统发信息管理系统成功对接，三者的数据可以通过报表之间的平衡、勾稽关系进行自动校验，起到对学校申报材料的自动审核和纠错作用。同时，还实现了银行发放信息的自动汇总，做到数据共享、资源共享，减少数据统计汇总所需时间，提高数据准确性，大大减轻了工作负担。

三、实施中等职业学校国家助学金集中发放模式的比较优势

南宁市实行中等职业学校国家助学金集中发放模式，简化、优化了

各环节和整体过程，从而有效地防止了中等职业学校国家助学金被学校截留、挪用和套取等违规行为的发生，有利于学生资助机构对助学金的统一管理及助学金发放情况的信息收集，更好地发挥了助学金的资金效益，保证了国家财政资金安全。在提高社会对职业教育的认同度、优化高中阶段教育结构、促进职业教育自身可持续发展和提升为经济、社会发展培养技能型人才等方面卓有成效。实践证明，自实施中等职业学校国家助学金集中银行统发模式以来，南宁市助学金发放管理工作优势凸显，主要体现在以下 5 个方面。

（一）中等职业学校国家助学金的发放工作归口管理，预防重复申报

虽然 2007 年国家助学金政策已经实行，但中职学校仍由教育部门、人社部门和行业主管部门共同进行学籍管理（见图 4–3），且部分学校同时提供中职学历教育和技工培训，这种管理现状使得助学金发放模式复杂化，不利于资金管理和有效利用。由于“归口管理”模式的积极运作，双重学籍学生分别通过教育和人社部门进行助学金申报的学生数量明显减少，且呈逐年下降趋势，基本杜绝了多渠道申报助学金，或者是校方多申领助学金，而实际并未发放给学生的现象（见图 4–4）。此外，由于进行专账管理，因学生退学或提前结束学业所结余的中等职业学校国家助学金，集中在教育部门的学生资助机构，保证结余资金严格按照规定用途使用，确保中央财政资金的安全。

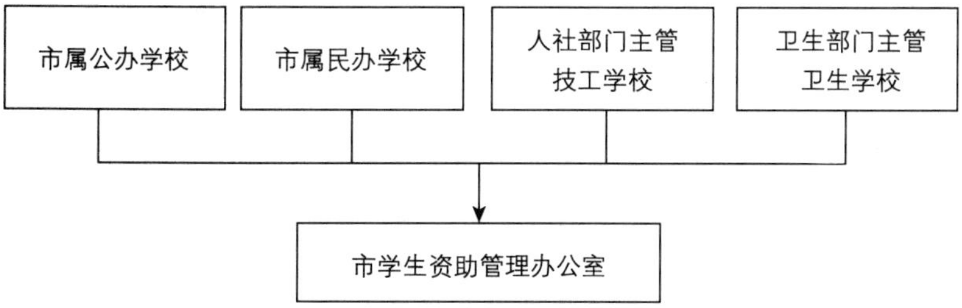

图 4–3　中等职业学校国家助学金工作归口管理情况

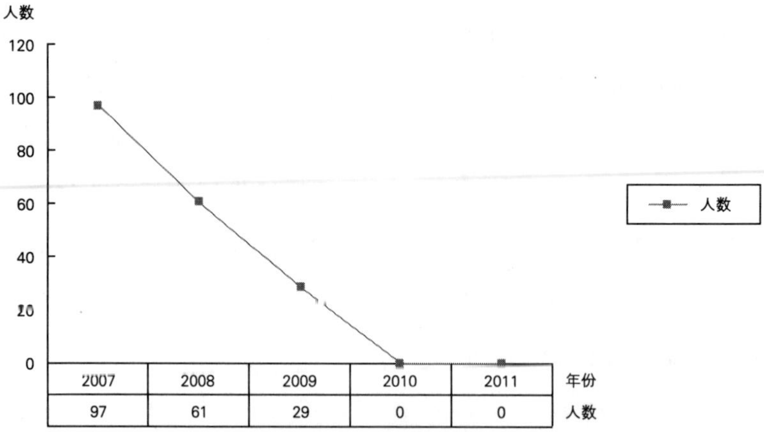

图 4-4　双重学籍学生重复申报助学金人数

（二）缩减环节，提高了助学金的使用效率

助学金统发模式，使财政资金拨付过程减少了教育主管部门、学校主管部门和学校等环节，大大提高了资金发放的时效性。代理银行在银行卡办理、发放等程序上对相关环节和材料进行审核，增加了发放的准确性。此外，由于集中办理银行卡呈现的规模效应，学生银行卡的办理免除了办卡工本费、年费和手续费，使学生增加了实际受益。

（三）资金到位率高，“问题”投诉率低

根据与代理银行签订的协议，在实行统发过程中，如有助学金发放不成功的现象，代理银行会及时将具体名单反馈至学生资助管理机构。每月助学金的发放信息通过代理银行—市学生资助管理办—学校—学生—学校—市学生资助管理办—代理银行的反馈路径进行核实及归因，若发放不成功会及时补发（见图 4-5）。

从 2007 年中等职业学校国家助学金政策开始实施至 2011 年，南宁市通过统发方式为 28.44 万人次发放了助学金，发放金额 2.07 亿元。资金到位率（即发放到学生手中的成功率）为 100%，因技术问题导致助学

金发放不到位或不及时的投诉率为 0（见图 4–6）。

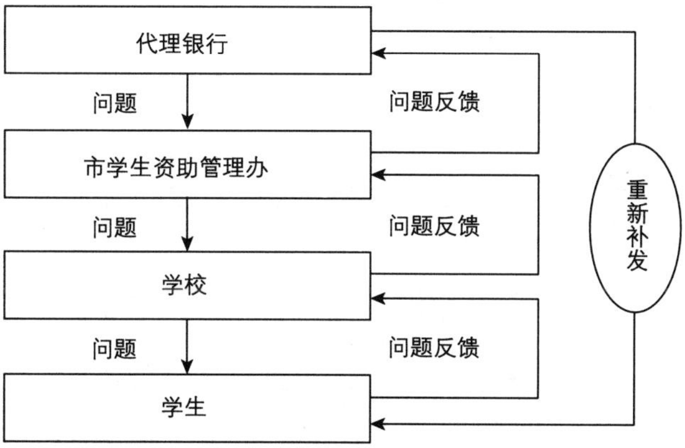

图 4–5　助学金发放不成功补发流程图

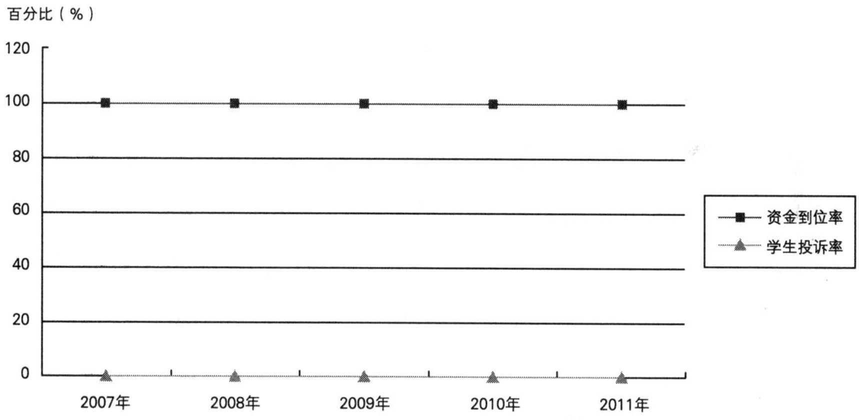

图 4–6　中职助学金统发模式下资金到位率与学生投诉率

（四）程序统一，节约管理成本

南宁市自开发运用学生资助管理系统，实现了全国中职学校信息系统助学金受助信息和银行统发系统发放信息的自动校验，克服了资助工作人员人工核对数据容易出现误差的问题，同时实现了银行发放情况的自动汇总，节省了数据统计时间，提高了发放数据的及时性和准确性

（见图 4–7）。统一的发放流程、表格和档案则为发放工作的监督检查带来便利，也有利于数据的提取，节约了工作的管理成本。

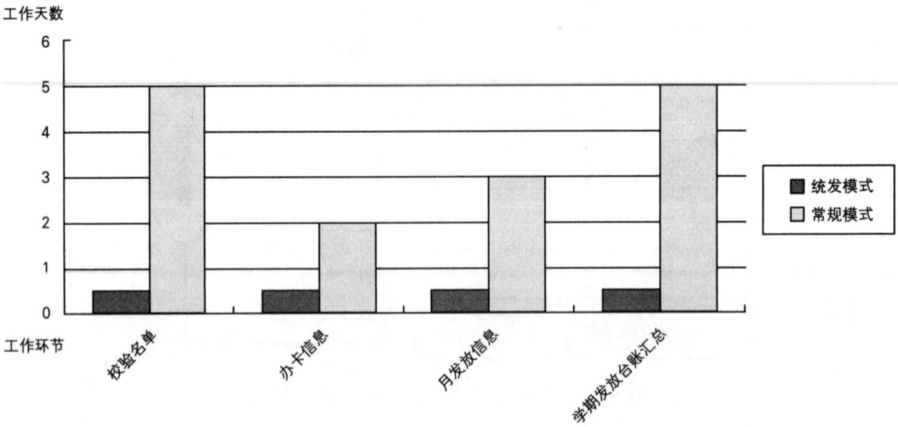

图 4–7　中职助学金发放模式工作速度对比

（五）凸显专职人员优势，提高管理水平

中等职业学校国家助学金统发模式各环节紧紧相连，环环相扣，大大提高了工作要求，从而也凸显专职工作人员的知识能力、专业修养、资源储备和管理智慧上的优势。充分吸收和利用好专职人员，极大地提高了工作效率和管理效能。同时，因为工作内容和环节的具体分工，学校各部门（资助部门、财务部门、其他相关部门）之间的不和谐现象逐渐减少。另一方面，针对中等职业学校国家助学金资金量大的特点，市学生资助管理办规范了学校助学金项目的账务处理办法，提高了对学校财务人员的要求，使得学校专职财务人员的人数呈逐年增加的趋势（见图 4–8），确保了资金的规范使用和安全运行。

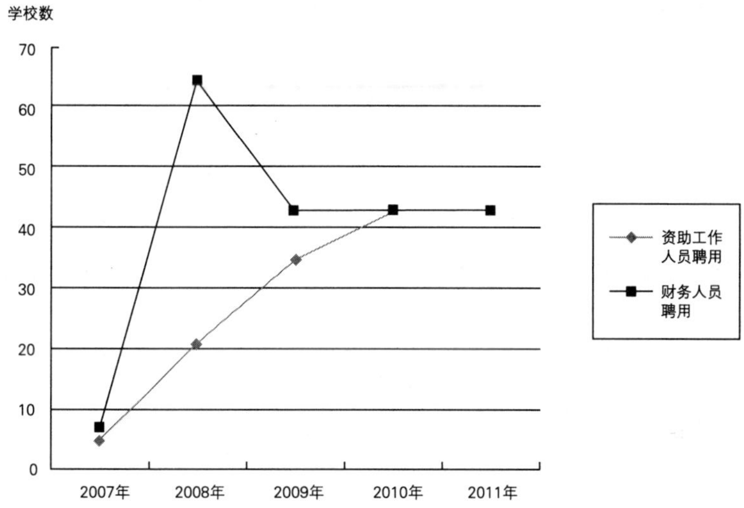

图 4-8　中职助学金统发模式下学校资助和财务工作人员聘用情况

注：2008—2009 年财务聘用人员学校数出现大幅下降是因为部分民办中职学校停办，全市中职学校数量减少。

四、小　结

中等职业学校国家助学金资助是一项惠及广大人民群众和贫困学生的民心工程，是提高劳动者素质、提升国家综合竞争力的重要手段，是构建社会主义和谐社会，全面建设小康社会的重大举措，必将对我国职业教育的改革与发展产生深远影响。中职国家助学金既是教育改革的成果又是进程，体现了国家对中职教育发展的高度重视，承载了国家对教育、人与社会和谐发展的深度洞察和敏锐关切，是一项关系贫困学生发展与就业的重大战略和方针。中职国家助学金以贫困家庭学生的学业和就业为核心，以促进学生发展、教育公平和职业教育的发展为目的。在助学金申请、审批、发放和监管等整个体系及各环节方面，南宁市进行了积极地探索。

实践初步显示，南宁市“集中发放模式”是防范并解决中等职业学校国家助学金政策落实过程中各种突出问题的有效尝试，它更利于学生资助机构对助学金的统一管理，更利于对助学金发放情况的信息收集，更利于发挥助学金的资金效益，进而更大限度地解决了贫困家庭学生“上学难、难上学，就业难、难就业”的实际问题，有力地推动了中职教育的科学发展，促进了教育公平。目前，广西壮族自治区 14 个地市和 75 个县市中，分别有 11 个地市和 74 个县市实现了中职国家助学金由同级财政或同级学生资助管理机构进行集中发放，学生资助政策执行效率得到大幅提高，也为全国各地顺利开展助学金发放工作提供了较好的经验借鉴。

打造中职学生资助工作“九个一”管理模式*

设立重庆直辖市15年来，在党中央和国务院的正确领导下，重庆市历届市委、市政府高度重视中等职业教育，扎实推进中职学校学生资助工作，2006年在全国率先实施了中职学生资助政策，促进了重庆中职教育快速发展，整体水平有了较大提升，服务经济社会的能力不断增强。中职学生资助政策在现有的国家资助政策中力度最大、在校生受助比例最高、覆盖面最广、财政投入最多、资金量最大，同时中职资助工作又具有资助对象复杂、涉及部门多、资金渠道来源多、资金下拨层级多等特殊性，管理难度大。

2010年，酉阳县阳光技工学校骗取中职国家助学金事件在央视媒体曝光，使中职学生资助工作中的违纪违规等问题暴露出来。酉阳事件给重庆市、区县政府、各部门领导和资助战线工作的同志们带来了深深的震撼和刺痛，痛定思痛，大家一致认为：彻底整治中职资助中的违纪违规行为已是刻不容缓，必须从治本开刀，重拳出击。经过不断探索，重庆市提出将中职资助工作实行规范化管理，即以构建管理理念系统化、事务管理常态化、业务处理流程化、工作质量标准化、业绩评价数据化、数据管理信息化的项目全过程目标管理体系为抓手，保障中职资助资金的最大社会经济效益，才能推动重庆市中职资助工作的可持续良性发展。

---

* 重庆市学生资助管理中心供稿。

一、建立一个市级统筹、区县属地管理的中职资助政策体系

按市政府要求，各区县政府对辖区内的中职学生资助工作负责，构建符合本地实际情况的中职资助政策体系，全面实行属地管理，并纳入地方党政领导年度工作目标考核，强化地方政府的管理职责。

二、建立中职学校办学资质审查、退出机制

对中职学历教育学校，将每三年一次办学资质审查，实行动态管理的准入与退出机制。对主要办学条件与设置标准差距较大的学校，限期1~2年内整改，整改后仍不达标的学校取消学历教育招生资格。同时，清理并规范校名，不允许一校挂两个及以上的学历教育学校名称；未经主管部门批准严禁私设校外办学点。

三、创建全市中职学生学籍信息共享平台

为加强中职学生的学籍管理，重庆市健全和完善初中、中职和普通高中代码统一、相互校验、资源共享的学生学籍管理平台，将中职学生学籍信息统一纳入“全国中等职业学校学生管理信息系统”集中管理，各区县教育、人社部门对本地中职学校的学籍管理动态化、规范化负责；校长为第一责任人，对中职学生学籍的真实性、准确性、完整性负责。

四、制定规范的中职资助工作操作流程

按重庆市统一部署，由各区县政府负责制定中等职业学校学生资助工作实施办法，明确规定申请资助学生的资格条件、所需相关证明材料及证件；中职学校负责申请受理、受助学生资格核查、初审程序及结果公示、投诉查处、汇总上报；区县教育、人社和财政等有关部门负责审定全过程各个工作流程及工作内容，接受学生和社会的监督，以确保中职资助工作的公开、透明、阳光操作。

五、建立完善的中职资助档案管理制度

按《重庆市中等职业学校学生资助档案管理实施细则》要求，将2006年以来重庆市中等职业学校在学生资助工作中形成的、反映历史面貌的、对政府部门和社会具有保存利用价值的学生注册学籍审批名册、受助申请、受助资格审查与公示、区县部门审核、学生流失（或异动）管理、资助资金发放与管理等全部文件资料纳入区县教委和学校档案管理体系，实行分类管理。

六、引入中职学生指纹考勤核查机制，实行国家助学金集中发放

2011年，为了从源头上有效地防范虚假注册学籍、不及时报送流失

学生等套取国家中职资助资金等违纪违规行为，减轻核查学生数的工作量，客观、真实地反映受助学生的实际情况，重庆市引入受助学生指纹考勤管理系统。中职学校利用指纹机从“全国中等职业学校学生管理信息系统”中导出受助学生名单信息，逐一采集学生指纹信息后，由区县教育行政部门牵头，区县人社、财政部门和相关部门现场共同比对确认真实性；以中职学校常规考勤与区县学生资助中心随机限时抽查相结合，系统自动生成以班级为单位的当月实际受助学生名册，供区县财政部门集中发放国家助学金的使用（具体流程见图 4-9）。通过实践，全市中职学校和各区县一致反应学生考勤的真实性提高了，资助资金无意违规的风险性减少了，恶意套取资金行为得到有效地防范和遏止。

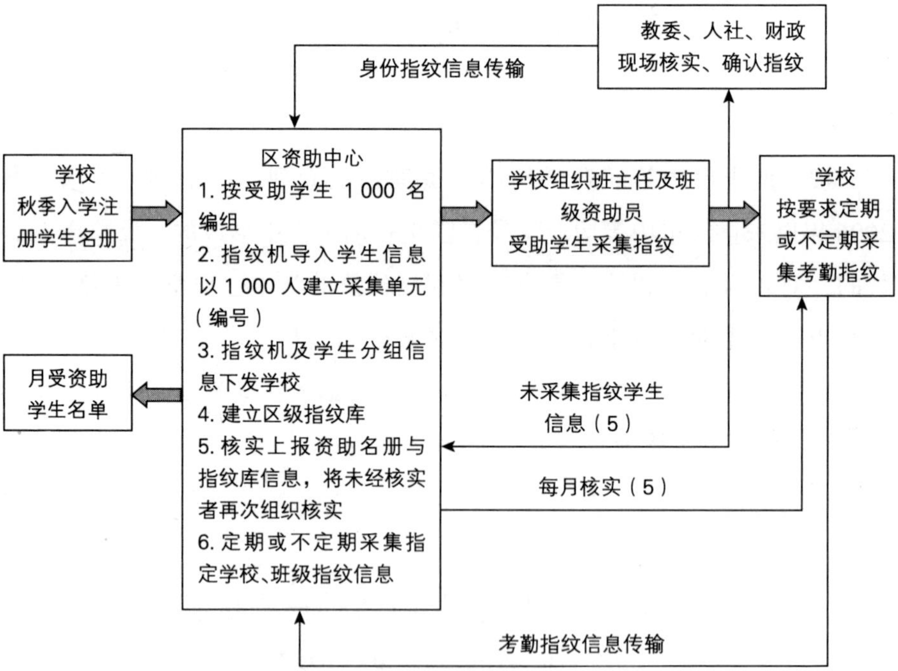

图 4-9　中职在校学生考勤指纹管理流程图

七、强化中职资助资金监管功能

在中职资助资金使用、监督、检查工作中，按资助经费检查工作流程和规定，从学校、学生学籍信息入手，通过现场实地抽查资助资金账簿及管理使用状况等相关信息与资助档案资料的相互印证，资助资金专户（或专账）管理、季度报表、学期清算、年度结算、结余资金清退、审计部门或中介机构专项审计等，客观评价资助资金的使用效益，确保中职资助资金的正常使用（资金监管流程见图4-10）。

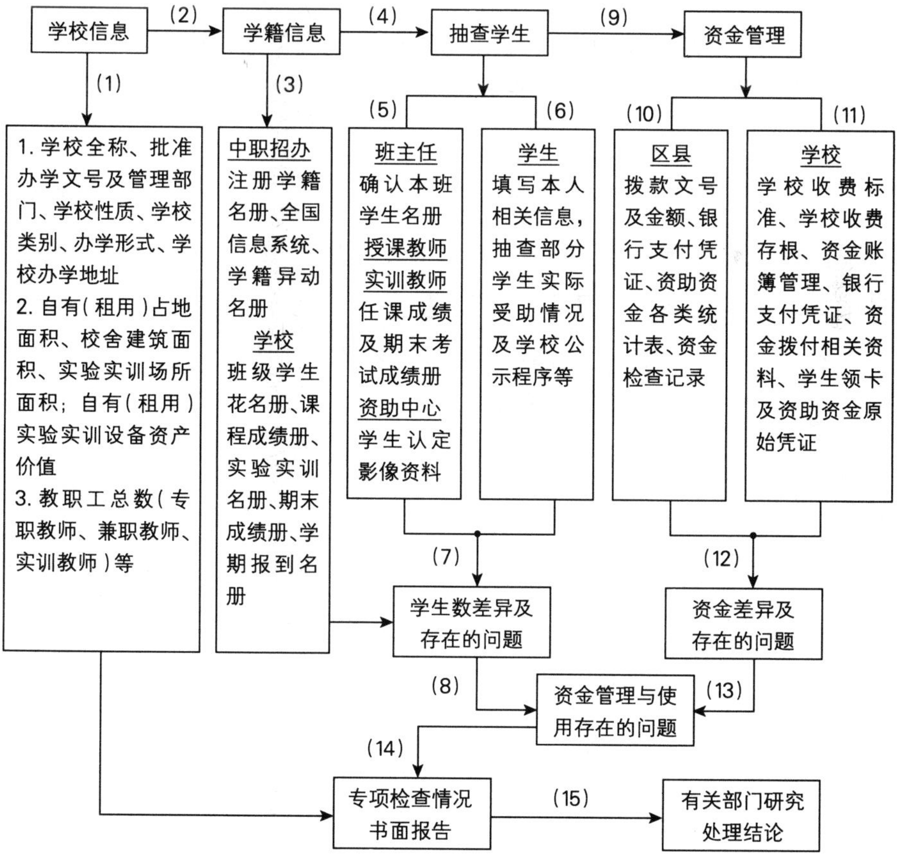

图4-10　中职资助资金监管流程图

八、营造全社会宣传职业教育和中职资助政策的氛围

统一部署全市中职学生招生宣传口径，以区县、中职学校为依托，通过乡镇（街道）、村社（社区），并组织高校大学生到对口区县开展社会实践活动；以电视、报刊、广播、网络、宣传栏等多渠道、多形式，大力宣传中等职业技术教育和中职资助政策，使广大群众充分享有知情权和自主权，选择优质中职学校。

九、创建完善的业绩考核激励机制

将区县中职资助工作从管理机制、机构建设、人员编制、规章制度、政策宣传、资助资金监管、群众投诉查处、信息报送、档案建设和办公设施设备等指标项实行量化考核。同时，对工作不力的区县通报批评、限期整改，奖优罚劣，以保障中职资助工作的健康持续发展。

几年来，党和国家高度重视学生资助工作，重庆市中等职业教育事业得到了快速发展，中职学生资助工作在试点探索、调整治理、规范提高中逐步完善，取得了较好的成效。2012 年，重庆市委、市政府将大力发展中职教育作为发展重庆市经济实体的战略性举措，进一步完善中职资助工作的规范化管理，将这件利国利民的好事做好、做实。

普通高中学生资助管理模式的探索与创新*

齐齐哈尔市把教育做为民生首要工作来抓，坚持办“大教育”思想，确定了普及15年教育的目标，大力发展学前教育，大力推进“双高普九”，大力普及高中阶段教育，积极发展高等教育。在普通高中资助工作上，齐齐哈尔市注重加强实施体系建设等基础性工作，“三项创新、严把四关、四线保证、多方筹措”，为家庭经济困难学生撑起了一片蓝天。

一、创新方式，完善体系

为做好普通高中资助工作，齐齐哈尔市积极探索创新管理方式，加强资助育人工作。

（一）创新资格认定方式

要求普通高中每名受助学生都要填写《受助学生申请表》，班主任要认真核实学生出具的病历本、低保证、残疾证、贫困证明等佐证材料，并对每位受助学生进行家访，现场核实家庭实际情况。全市普通高中班主任对申请资助的学生家访率为100%，并且逐一填写《家访记录》。在家访的基础上，学校组织专人经严密的认证、审核后，按照每生每年

* 齐齐哈尔市学生资助管理中心供稿。

1 000 元、2 000 元、3 000 元合理评定资助档次，为每个受助学生逐一建立《资助档案》。对回避资助的学生，班主任老师要做通思想工作，使学生珍惜受助机会，积极申请资助，做到“当助必助不漏助”“不当助者不错助”。

（二）创新助学金发放方式

市教育局、财政局与中国银行齐齐哈尔分行达成协议，在全国推出第一张“普高学生资助卡”，中国银行免收资助卡年费、工本费、小额账户管理费、批量代发手续费、跨行支取手续费等。目前，全市已经面向 6 000 名普高学生免费发放了资助卡，普高学生国家助学金全部实现卡式发放。在此基础上，实行普通高中助学金集中发放模式，按照管理权限，普通高中学校和教育局逐级审核认定受助学生名单和资助额度后，由同级财政局通过银行直接打入受助学生的资助卡中，由受助学生本人直接领取，发放资金不再经过学校环节。通过“资助卡”的方式集中发放助学金，减少了中间环节，更加方便、快捷、安全，防止了截留、挪用，学生在假期及毕业后也能领取助学金。发卡的过程也是重要的思想教育过程，通过使用助学卡，还对学生普及了现代金融知识。

（三）创新资助育人方式

坚持“扶贫更扶志”的原则，做好资助育人工作，开展关爱教育和感恩教育活动，关注受助学生的学习、思想、生活和家庭。根据高中学生的特点，在节日、生日、升学等节点，师生间、学生间通过短信、贺卡、寄语等方式相互鼓励，使受助学生健全人格，完善自我，立志成才。重视感恩教育，通过媒体宣传、召开家长会、印发公开信等方式广泛宣传助学政策，同时通过举办演讲比赛、组织班团活动、网络博客交流等方式，帮助学生从精神上做到自立、自信、自强。

二、优化管理，严把四关

实施普通高中国家助学金制度是党中央、国务院的重大决策，为了用好助学金的每一分钱，齐齐哈尔市本着严肃认真、严谨负责的态度，从严要求，规范管理，确保助学工作不走样。

（一）严把流程环节关

为方便工作、方便学生及家长，市教育局制作了规范、标准的普通高中助学工作流程图，将条件、标准、依据、环节、要件、时限等逐一标明，对申请、证明、调查、认定、公示、发放、使用等各个环节作出图解说明。流程图发到县区教育局、普高学校、学生和家长手中，工作中严格依照程序操作和把握，做到签字、用印等手续和佐证资料齐全，资质审核准确，也使得学生和家长不用往返奔波。

（二）严把公示环节关

学校审核认定受助学生名单后，逐级上报县、市两级助学管理中心，并经加盖市教育局助学管理中心印章、落款市教育局专门监督举报电话后，返回学校进行公示。公示期要在5个有效工作日以上，公示方式要求必须在班级宣读受助学生名单，在学校门口、教学楼、食堂宿舍等醒目位置公示，有条件的学校还可通过校园广播、闭路电视、电子屏幕等方式滚动播出，经广泛监督无疑义后方可进入资金发放环节。

（三）严把资金使用关

因采取卡式集中发放，普高助学金一律直接发到学生本人，助学金打入资助卡后，学生领取要签字，学校备案存档，做到手续齐全。为防止学生乱花、乱用助学金，防止家长将助学金挪作它用，坚持由班主任指导学生正确使用助学金的方法，每次发放助学金后都通过家长会、电话、短信、通知单等方式告知家长，并指导学生作出使用计划，科学安排使用意向，班主任随时掌握学生的使用情况。

（四）严把监督检查关

建立市县两级监督检查制度。市、县教育局每年会同市财政、审计部门对普通高中助学金管理情况进行一次专项审计，审计面达到100%。每年的5月和11月定为普通高中国家助学工作检查指导月。每次检查都深入班级，通过点名、座谈、下发调查问卷、查看学生领取使用记录等方式，详细掌握资助工作实际情况，并将结果纳入对县区教育局和学校教育工作目标管理。在严密的督查审计和跟踪管理态势下，全市各地各校都把普通高中国家助学金管理作为“高压线”对待，都能严格照章办事，保证了普通高中助学金的合理用途，受到了广泛的认可，全市没有因助学金管理问题而发生上访或违纪现象。

三、四线保证，拓展领域

在多年的资助实践中，齐齐哈尔市整体构建了四条保障线，不断拓展资金来源渠道。一是政府资助线。在落实好上级资助政策的同时，市县两级财政每年核定助学专项资金，纳入年度财政预算，并通过人大批准，不得挤占和挪用。市财政每年拿出教育费附加的3%作为助学专款。市教育局从2006年起，确定一所直属重点高中，每年面向城乡贫困家庭免费招收120名品学兼优学生，市教育局直属学校每年减免学生学习费用300多万元，这些就学费用全部由市财政承担。从2008年以来，市县两级财政用于助学的专项资金达到1.07亿元，并呈现逐年增长趋势。二是基金资助线。市教育局与中央彩票、神内良一、香港逸夫、珍贝集团、金马爱心、光彩事业、建行成长计划等各基金组织建立密切联系，争取专项助学基金。2008 年以来，累计争取基金 1 500 万元，受益学生 1.2 万人次。三是教育资助线。组织动员教育战线干部教师和学生自发地帮助身边学生，构筑学生身边的“希望工程”，很多学校都通过“滴水行动”等多种方式组建了“爱心超市”，为身边家庭经济困难和患有疾病的学生提供学习、生活用品和学习费用，有的学校还通过“校友会”等方式组织募捐。2008 年以来，齐齐哈尔市教育系统内部捐赠款物合计达到 500 多万元，结对帮扶贫困家庭学生达到 1.3 万人。四是社会资助线。市教育局每年组织区域内的企业和社会各界人士参加的“爱心见面会”，开展爱心捐赠活动和“手拉手”结对子活动，各级领导也通过多种方式牵线搭桥，帮助联系资助企业。2008 年以来，先后争取市内飞鹤乳业、移动公司、百花集团、百货大楼、北大仓集团等多家企事业单位和社会各界人士捐资助学款 200 多万元，受益学生 2.4 万人次。在构建社会资助线中，市委领导同志率先垂范与孤儿结成助学对子，带动市县各级、各部门党政领导广泛参加结对资助活动，航天员翟志刚、刘伯明回到家乡也积极投身资助活动，很多地方知名人士都与贫困学生结成了助学对子，为助学工作助力加油。

四、多方筹措，加强保障

齐齐哈尔市早在 1999 年就建立了以政府资助、教育资助、社会资助和基金资助为主要框架体系的“四条资助线”。在认真落实国家各项资助政策的同时，积极协调知名企业与社会各界力量捐资助学，每年组织社会各界人士参加的“爱心见面会”等活动。近年来，与省移动公司、市百花集团、市百货大楼、金马公司、飞鹤乳业、北大仓集团等企业建立了持久的助学关系，每年企业爱心捐赠达到600多万元。市教育部门内部从来就不乏师生之间、学生之间互助友爱的感人时刻。如齐齐哈尔中学于同学在家庭经历了大灾之后，第一时间得到了市助学办赠送的2万元的资助金，还得到了学校师生自愿筹集的5万元善款。市直属学校每年减免学杂费等达到300多万元。

齐齐哈尔市资助工作取得了一定的成果，走过了一个逐步体系化的过程。但新时期的资助工作在性质、规模、范围、条件、方式等方面都发生了变化，仍需要不断探索和完善。要认真汲取各地的宝贵经验，扬长避短，再接再厉，把资助工作不断推向深入，让每一个家庭经济困难学生都能同享一片蓝天。

加强信息系统建设，提升普通高中学生资助管理水平 *

近年来，在省委、省政府的高度重视和正确领导下，淄博市以实施教育惠民工程为中心，努力践行科学发展观，突出人文关怀，彰显教育公平，积极推行政府主导、全社会共同参与的学生资助模式，学生资助工作取得了长足进步，初步形成了具有鲜明地方特色的淄博学生资助工作体系。其中，淄博市学生资助信息管理系统的开发与应用已成为淄博市学生资助工作的一大亮点。

一、淄博市学生资助信息管理系统开发背景

随着财政投入的不断增加，受助学生的不断增多，社会各界对学生资助工作的关注度不断提高。学生资助工作是否公平、公正、公开、及时、高效地开展，既关系受助学生的切身利益，影响到国家资助政策的实施效果，也关系到学生资助工作的公信力，影响政府形象。通过调研发现，学生资助工作存在以下两个亟需解决的问题：一是资助资金发放的监控工作不及时；二是家庭经济困难学生认定依据不科学、不充分，认定程序欠规范，认定结果无可比性。

---

* 淄博市学生资助管理中心供稿。

通过进一步调查了解，发现家庭经济困难学生认定工作中存在以下问题。

（一）认定依据不科学、不充分

因为新生入学后，教师、同学之间互相不了解，班级评议小组只能根据居委会或村委会盖章的证明信评议。居委会只对持有低保证的城市家庭有所了解，其他居民的家庭经济情况基本不了解，使得居委会的证明可信度降低。学生在家庭经济困难情况调查表中填写收入情况时，计算的方法不同，中间出入较大。加上部分学生及家长诚信意识淡薄，弱化了家庭经济困难认定的基础数据，导致认定工作出现偏颇，使部分家庭经济并不困难的学生占用了家庭经济困难学生的资助资源。

（二）认定程序欠规范

因为学生提供的信息不全面、不准确或不真实，年级和学校对学生情况不了解或了解不全面，导致年级认定、学校审批这两道“认定关”形同虚设。普通高中、中职学校、义务教育阶段学校在认定过程中，由于走读学生居多，教师对学生、学生对学生的家庭经济情况了解不多，在班级评议时，凭主观判断或人情认定的情况较多。

（三）认定结果无可比性

各班级之间、各年级、各学校学生的信息不畅通，评定的标准不一致，再加上教师和学生的主观因素，导致家庭经济困难学生认定结果无可比性。

为解决以上学生资助工作的难点问题，进一步规范学生资助工作，真正将此项工作做成“民心工程”“放心工程”，2011 年，在多次调研基础上，淄博市教育局将学生资助信息管理系统平台的研发列为 2011 年全市教育工作创新年的重要创新项目，划拨专项资金，组织研发力量，克服多个技术难题，完成了系统的开发工作，并在全市范围内的普通高中学校运行成功。

二、淄博市学生资助信息管理系统简介

淄博市学生资助信息管理系统（以下简称“系统”）由组织结构管理、学籍信息管理、家庭经济困难学生认定管理、资助信息管理、生源地信用助学贷款申请几个模块组成。

（一）组织机构管理

系统是由义务教育阶段、普通高中、中职3个分系统组成的，3个分系统之间的数据可以相互调用。系统管理分市级、区县、乡镇、学校、年级、班级六级管理，学校管理覆盖我市中小学校，学生管理覆盖上述学校所有在校生，以身份证号为学生在系统中的唯一身份标识，可以实现全市所有学生查重、家庭经济困难学生资格认定、资助资金统计等功能（管理系统架构见图4－11）。

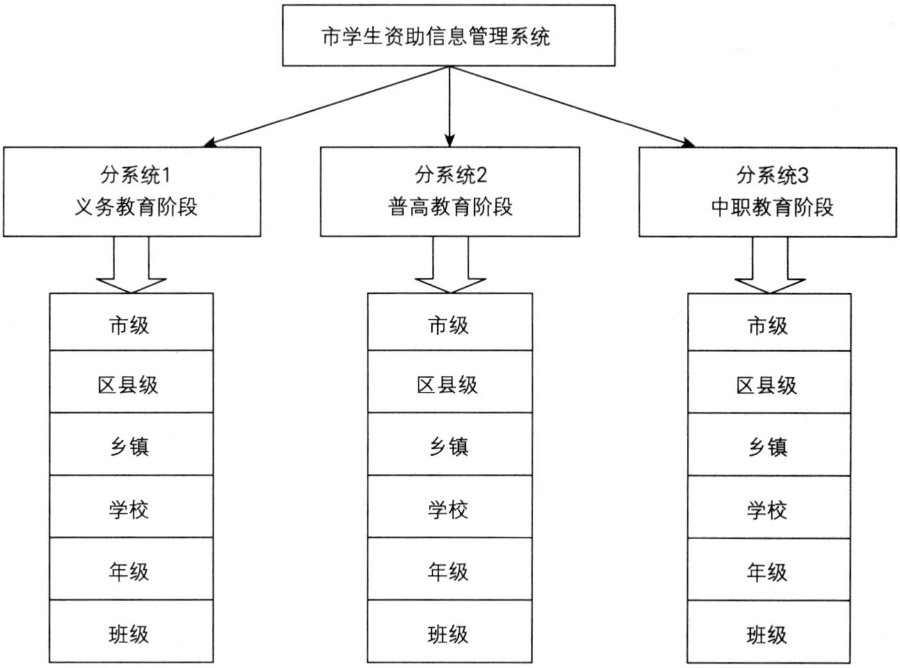

图4–11　淄博市学生资助信息管理系统架构图

（二）学籍信息管理

学校将采集好的学籍信息用模板批量导入（也可以单个增加）。身份证号重复的学生在导入系统时，系统会自动提示重复的学生姓名、所在学校及学校学籍管理员人联系电话。对于通过升学进入本校的学生，输入身份证号和姓名，可直接获取该生在原学校的相关信息。学生学籍信息可以实行动态管理。

（三）家庭经济困难学生资格认定模块

1. 学校提交档次标准

各学校根据本校的实际情况，对全校学生家庭收入与学生在校期间生活费用支出情况进行调查摸底，提交本校的家庭经济困难学生的认定档次标准。这个标准按户籍分农村、城市两个标准，由上级主管部门审批。

2. 信息录入

通过审查家庭经济情况调查表中的信息录入系统，有低保证的，班主任要上传低保证的图片材料。为加强学生诚信教育，强化学生诚信意识，学生承诺填写的《家庭经济情况调查表》真实可靠。系统根据上级主管部门审核的档次标准，自动生成 A、B、C 三个档次的学生。

3. 班级评议

系统根据班级人数按 10% 的比例自动生成评议账号。班主任将系统的网址以及系统生成的班级评议小组用户名、密码分配给评议小组的各成员。各成员登录系统后，先填写自己的真实材料；修改密码后，他们才能根据学生平时表现及《调查表》中的信息，对提交申请的学生进行评议。这样，避免了评议小组各成员之间和外界因素的干扰。

4. 年级认定

义务教育阶段学校和普通高中学校从系统中导出班级评议小组评议的家庭经济困难学生的相关信息，由学校组织各年级进行入户调查，并将入户材料（照片、入户调查表）上传到系统，形成资源共享。系统自动生成年级认定工作组成员账号，年级认定小组成员根据入户调查图片及调查材料，逐一对本年级的家庭经济困难学生进行认定。这样，就可以调整班级之间的不平衡现象，使得整个年级的认定工作在同一尺度下完成。

5. 学校审批

学校将年级认定的家庭经济困难学生名单导出，以适当的方式进行公示。师生有意见的，学校调整后上报上级主管部门复核。

6. 临时特困申请

由于家庭经济困难认定工作一般在10月份完成，对于家庭经济情况临时出现变故的，可以上传申请材料及相关的材料图片，由上级主管部门审批通过后，建立临时特困学生数据库。

7. 家庭经济困难学生复核

二年级以上的班级管理块中增加了家庭经济困难学生复核按钮，每学年初，可以按一定比例对原来认定的家庭经济困难学生进行复核。

（四）资助资金统计模块

1. 资助需求分析

在调研过程中发现，部分家庭经济困难学生、班主任、学校资助工作人员不了解学生在校期间一年的生活学习的费用，大多数学生不了解家庭经济情况及家庭可以负担的费用。为了加强学生的思想教育，系统增设了资助需求分析的填写。学生和家长认真填写需求分析表格后，由班主任将学生上学期间的学费、生活费、课本费等所需资金与该生家庭可支付资金录入系统，系统自动生成每个家庭经济困难学生的资助需求。学校、区县、地市可以根据资助需求，在合理分配资助资金的同时，也可向社会发布资助金缺口，争取社会各界爱心人士的捐款。

2. 资助金统计

资金统计分财政资金、学校资金、社会捐助资金三类进行统计。学校在系统中及时填写各类资助资金的到位情况（到位时间、金额）和发放情况（发放时间，在导入模板填写学生姓名、身份证号、发放标准），导入系统，系统自动生成发放总金额、人数等相关信息。系统自动生成相关报表数据，数据一天更新一次。上级主管部门还可以自动生成各类报表，进行实时统计、监控。

（五）生源地信用助学贷款模块

学校在导入模板中填写申请生源地信用助学贷款的相关信息，导入系统后，已经认定为家庭经济困难学生和临时特困学生的自动进入贷款资格审核通过名单。上级主管部门根据学校上传的相关材料，根据贷款额度对艺术、体育类高考新生进行审批。各区县学生资助管理中心下载、查询户籍为本区县的贷款资格审核通过的高考新生名单，为其办理贷款手续。

三、家庭经济困难学生信息管理系统的使用价值

（一）开发学生资助信息管理系统，促进资助工作公开透明

开发学生资助信息管理系统，既是实现资源共享，提高学生资助工作水平的技术手段，更是促进资助工作透明公开，将资助工作置于阳光下运作的大胆尝试。

（二）使用学生资助信息管理系统，使资助资金落到实处

学生资助信息管理系统的使用，不仅从根本上解决了家庭经济困难学生认定依据不科学、不充分和程序欠规范、认定无可比性的问题，而且消除了信息孤岛，形成了资源共享，提高了工作效率，规范了工作流

程，各级管理部门也实现了对工作的宏观管理和过程监控，使得国家各类资助资金落实到每一个真正需要资助的学生身上。

（三）学生资助信息管理系统的开发，有效地提高了资助工作效率

软件强大的统计功能，不仅大大降低了资助资金的重复资助现象，提高了学生资助工作效率，使基层工作人员从繁杂的报表工作中解脱出来，更实现了对各类助学金发放的实时监控作用，及时发现问题，及时解决问题。淄博市学生资助信息管理系统自运行以来，强大功能及优势明显，市、区两级管理部门通过系统监控，及时提醒学校将发放记录导入系统，上级部门的各类报表从系统中直接生成，大大缩短了统计时间，提高了工作效率。

依靠队伍建设和制度保障双轮驱动，确保资助政策顺利实施*

一、湖北的教育省情和学生资助工作在全国的地位

湖北是教育大省，2011 年底有普通高等学校（含独立学院、民办高校）在校全日制本、专科学生 134 万人，普通高中在校生 116 万人，中等职业学校在校生 72 万人，初中在校生 204 万人，小学在校生 377 万人，幼儿园在园幼儿 132 万人。湖北又是农业大省，集“老、少、边、山、库、穷”于一省，在 116 个县（市、区）中有 29 个国家级和省级贫困县（市、区），省财政对教育的投入能力有限，人均收入水平不高，广大人民群众日益增长的教育需求与经济支撑能力的矛盾日益凸显，家庭经济困难学生较多，资助工作困难相对较大。

湖北是全国最早成立学生资助管理中心的省份，2000 年 10 月，省机构编制委员会发文成立省学生贷款管理中心，与省教育厅财务处合署办公，核定自收自支事业编制 8 人。2003 年 12 月，省机构编制委员会再次发文，将“湖北省学生贷款管理中心”正式更名为“湖北省学生资助管理中心”，中心独立办公，核定全额拨款事业编制 8 人，湖北最早成为确定省级资助机构负责各级各类学校学生资助工作职能的省份。2004 年 3 月 24 日，省教育厅下文，赋予省学生资助管理中心负责全省各级各类

* 湖北省学生资助管理中心供稿。

学校学生资助工作职能。湖北也是最早将资助与资教相结合的省份，从2004年起，开始实施“农村教师资助行动计划”，将家庭经济困难学生的资助工作与贫困地区农村教师素质提高工程相结合，将解决家庭经济困难学生就业和化解银行风险相结合。湖北还在全国率先开展家庭经济困难学生医疗保障试点工作，从2005年起，按省属高校入学新生的20%比例资助家庭经济困难学生。湖北还是财政部、教育部开展生源地信用助学贷款试点工作的省份，从2007年起，按“应贷尽贷”原则，发放助学贷款，形成国家助学贷款和生源地信用助学贷款良性互动的局面。在上述工作的推动下，湖北成为全国各级各类学生资助工作机构最为健全的省份之一，全省131所高校、17个市州、116个县（市、区）全部建立了专门的学生资助工作机构。

党的十七大以来，湖北省委、省政府高度重视学生资助工作，认真贯彻落实《国务院关于建立健全普通本科高校、高等职业学校和中等职业学校家庭经济困难学生资助政策体系的意见》，把资助工作作为建设“和谐湖北”“幸福湖北”的重要举措，省政府每年将家庭经济困难学生资助工作作为向全省人民承诺要办好的十件实事之一。湖北省学生资助工作在机构建设、助学贷款发放总额与人数、“奖、贷、助、补、减”的资助力度等方面，连续8年全国综合排名第一；在“助学政策 助我成才”征文活动中，参与学生人数和获奖征文数连续3年位居全国第一；2010年，荣获高校学生资助工作先进单位、中职学生资助工作先进单位和义务教育阶段学生资助工作先进单位，是全国唯一同时获得3个先进单位荣誉称号的省份。湖北省学生资助工作成绩的取得，得益于党和政府对学生资助工作的高度重视，得益于学生资助机构的不断健全，得益于学生资助工作队伍的不断壮大和素质的不断提升，得益于各项工作机制和规章制度的不断完善。

二、学生资助工作的特殊重要性决定了队伍建设和制度建设的重要性和紧迫性

做好家庭经济困难学生资助工作，是建设社会主义和谐社会的基本要求，是促进教育公平和教育事业持续协调健康发展的重要举措，是落实科教兴国战略、为建设创新型国家提供人才支撑的客观要求，是履行政府公共财政职能的重要体现。学生资助工作是一项重要的民生工程、育人工程和德政工程，关系到中国特色社会主义事业兴旺发达，关系到国家的发展与未来。

（一）资助工作涉及教育公平，是一项重要的民生工程

保障人人享有接受教育的机会，是政府义不容辞的责任，是我国教育发展的基本政策和今后一段时期我国教育工作的重要任务。8 年来，湖北省在义务教育阶段，共落实资金 20 亿元，为 329 万人次农村义务教育阶段家庭经济困难寄宿生提供生活费补助金，筹措资金 30 亿元，向 2 475 万人次农村义务教育阶段学生免费提供教科书；在普通高中阶段，共落实高中彩票公益助学项目资金 1.2 亿元，资助普通高中家庭经济特困学生 12 万人次，筹措社会资金近 3 000 万元，先后使全省普通高中 3 万名特困学生受到了资助，使财政划拨和社会捐资助学有机结合；在中职教育阶段，共资助中等职业学校学生 330 万人次，资助金额达 39 亿元，中职国家助学金和免学费资金足额配套，及时发放，提高了社会对职业教育的认同，增强了职业教育的吸引力，促进了中等职业教育的发展。在高等教育阶段，中央和省级财政投入全省高校奖助学金经费达 32 亿元，共向 137 万人次学生发放奖助学金（不含部属院校），湖北财政共支付助学贷款贴息及风险补偿金经费 6 亿元，发放生源地信用助学贷款 22 亿元，资助学生 38 万人次，发放国家助学贷款 21 亿元，资助学生 42 万人

次，各高校通过“奖、助、补、减”等方式投入资金16亿元。通过上述举措，基本实现了“不让一个学生因家庭经济困难而辍学”的承诺。

（二）学生资助工作涉及各级各类学校、不同年龄段的青少年，是一项重要的育人工程

资助对象包括义务教育、中职教育、普通高中教育和高等教育等不同学段。针对各学段不同贫困程度学生，给予不同形式或不同额度的资助，要使资助形式和额度与资助对象的贫困程度及其学习成绩、思想品行相适应。同时，还要兼顾资助面上的均衡，不能畸轻畸重，顾此失彼。学生资助工作不是简单地制定政策、发放资助金的“技术活”，也不是单纯搞扶贫济困的慈善事业，而是一项重要的育人工程，需要与学生励志教育、诚信教育、感恩教育、责任教育、节俭教育、心理教育等工作结合起来，鼓励学生树立艰苦奋斗、自立自强、诚信感恩的意识，践行国家所倡导的“解决思想问题与解决实际问题相结合”的原则要求。学生资助工作作为思想政治教育的重要途径，在引导学生树立正确的世界观、人生观和价值观等方面发挥着重要作用。实施资助育人工程尤其需要一支具有高度政治责任感的队伍和一套健全的制度体系。

（三）资助工作涉及和谐社会建设，是一项重要的德政工程

新中国成立以来，特别是改革开放30多年来，人民的生活水平有了很大提高，但收入差距客观存在，部分弱势群体难以完全负担或部分负担孩子的入学费用，如果因此不能资助他们入学读书，就不会有知识、文化和技术，就无法较好维持自身生存和生活，甚至形成贫困的恶性循环，影响到我国的政治稳定、经济发展和社会和谐。要通过对该部分群体的经济资助和精神扶助，切实减轻经济困难家庭的教育负担，让这些家庭的孩子上得起学，帮助其顺利完成学业，接受教育，把巨大的人口包袱和人口压力转化为人力资源优势，充分体现党和政府对民生问题的

高度关注和生活困难群众的关心，充分体现发展为了人民、发展依靠人民、发展成果由人民共享，充分体现社会主义制度的优越性。资助工作作为一项重要的德政工程，关系到国家和民族的未来。

三、学生资助工作发展过程就是机构不断健全、队伍不断壮大、人员素质不断提升的过程

做好学生资助工作，机构是基础，制度是保障，队伍是关键。在整合现有管理资源的基础上，湖北省逐步建立了完善的各级资助管理机构，形成了一支政治坚定、素质良好、业务精湛、作风过硬的队伍。可以说，随着时代发展对学生资助工作不断提出的新要求，湖北省资助工作既是机构不断健全、工作队伍不断壮大的过程，更是资助队伍素质全面提升的过程。

（一）健全专门机构，落实编制人员

省资助管理中心成立后，积极推动各市、州、县和各高校建立健全资助工作机构。一是统一要求建立机构。2004 年，省政府办公厅下发《关于切实做好 2004 年资助贫困生工作的通知》，明确规定各地、各级各类学校成立资助机构。二是用奖励的办法加快机构建设。为调动各地、各高校设立学生资助管理中心积极性，进一步健全机构、配备专人推动家庭经济困难学生资助工作，湖北省在安排省级财政其他收入 4 700 万元和财政部、教育部的“以奖代补”专项资金时，将机构建设和人员配备作为各地、各高校安排专项资金的重要指标，对于机构完善、人员充足的地方、学校，给予重点倾斜，也进一步促进了机构的建设和人员的配备。

湖北省 17 个市、州全部由机构编委会发文成立专门的资助机构，安排 4~5 人专门负责学生资助工作，116 个县、市、区也成立了独立的资

助机构，安排3~4人负责学生资助工作，131所高校全部成立独立的资助中心，并配备了3~4名专职工作人员。至今为止，全省各地、各高校学生资助管理中心专职资助工作人员有910人，其中，217人具有研究生学历，占全部人员的24%，35岁以下的共616人，占68%。

（二）加强人员培训，提升综合素质

学生资助工作具有“帮贫济困”“化育人才”“和谐社会”的三大功能，对资助工作人员素质提出了更高要求。湖北省资助管理中心十分重视提升全省资助工作人员的政治和业务素质，在能力建设方面要求具备学习能力、谋划能力、信息处理和语言文字表达能力、快速准确反应能力、落实能力、沟通协调能力、创新能力、自我管理约束能力，掌握政治、经济、金融财会、统计分析乃至医疗、心理等多方面的知识，力求达到“执行能力有提升、本职工作上水平、服务群众有实效”的要求。

1. 重视岗位培训

省学生资助管理中心对全省学生资助工作人员采取多形式的定期岗位培训，每年组织各级各类资助工作人员，开展各级各类初级到高级岗位培训，对相关的政治、经济、财会、医疗、教育等知识进行在岗学习，使工作人员明确工作职责，了解岗位要求，掌握工作能力，提高工作效率。

2. 组织分级培训

学生资助工作政策性强，工作量大，工作对象特殊，工作内容复杂繁琐。为保证各地、各高校资助工作人员能胜任本职工作，确保资助机构的正常运转和资助政策的顺利实施，湖北省每年组织各类分级培训，从省资助中心工作人员到各地市州基层工作人员，都有年度培训计划，形成了完整的各级培训体系。

3. 开展专题培训

联合召开全省学生信息及资助管理系统升级培训会议，开展全国学生管理信息系统和全国生源地助学贷款管理系统学习培训工作，举办国家资助政策新体系全省培训学习会议，举行部分县（市、区）高中彩票公益金教育助学项目座谈会，对部分教育局分管学生资助工作的副局长、学生资助管理中心主任进行高中彩票公益金教育助学项目资助政策培训。

4. 加强理论研究

先后组织全省资助管理人员赴广西、陕西、贵州、云南、海南、福建等地进行考察调研，学习兄弟省份的资助管理工作经验，开阔资助工作人员的视野，促进部门之间的学习交流，加强与兄弟省市资助部门的联系。联合省财政厅、省人力资源与社会保障厅组织调研组，对中等职业学校财务管理和中职国家助学金发放管理开展了专项调研，形成了专题调研报告，提出了切实可行、可操作的措施，在教育部全国学生资助管理中心江苏会议上作了经验发言。中心主要负责人牵头承担了教育部《高等学校学生资助政策落实情况的调研》课题，将课题研究与湖北省学生资助工作实际相结合，专门邀请学校领导、省内资助工作专家、一线资助工作人员组成课题组，拟定研究方向。为保证课题研究的广泛性和代表性，课题组先后组织多次调研，向教师、学生发放调查问卷 2 000 多份，并在国内核心期刊发表学术论文 24 篇。该研究成果被湖北省政府、省教育厅等行政管理部门作为制定政策的参考，发挥了创新研究的指导作用。

5. 强化责任意识，落实工作责任

学生资助工作实施主体多，头绪杂，职责交错，涉及面广，工作能否做到公平、公正、公开，一线工作人员勇于担当的工作品质与强烈的责任感非常重要。打造新时期符合时代发展需求的资助工作队伍，营造良好的资助工作文化，是学生资助工作健康持续发展的需要。从 2000 年以来，开展了“能力建设年”“执行力大讨论”“治庸问责”等一系列活动，采取相应措施，要求干部切实履行工作职责，尽最大努力抓工作落实。一是担责，二是担难，三是担后果，以高度的政治责任感来做好学生资助工作，还要求担任职务的干部，从工作能力和所处位置的结合上对自己提出更高要求。这些活动的开展和措施的采取，使干部队伍的工作质量和精神面貌焕然一新。

6. 严肃工作纪律，加强廉政建设

湖北省学生资助管理中心狠抓作风和反腐倡廉建设，努力提升自身形象，组织工作人员认真学习并严格执行中纪委《关于严格禁止利用职务上的便利谋取不正当利益的若干规定》，在工作中严格坚持“公平、公正、公开”的原则，秉公办事，不徇私情；认真执行民主集中制规定，健全并严格落实党支部议事规则和工作规则；严格遵守财经纪律，规范学生资助资金的分配与使用行为；严格执行《预算法》和“收支两条线”，保证家庭经济困难学生得到经济资助，做到“应助尽助”，保证有限的资金充分发挥社会效益。因为工作纪律严明，多年来，湖北省资助工作没有出现一例违规、违纪、违法行为。

7. 加强检查考核，落实工作责任制

一是明确工作目标。召开年度工作会议，总结上一年度的工作情况，提出来年工作目标，明确工作责任。二是加强工作检查。具体工作中，湖北省学生资助管理中心从各省属高校、市、州、县学生资助管理中心抽调工作人员，每年组成若干检查组，对全省学生资助工作及各地资助机构、人员配置情况等进行分类督查。省人民政府教育督导室、省教育厅组织检查小组，对各级各类学生资助工作进行了抽查。三是及时考核奖励。湖北省学生资助中心根据督办检查结果，8 年来共安排 2.46 亿元“以奖代补”专项经费，对在资助工作中表现突出，作出重大贡献的单位和个人给予奖励。同时，全省按照学校、县（市、区）自查自评——市（州）考核评估——省级复评的程序，评出一批学生资助合格单位和先进单位。每年分别召开了“湖北省高校家庭经济困难学生资助工作先进单位和先进个人表彰大会”和“湖北省市州县（市、区）家庭经济困难学生资助工作先进单位和先进个人表彰大会”，表彰资助工作先进高校、先进教育局、先进基层组织和先进个人。以学生资助工作召开省级总结表彰大会，在全国属首创，总结表彰会议的召开极大地鼓舞了学生资助工作者的士气，调动了资助工作人员的积极性，促进了学生资助工作的良性发展。

8. 创新工作理念，营造资助文化

学生资助工作不仅仅是对学生进行单一的经济资助，还要注重对贫困学生的精神辅助。湖北省学生资助中心经过深入调研发现，贫困学生群体与非贫困的同龄人相比，往往具有自卑、人际关系敏感、自闭、精神压力大等心理特点，对他们而言，精神贫困甚至比物质贫困的危害更大。为此，湖北省学生资助中心创新工作理念，改变过去单一物质资助局面，利用多元精神资助产品满足贫困学生的精神和心理需求。例如：在每次发放助学贷款时，对学生举行诚信宣誓仪式，各高校把诚信教育、感恩教育纳入思想政治课的内容；对全省在校大学生发出邀请，请他们为湖北省学生资助中心设计形象LOGO，活动得到各高校学生的热烈响应。省学生资助管理中心还准备在学生中开展资助歌曲的征集工作。通过开展学生喜闻乐见的活动，锻炼学生的策划、沟通和创造能力，激发和培养他们自尊、自立、自强的精神。

四、建立健全学生资助工作制度体系，为资助工作健康发展保驾护航

资助政策体系的落实是一个涉及到国家、银行、学校、学生、家长及社会的系统工程，需要与之配套的制度体系做保障。湖北省资助工作系统逐步建立了助学金的评审认定制度、发放管理制度、国家助学贷款和生源地信用助学贷款相关管理制度、信息统计制度及考核奖励制度，

在多年的实践探索中，逐步形成了完善的资助工作制度体系和有效的资助工作模式，为资助工作的健康发展起到了保驾护航的作用。

（一）健全工作机制，保障资助工作高效运行

1. 权威高效的领导机制

湖北省政府成立了常务副省长任组长，分管金融和教育的两位副省长为副组长的省资助家庭经济困难学生工作领导小组，指导家庭经济困难学生资助工作，及时研究解决资助工作出现的困难和问题。省委、省政府主要领导多次对家庭经济困难学生资助工作作出批示，定期听取家庭经济困难学生资助工作进展情况，亲自督办，直接推动。

2. 部门高效协调机制

湖北省政府专门成立了3个副秘书长任组长、13个部门负责人为成员的家庭经济困难学生资助工作协调小组，负责统筹全省家庭经济困难学生资助工作，及时协调资助工作中出现的问题。

3. 定期会议协商机制

湖北省教育厅与省财政厅、省人力资源和社会保障厅建立了定期会议协商制度，对学生资助工作中反映出来的问题及时协商，采取有效措施，妥善解决相关问题；与国家助学贷款经办银行湖北省农行建立了定期会议协商制度，对高校和经办银行反映出来的问题及时进行沟通。

4. 经费保障机制

湖北省委、省政府高度重视学生资助工作，认真贯彻落实相关文件精神，多次召开专题会议，研究家庭经济困难学生资助工作，增加了资助工作办公经费及办公设备，明确要求教育经费的增量部分要主要用于家庭经济困难学生的资助，并逐年增加财政预算。在省级财力有限的条件下，省政府常务会议仍决定“开展家庭经济困难学生资助工作需地方承担的资金部分全部由省级财政承担”，不分担到各市、州、县（市、区），确保资助资金能够及时落实到受助学生手中。

5. 政策宣传机制

一是整合宣传资源，做好信息宣传。建立了宣传信息采集量化和信息及时报送编发机制，扩大政策宣传效果。二是围绕政策体系，实施重点宣传。以高校资助宣传为例，高考前，以高中毕业生为重点宣传高校资助体系，提前做好贫困生认定工作，让家庭经济困难学生安心备考；录取中，以大学录取通知书为重点宣传高校资助体系，要求各高校将《高校学生资助政策简介》随录取通知书发放到每一个大学新生手中；录取后，以生源地信用助学贷款为宣传重点，让符合条件的家庭经济困难学生及时到当地学生资助管理中心申请助学贷款；开学前，以“绿色通道”为宣传重点，通过发文和新闻媒体宣传，让高校签订“绿色通道”承诺书，建立“绿色通道”责任制，使家庭经济困难学生能够顺利入学；开学后，以资助申请条件和评审程序为重点，确保各项资助措施评审公开、透明，确保家庭经济困难学生获得相应的资助；资助后，以诚信、感恩宣传为重点，开展一系列主题课外活动、征文等，让国家各项资助政策能真正发挥助学育人的功效。三是创新宣传载体，进行特色宣传。出版发行了《学生资助工作手册》，编印了《中等职业学校学生资助政策简介》《义务教育阶段和普通高中家庭经济困难学生资助政策简介》；每年在《湖北日报》《楚天都市报》《楚天金报》《武汉晚报》、电台、电视、网络（湖北省政府门户网站、湖北省教育厅门户网站、学生资助网站）等多种媒体上广泛宣传资助政策，并到新闻媒体现场接听热线电话；湖北省、市、县教育行政部门以《简报》《短讯》《通讯》等多种方式报道资助政策；常年畅通资助热线电话，安排专人值守，节假日无休，接受社会、学生及家长的政策咨询，并及时回访。各地对资助政策的宣传普遍做到“四个一”，即每个县在当地主流媒体编播一条公益广告，向每个学生发放一张宣传卡片，向每位学生家长发一封公开信，在每个乡镇交通醒目处悬挂一条横幅标语。各学校普遍做到“四有”，即有墙报、有横幅、有标语、有贴画。

6. **政务公开与社会监督机制**

从省到县，从教育行政部门到资助机构、学校，所有的资助政策都经过多种形式的宣传，做到家喻户晓，资助条件、标准、评审过程和结果，资助对象与资助资金的分配，全部公开、公示。认真接听热线，认真办理来信来访投诉，支持和组织新闻媒体进行监督曝光，实现资助工作的阳光透明。

7. **督办奖惩机制**

为确保各项资助政策的贯彻落实，总结成绩，发现问题，推进工作，湖北省资助中心每年从省属高校以及市、州、县学生资助管理中心抽调工作人员，组成专门检查组，对全省学生资助工作及各地资助机构、人员配置情况等进行督查。省政府教育督导室、省教育厅也组织相关检查小组，对学生资助工作进行专项抽查。在督办检查的基础上，安排220万元“以奖代补”专项经费，对在资助工作中表现突出、作出重大贡献的单位和个人给予奖励。对督查中发现的问题，采取了下发整改通知、通报、责任人约谈、移交纪检和监察部门查处等措施进行处理。

（二）注重资助措施联动，扩大困难学生受助面

湖北省省级财政承担了学生资助经费投入中全部地方配套资金，全方位推进中小学、中职和高校资助政策，并根据不同阶段的学生特点和资助需求联动各种资助措施，分类指导，健全体系，切实扩大家庭经济困难学生的受助面。

1. **“两免一补”政策落实到位，有力保障了农村义务教育事业的发展**

一是在城乡全面实现了义务教育，超额完成补助家庭经济困难寄宿生生活费的任务。二是科学运作、顺利实施免除教材费工作。三是全部免除义务教育阶段学生杂费，惠及千家万户。四是逐步实施了对困难家庭儿童、孤残儿童学前教育资助措施。

2. **普通高中助学项目顺利实施，形成了多渠道筹措资金的资助格局**

一是进一步加大高中彩票公益金教育助学项目资助力度。二是设立

高中奖助学金制度。三是积极鼓励社会各界捐资助学，多渠道筹措经费。

3. 中等职业教育资助工作高效实施，推进了职业教育又好又快发展

一是积极探索中职学校助学贷款管理模式，形成了三种模式，即政府补偿、学校统贷，政府贴息、学校担保，“订单培养”、企业预还。二是扎实推进顶岗实习勤工助学制度。三是认真落实学费减免和奖学金制度。四是配合开展心理资助感恩教育活动。

4. 高等教育资助工作机制不断创新，形成了“八个联动”的资助模式

第一，“绿色通道”与“奖、贷、助、补、减”联动。湖北省在每年秋季开学时严格按照规定开通“绿色通道”，家庭经济困难学生报到时先顺利入学。入学后，将家庭经济困难学生纳入困难档案管理，采取“奖、贷、助、补、减”的形式予以相应资助，确保家庭经济困难学生顺利完成学业。

第二，国家助学贷款与生源地信用助学贷款联动。从2004年起，国家推行新的国家助学贷款制度，湖北省制定了《国家助学贷款实施细则（暂行）》，组织招投标确定经办银行，累计发放国家助学贷款21亿元，资助家庭经济困难学生42万人次。2007年8月，财政部、教育部在湖北省开展生源地信用助学贷款试点工作，省政府召开全省电视电话会议部署试点工作，当年共为2.1万名学生办理了生源地信用助学贷款，签订贷款合同4亿元，发放贷款1.1亿元，确保了家庭经济困难学生“应贷尽贷”。生源地信用助学贷款工作在社会上带来很好的反响，得到家庭经济困难学生及家长的高度认同和普遍欢迎，一些高校的学生和家长纷纷反映，国家出台的生源地信用助学贷款是雪中送炭的好政策。湖北省已形成国家助学贷款和生源地信用助学贷款良性互动的良好局面。

第三，资助与资教联动。从2004年起，湖北省开始实施“农村教师资助行动计划”，对高校本科毕业后自愿到农村任教的家庭经济困难学生，工作满3年的，给予每人每年5 000元的奖励，用于偿还在校期间的助学贷款本金。实施“农村教师资助行动计划”，一方面把家庭经济困难学生的资助工作与贫困地区农村教师素质提高工程结合起来，另一方面又为家庭经济困难学生提供了就业岗位，增加了经济来源，化解了银行风险。8年来，“农村教师资助行动计划”累计资助人数已达到2万名，取得了显著成效。

第四，学业保障与医疗保障联动。按照“上得起学，吃得饱饭，看得起病”的要求，湖北省从2005年起按省属高校入学新生20%的比例，在全国率先开展了家庭经济困难学生医疗保障试点工作，各高校制定了家庭经济困难学生医疗保障工作的实施方案，对受助学生的确定、不同类型的诊疗标准、个人承担的比例等都坚持公开、公平、公正原则；建立了有利于患病学生及时检查、及时治疗、及时转诊、及时支付诊疗费用的便捷通道，较好地解决了家庭经济困难学生“因病致贫”的问题，目前受助家庭经济困难学生已达2万名。

第五，政府资助与社会捐赠联动。在认真落实新资助体系各项国家政策的同时，湖北省以办人民满意教育的热情和全心全意为学生服务的诚心，积极发动社会各界参与家庭经济困难学生资助工作。8年来，湖北省募集社会捐助资金达2亿元，资助家庭经济困难学生15万余人次；各高校领导、机关干部、党员教职工还通过设立奖学金“党员基金”“一对一”等方式，在学习、生活上资助家庭经济困难学生，资助家庭经济困难学生3万人次，资助金额达5 000万元。

第六，物资资助与精神激励联动。在资助过程中，各地不但重视在物质上给予家庭经济困难学生资助，更重视在精神上给予激励和引导，让无助的学生有助，助有志的青年成才，真正做到扶贫先扶智。各地对家庭经济困难学生的心理健康教育尤其重要，让学生珍惜来之不易的帮扶，学会坚强，学会饮水思源；激发他们勤奋学习，积极向上，把党的温暖转化为学习动力，用优异的成绩回报国家和社会。2008年汶川县大地震后，省高校党委、行政部门都在第一时间作出了反映，迅速召开紧急会议，妥善做好在鄂学习的灾区学生的调查摸底和安抚救助工作。学生工作干部深入学生寝室和班级，向受灾地区学生介绍党中央国务院的救灾举措和进展，宣传学校采取的救助措施，妥善安排他们的学习和生活，打消他们的思想顾虑，鼓励同学们树立信心，好好学习，报效祖国。各高校还纷纷开通大学生心理咨询专线，将心理健康教育报发放到学生宿舍和受灾学生手中，安排心理咨询老师对情绪低落的学生进行一对一的心理疏导，或通过团体辅导以及个别学生的后续咨询和心理干预方式，帮助学生平复心理创伤，平安度过困难阶段。

第七，助学贷款发放与诚信教育联动。湖北省各高校以指导学生办理助学贷款为契机，邀请金融机构专家进行知识讲座，组织学生观看“贷款助学、信用树人”主题宣教片，开展以诚信为主题的征文活动。在学生签订贷款合同时，举行诚信宣誓，对学生进行现场教育，引导教育学生诚实守信，教育学生知荣辱、讲诚信，树立社会主义荣辱观；对于毕业的贷款学生，随学生档案向用人单位寄发学生贷款通知函，引入社会力量共同开展诚信教育工作；通过 QQ 群、校友录等网络系统教育毕业生恪守信用、积极履约还贷，做一个诚实守信的公民。让贷款学生清楚地认识到诚信是品质，诚信也是财富，拥有良好的个人信用记录将一生受益。

第八，资助与感恩教育联动。在奖助政策的实施过程中，湖北省高度重视学生感恩意识的培育，开展了一系列以感恩为主题的教育活动，把奖助工作与大学生感恩教育有机结合起来，构建并不断完善奖助工作与感恩教育的紧密联动机制，充分发挥奖助工作的德育功能，开展了“青春与感恩同行”“感恩于心、回报于行”等一系列感恩教育，引导学生“体恩、知恩、识恩”，进而“感恩”，鼓励具备帮助他人的家庭经济困难优秀生对其他家庭经济困难学生或其他社会弱势群体进行援助，将感恩意识融入到日常学习生活中。如为城市低收入家庭的孩子提供免费家教服务，学生与学生之间开展“一带一”活动等。这些活动的开展更加激发了家庭经济困难学生自强不息、艰苦奋斗、战胜困难的勇气和信心，也进一步坚定了家庭经济困难学生助人为乐、回报社会的决心。

中小学学生资助体系的构建与创新*

《国家中长期教育改革和发展规划纲要（2010—2020年）》将推进教育公平提升为教育的基本政策，将学生资助体系建设作为未来10年的战略任务。为了深入贯彻落实国务院《关于建立健全普通本科高校、高等职业学校和中等职业学校家庭经济困难学生资助政策体系的意见》和《关于深化农村义务教育保障机制改革的通知》以及《建立普通高中家庭经济困难学生国家资助制度的意见》精神，在省委、省政府的正确领导和大力支持下，湖南省以"关注民生、保障民生、改善民生"为指导，学习实践科学发展观，结合湖南实际、勇于实践、积极探索。近几年来，湖南省按照建设教育强省的要求，认真履行学生资助工作的职责，精心组织，精心实施，狠抓落实，大力推进以义务教育阶段"两免一补"和普通高中国家助学金为主要内容的中小学资助体系建设，2011年，全省资助的中小学家庭经济困难学生达204.5万人，占全省学生总人数25.6%，其中高中生29.5万人，初中生78万人，小学生96.72万人，特教生0.38万人。逐步形成了具有湖南特色的"全员覆盖、全程受助、全体受益"的学生资助体系，实现了"不让一个孩子因家庭贫困而失学"的目标，有效保障了家庭经济困难学生受教育的权益，促进了教育强省建设，取得了明显的成效。

---

* 湖南省学生资助管理中心供稿。

一、构建和创新中小学资助体系建设的背景

湖南地处我国中部东南腹地，是一个农业大省、人口大省、教育大省。全省辖14个市州、122个县（市、区），总面积21.18万平方公里，总人口7 135.60万。近年来，在党中央、国务院的正确领导下，省委、省政府带领全省人民认真贯彻中央各项决策部署，不断推进“四化两型”“四个湖南”建设，加快转变经济发展方式，各项社会事业取得全面进步，人民生活水平显著提高。省委、省政府历来重视教育事业，坚持教育优先发展的战略地位，不断深化改革，加大投入，各级各类教育呈现出竞相发展的良好局面。目前，全省有义务教育阶段在校生696.7万人，其中小学484万人、初中212万人、特教0.66万人，有普通高中在校生101.38万人。

“惟楚有材，于斯为盛”，湖南自古人杰地灵，人才辈出。在历史发展的长河中，湖南各族人民以自己的勤劳智慧，创造了灿烂的湖湘文化，为丰富中华民族文化作出了贡献。近几来年，湖南教育事业迅速发展取得了举世瞩目的成就，为湖南经济社会发展和现代化建设作出了巨大贡献。学生资助体系的建设有力地推动了教育强省和平安湖南的建设。

（一）国家发展教育的整体布署明确了学生资助体系建设的目标任务

2004年，民政部、教育部《关于进一步做好城乡特殊困难未成年人教育救助工作的通知》的意见，界定了贫困生的救助范围、救助标准，明确了救助的程序和工作要求。国务院《关于进一步加强农村教育工作的决定》提出：“建立健全资助家庭经济困难学生的就学制度，保障农村适龄少年儿童接受义务教育的权利。”并明确要求：“到2007年，争取全国农村义务教育阶段经济困难学生能享受‘两免一补’（免课本费、免学

费、补寄宿生生活费），努力做到不让学生因家庭经济困难而失学。”2007年，国务院《关于建立健全普通本科高校、高等职业学校和中等职业学校家庭经济困难学生资助政策体系的意见》，进一步明确了建立健全学生资助政策体系的重大意义、主要目标、基本原则、主要内容、主要措施。2010年，国务院颁布的《国家中长期教育改革和发展规划纲要（2010—2020年）》，对建立健全学生资助体系提出了明确的要求，指明了方向。

（二）经济迅速发展为学生资助体系建设提供了财力支持

经过30年多来的改革开放，湖南已形成了以公有制为主体，多种经济成份共同发展的所有制格局。工业化、城市化快速推进，产业结构变化活跃，国民经济快速持续发展。2011年，全省实现总产值19 635.19亿元，地方财政收入2 460.66亿元，城镇居民人均可支配收入18 844元，农民人均纯收入6 570元。经济是社会发展的基础和核心，是教育发展的首要条件。因此，经济的增长要求教育适当超前发展，同时，也有能力为教育提供必要的财力支持，以更好地促进教育与经济的协调发展。财力的增加可以把更多的资金用于民生工程，为建立健全学生资助体系打下了良好的物质基础。

（三）日益增长的教育需求是学生资助体系建设的直接推动力

改革开放以前，湖南基础教育十分薄弱，农村学校校舍简陋，师资匮乏，教学辅助设施奇缺，学生升学率低，学生辍学问题突出。改革开放后，随着湖南经济的发展、社会的进步、人民群众生活水平的提高，社会对教育的需求空前高涨。广大人民群众越来越强烈地意识到，掌握知识就能改革命运，学到技能就能创业致富；自身素质的提高不仅是自我生存与发展的重要条件，更是决定其命运的必要条件。广大人民群众为了子女的前途和幸福，都把教育作为开支的首要选项，节衣缩食，投资子女学业，为下一代争取更多的教育机会，使教育成为下一代改变命运，实现幸福生活的美好未来的首选途径。因此，教育成为人民群众的基本需求，人民群众对教育的需求越来越大，对教育关注越来越高，也就直接推动了学生资助体系建设的构建与创新。

总之，国家对教育的总体部署，为学生资助体系建设指明了方向，明确了任务要求。经济的高速发展，为学生资助体系建设提供了强大的物质基础和财力支撑。日益增长的教育需求为学生资助体系建设提供了历史文化基础和直接推动力。为此，湖南省提出了构建和创新中小学资助体系建设，整合各种资源，积极推进湖南中小学资助工作，形成了功能完善、形式多样、机制健全、项目丰富的中小学资助体系，实现了学前教育、义务教育、高中教育的全员覆盖、全程助学，实现了不让一个家庭经济困难学生因家庭困难而失学的目标，为构建和谐平安湖南作出了积极贡献。

二、创新中小学资助体系建设的重大举措

（一）制度创新：建构“三二四”学生资助体系

中小学生资助体系建设涉及方方面面，涵盖了全省幼儿园、中小学校 700 多万学生，需要全省各市州、县市区政府、相关部门及社会各界的大力支持。为此，由省政府统筹、教育牵头，部门配合，立足制度创新，整合各类资源，构建了湖南“三二四”学生资助体系，即“明确三类资助对象，建立两个实施系统，形成四大资助内容”。

1. 明确三类资助对象

为构建全省中小学资助体系，近几年来，湖南省确定了“统筹兼顾，分类指导，分级承担，逐步提标，整体推进”的总体思路。立足于从面向个体的资助到面向全体的资助，从资助学生入学到资助学生学习条件

的改善，从关注学生的生活到关注学生的物质与精神相结合的转变；建立了政府资助与社会捐助相结合、全员资助与全程资助相结合、全面覆盖与个别资助相结合、资助入学与资助学习条件改善相结合、经济资助与人文关怀相结合的五大原则；体现了全员覆盖、全程资助、全体受益为特征，即对学生的资助覆盖学前教育、义务教育、高中教育各个阶段的学生，对家庭经济困难学生实行从幼儿园直到高中的资助。

按上述思路与原则，根据学生受教育的阶段不同，确定三类受助对象，即由学前教育阶段、义务教育阶段、高中教育阶段等三个阶段就学的三类在校学生组成，实现学生资助的全覆盖。全省中小学已初步建立了以义务教育“保障新机制”为基础，以“两免一补”和国家助学金为重点，以健全体制机制为关键，以优化整合资源为核心，以政府资助为主导，以社会捐助为补充的城乡一体化、管理科学化、保障法制化的学生资助体系。

2. 建立两个实施系统

为缓解资助对象的困难，提高资助保障水平，近几年来，湖南省从解决家庭经济困难学生最关心、最直接、最现实的问题入手，建立保障、减免、帮扶三个层面的中小学资助制度，在全面贯彻落实国家资助政策的同时，还通过相应的组织形式，整合资源，发动和依靠社会力量，使中小学资助工作形成覆盖面更广、功能更齐全、资源更丰富、效率更高、效果更好的格局。在落实各级党委和政府对家庭经济困难学生的关心上实现了效果的最大化，保障水平在政府投入的基础上有所提高，使政府资助与社会救助相结合，让家庭经济困难学生从中得到了更多的实惠和帮助。湖南学生资助体系包括政府、社会（含个人）两个系统组成（见图 4–12）。

首先是政府系统的资助，覆盖了学前教育、义务教育、高中教育，以多样化的资助形式与丰富的资助项目形成简便、规范可操作的资助办法，包括以免补为核心的义务教育；以助学金制度、奖学金制度等为主要内容的普通高中教育学生资助政策等。坚持“政府统筹、教育牵头、部门配合、学校落实”的工作原则，统筹规划、统一安排、分级承担、专款专用、集中支付，提高了资金的使用效益。近两年来，中央和省里下拨免费教科书经费 11.61 亿元，为 636.5 万名义务教育阶段学生免费提供教科书；全省各级财政筹资 63.5 亿元，为 636.5 万名义务教育阶段学生免杂费；各级财政为 21.8 万名贫困寄宿生补助生活费达 13.8 亿元。2010 年秋季以来，湖南省普通高中共发放国家助学金 3.67 亿元，资助学生 61.5 万人次，资助面达 20%。国家资助政策的落实，切实解决了家庭经济困难学生的就学问题，维护了教育公平。

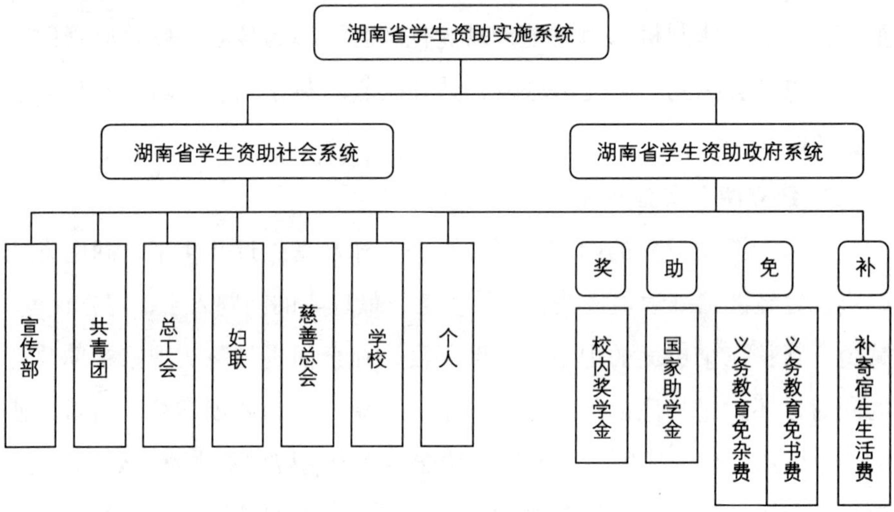

图 4–12 湖南省学生资助实施系统

其次是社会资助系统的捐助。在湖南省各级政府认真落实国家资助政策，帮助家庭经济困难学生顺利完成学业的同时，社会各界也纷纷采取多种形式资助家庭经济困难学生，从而形成了湖南省学生资助体系的社会资助系统，包括“双联帮扶”金秋助学活动——总工会的助学项目、“成长计划”——中国建设银行的助学项目、宏志班——宣传部的助学项目、“春蕾计划”——妇联助学项目、“希望工程”——共青团助学项目、

“慈善助学”——慈善总会的助学项目。

近两年，全省各级助学机构共募集社会捐资助学资金达1.54亿元，资助中小学家庭经济困难学生共计82.9万人次。湖南省与中国移动公司和省新华书店共同举办了“建设新农村、百万图书捐赠活动”，为162所中小学捐赠了价值554万元的图书；与美国AMD公司和清华同方股份有限公司举行了为贫困山区学校捐赠140台电脑仪式；参与了“宋祖英基金会”的义演活动，筹集了200万元助学资金救助湘西自治州贫困学生。

3. 形成四大资助内容

按照学生资助以政府为主的制度设计，湖南中小学资助体系建设充分体现了政府主导、社会补充、体现公益、资助与育人相结合的指导思想，形成“奖、助、免、补”等四大资助内容（见表4–1）。

表4–1　湖南学生资助体系政府系统的主要内容

教育阶段	资助范围和对象	实施类型和标准	资助面
学前教育阶段	在省内公办幼儿园和普惠性民办幼儿园就读的家庭经济困难儿童	补助保教费	在园幼儿总数10%～20%
义务教育阶段	在学校寄宿的家庭经济困难学生	补助学生生活费 中学：每生每年1 250元 小学：每生每年1 000元	在校寄宿生35%
普通高中教育阶段	在省内公、民办学校就读的家庭经济困难学生	国家助学金 平均每生每年1 500元，具体资助标准分档由市州确定	在校生总数20%

（二）技术创新：国内率先推出“湖南学生资助工作网”

为进一步打造学生资助工作平台，方便学生及其家长求助，使学生资助工作更加便利、可行、公开、透明，提高资助的时效性和准确性。2005年5月，湖南省在国内第一家推出了专业性资助网站——“湖南省学生资助工作网”（网址：http://ssnhn.hnedu.cn），该网站由湖南省教育厅主管，湖南省学生资助管理中心承办，湖南省教育信息管理中心协办。各级助学机构开通了求助热线电话，求助热线主要任务是受理资助工作对象的申请、政策咨询、为资助对象提供求助服务，并承诺做到“有问必答，有求必应，有难必帮，有办必果，有果必复”。

1. 优化网站版块结构

根据实用、便捷原则，湖南学生资助工作网由政策信息、管理系统、交流服务和学生空间等4个板块的内容组成，下设了8个一级栏目、22个二级栏目。

政策信息。由工作动态、通知公告、政策规定3个一级栏目组成，主要公布湖南省关于学生资助的重大决策和部署、政策法规、最新工作安排以及工作动态。其中，一级栏目“工作动态”下设3个二级栏目：高校工作动态、中职工作动态、中小学工作动态；“政策规定”下设3个二级栏目：高校资助法规、中职资助法规、中小学资助法规。通过这一板块的设置，学生、家长及全体公民可以迅速了解湖南学生资助体系运行的情况。

管理系统。有1个一级栏目：工作平台。通过这一栏目实现学生资助网上申报、审批、查询、统计等管理功能，它是湖南学生资助体系网上办事的主要功能平台。一级栏目下设4个二级栏目：高校学生资助管理系统、中职学生资助管理系统、全省学生资助办公系统、网上后台登录，简化了学生或监护人申请程序，打破了学生或监护人申请资助受时空限制的不足。

交流服务。主要着力于建立资助部门与公众之间沟通的渠道，方便公众建言献策，便于资助部门了解社情民情、答疑解惑、受理投诉，由4个一级栏目组成：资助指南、资助咨询、网上捐赠和机构介绍。它实现资助机构主管部门负责人即时地与社会各界人士，尤其是需要受助的学生与家长零距离地沟通，为学生与家长提供帮助，使其能够顺利完成申请并接受资助。

学生空间。设置了1个一级栏目：成长之路，以全方位的视角反映湖南学生资助情况。这一栏目下设2个二级栏目：家长心得与学生体会，主要提供反馈资助后学生与家长的情况，特别是学生受资助后对其精神上的影响。通过这一板块，使学生与家长从回避受助逐渐走向开放，而创设良好的资助环境很大程度上取决于家长与学生对资助的态度。

2．建立相对便利的操作

湖南学生资助工作网的运行，目的是打破学生资助体系受时空限制的局限，减少资助到受助的中间环节，方便学生家长或学生申请资助。因此，所设计的操作方便学生、家长和有关机构。

网站进入。进入湖南学生资助工作网的方法有三种：一是通过搜索引擎进入，二是通过湖南教育城域网的链接栏目中进入，三是在IE浏览器中直接输入。

页面浏览。进入湖南学生资助工作网后，即可浏览网站所有内容。如使用“网上办事”“咨询与投诉”与“文本上传”功能，还需要进行注册，所注册信息由湖南省学生资助管理中心、湖南省教育信息管理中心负责管理。

网上办事。这部分功能只有三类注册用户，即学生家长用户、学校用户、市州资助机构用户，用户可以根据“用户编号”与“密码”及时查看有关部门对自己所提交的事项办理的进程及结果。

网上捐赠。在首页点击“网上捐赠”之后，就进入了二级网面，用户可以在文本栏内点击捐助流程，进入捐赠流程图（见图4–13）。

湖南学生资助工作网自运行之日起，就已经显现出它的优势，为湖南学生资助体系建设开拓了一条崭新的途径，为湖南学生资助体系自主运行提供了保障与平台。学生资助工作网，作为学生资助体系不可分割的组成部分，已成为湖南学生资助体系全员覆盖的有力保障，打破了学生资助体系受时空限制的局限，方便了学生家长或学生申请资助，成为湖南学生资助体系建设中的一个亮点。

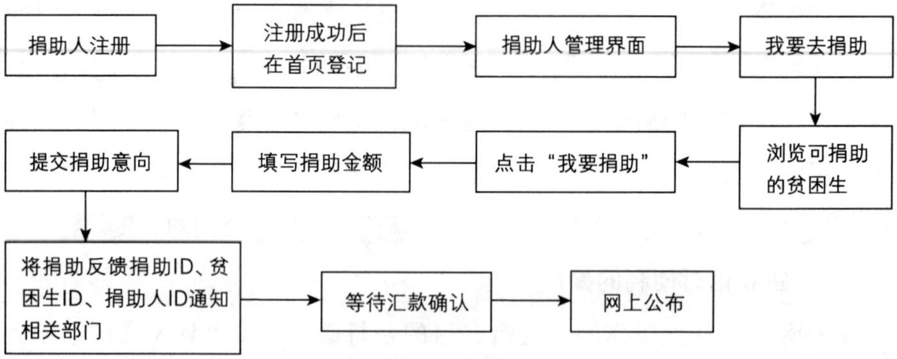

图 4–13　网上捐赠流程图

（三）管理创新：形成高效的学生资助管理体系

构建学生资助体系是关注民生，保证家庭经济困难学生顺利完成学业的大事，出台怎样的政策，怎样让百姓了解政策，如何建立规范的管理，确保资助公平、公正、公开、透明，意义重大而深远。为此，湖南省在学生资助体系建设中创新管理体制，力求科学决策、有效管理。

1. 加强调查研究，实现科学决策

一是组织力量开展课题研究。2010 年，成立了课题组，在有关部门领导及科研人员的通力合作、认真研究下，对新中国建立以来的学生资助状况进行了较为系统的梳理，从理论上对学生资助体系的构建进行了探索，提出了以关注民生、推进教育公平、实现政府公共职能转变为价值取向；以保障弱势群体教育权利、保障社会人际和谐相处、激励学生不断努力上进的功能定位，完成了近 21 万字的专著。二是做好基层调查。省教育厅、省财政厅的领导兵分六路，分赴岳阳、常德、湘西、邵阳、郴州、张家界开展调研，其中召开各级各类座谈会 50 余次，近千人参加会议；走访各级政府、教育行政部门、学校校长和教师、困难家庭

1 500多人次。通过调查，摸清了情况，了解了困难家庭的需求，为科学制定学生资助体系奠定了良好的基础。在调查活动中，主管领导还亲自带领厅机关有关处室负责人，于2010年4月中旬亲赴常德市安乡县等地调研，听取当地教育行政部门领导、学校领导的汇报，召开学生座谈会，走访经济困难学生家庭。问计于民，为科学合理构建学生资助体系提供了依据。

2. 加强组织领导，建立健全资助工作网络

省委、省政府将学生资助体系建设列为全省社会保障体系建设及和谐平安湖南建设活动的重要内容。2008年，省教育厅将原学生贷款中心和中小学救助受援捐赠中心合并，成立了湖南省学生资助管理中心；成立了以省教育厅为主席单位，省委宣传部、省财政厅、省直机关工委等17个省直部门和单位组成的“湖南省经常性助学联席会议”。2008年5月，湖南省还成立了湖南省学生资助工作领导小组，统一领导、组织协调全省学生资助工作。各市州、县市区也成立了相应的机构，做到了有机构、有编制、有办公场地、有人员、有经费，基本形成了一个上下互动、横向覆盖、纵向深入，较为完整的省、市（州）、县（市、区）、校四级学生资助工作网络，保证学生资助工作有效有序。

3. 加大助学宣传力度，创造良好的舆论环境

为了搞好学生资助工作的舆论宣传导向，引导人们由传统的扶贫观念向现代权利观念转变，明确救助弱势群体是国家和社会应负的责任，获得资助是法律赋予公民的基本权利。近几年来，湖南从以下几个方面加大了宣传力度：首先，开展了免费教科书发放仪式，主管教育的副省长亲临现场讲话；其次，充分利用报社、电台、网络等媒体，并通过召开新闻发布会，开办“为民热线”等形式进行广泛宣传；第三，编写了《湖南省义务教育阶段贫困生“两免一补”工作政策宣传》和《湖南省义务教育阶段“两免一补”工作30问》，各印刷50 000份，免费发放到各市（州）、县（市、区）的教育、财政部门和各个中小学校。编写了《湖南学生资助工作风采录》，宣传湖南各级领导、资助工作者和教师在学生资助中的典型。编印了《湖南学生资助工作简报》，及时报道全省中小学资助工作进展情况及各市州助学工作经验。宣传力度的加大，使中小学各项资助政策真正做到家喻户晓、深入人心。

4. 完善功能，实施“四创新两带动”战略

湖南省从完善资助体系功能出发，大力实施“四创新两带动”战略，“四创新”即以增强资助工作领导机构组织协调功能为核心，进行资助管理体制创新，形成“政府领导，教育主管，部门配合，以县统筹，社会参与”的学生资助管理体制；以建立“一口上下”（资助政策一个口子往下落实，资助对象一个口子向上申请）的机制为目标，进行资助工作运行机制创新；以建立健全“两免一补”和国家助学金资助为重点，进行资助制度创新；以加强资助资金管理为契机，进行学生资助资金管理和发放创新。“两带动”即通过推进学生资助体系建设，带动社会救助和教育事业的发展。为保证学生资助制度的有效运作，湖南省建立了一个程序规范、简单便利的操作机制，包括三个环节，即申请、实施与反馈（见图4–14）。

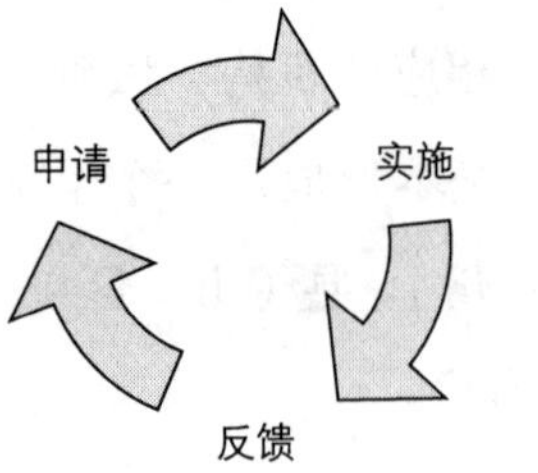

图4–14　学生资助三环节

申请：符合条件学生，由本人或家长（监护人）填写有关表格，向有关部门（学校）提供材料，有关部门（学校）对受助申请者所提供的材料进行审核并给予确认，即完成申请步骤。

实施：当对申请者的材料进行确认以后，资助实施即刻开始，直到受助者得到实际资助为止。这一环节操作主要在学校及主管部门的学生资助管理机构，具体操作包括实施资助、审核备案及建立档案3个部分。

反馈：为确保学生资助工作的有效到位，建立了反馈这一环节，一方面是对操作机制中实施情况的信息反馈，以确保资助的有效实施；另一方面，是对资助经费有效管理与使用的信息反馈，以监督保障资助的实效性。

5. 强化措施，制定资助政策

为确保全省资助体系建设顺利进行。2004 年 5 月以来，湖南省先后颁发了《湖南省人民政府办公厅关于湖南省家庭经济困难学生助学办法》《湖南省民政厅、湖南省教育厅〈关于贯彻民政部、教育部关于进一步做好城乡特殊困难未成年人教育救助工作的通知〉的意见》《湖南省中小学教育捐赠管理暂行办法》《湖南省财政厅、湖南省教育厅关于我省农村义务教育阶段贫困家庭学生“两免一补”政策实施暂行办法》《湖南省普通高中国家助学金管理办法》等文件，在文件中确定了湖南省中小学资助工作的目标任务、贫困生的界定标准、资助标准和实施范围。并以此为依据，对中小学资助工作做到了“四个严格规范”：一是严格规范了申报的程序，二是严格规范了资助资金的发放方式，三是严格规范了数据管理，四是严格规范了教材的种类、版本和结算方式。通过规范管理，为中小学资助工作的顺利开展提供了有力的保障。

6. 搭建平台，发挥体系效应

中小学资助体系建设涉及内容广，涉及部门多，为使之落到实处，湖南省以全面落实国家资助政策为主的同时，还搭建了基金、慈善、网络、结对资助等专项资助制度平台，把部门和社会力量整合起来，把中小学各项资助政策落实到每个家庭经济困难学生身上。在体系内部实行“四统四分”运行机制，即统一对象，分类资助；统一政策，分类定标；统一要求，分责落实；统一口径，分别报送。各部门、有关单位和个人在实施资助过程中，均以教育部门核定的对象为基础。按照对象的性质，全省实行统一的资助政策。各部门根据自己的职责，对资助对象实行不同的资助内容，并以部门为单位汇总数据，分别报送上级主管部门和本级助学机构。同时，为协调和解决中小学资助体系建设过程中遇到的情况和问题，各级助学机构不定期召开会议、总结工作、分析情况、研究政策、督促检查落实。并建立了联络员、信息员制度，每个专项资助政策的落实都指定一人为联络员或信息员，互通情况，掌握进度，发现不足，做到年初有计划、季度有小结、年终有总结，从而使学生资助体系建设落到实处。

（四）机制创新：形成科学的学生资助监督体系

学生资助工作中对象多，政策多，稍有疏忽，就容易出现漏洞，影响资助效果和政府的形象。所以，湖南省十分注重建立民主监督机制，加大资助管理的力度。

1. 制定完善资助操作规程

根据国家资助政策，制作了资助工作流程图表，从申请到资金的发放，每个环节在图表上标明，方便学生申请、咨询。全面推广和建立“一书、三表”（申请书、调查表、审批表、对象变更审核表）制度，同时完成了《湖南省中小学学生资助管理信息系统》的开发建设和推广使用，通过普通高中学生信息数据采集，建立家庭经济困难学生电子档案，使贫困生审批、资助资金发放程序更加完善，增加了工作的透明度。同时，也为审计和监督提供了翔实可靠的依据，切实解决了资助档案管理规范化问题。

2. 全面实行“三审两员两制”

建立民主科学的监督管理机制，切实做到公开、公平、公正。一是建立县、乡、校三级评审制度，三级成立中小学资助评审委员会，对资助对象实行集体评审。二是建立资助工作监督员、信息员制度。县、乡、校分别设立监督员，聘请人大代表、政协委员、村（居）民代表担任；在学校设立信息员，由学校班主任、团干、少先队辅导员担任，强化群众对资助工作的监督和参与。在资助对象的审批工作中，要求各级的纪检机构对资助工作全程实施监督。三是建立县、乡、校三级公示制度和市、县两级资助工作目标责任制，对资助对象从申请到最后审批级级实行公示制，确保资助工作的公开、公平、公正。根据《湖南省中小学资助工作考核指标体系》，对各市州、县市区学生资助工作实行年终考核，作为评优评先的依据。

3. **实行分类资助，动态管理**

国家资助保公平，社会捐资作补充，在严格执行国家资助政策、统一资助标准的同时，湖南省还要求每个学校从事业收费中提取5%，根据家庭经济困难学生的贫困程度，实行分类资助，资助对象实行动态管理，每年审核一次。在资金发放上，“两免一补”对象通过财政拨款直接拨付学校，学生免费入学；普通高中国家助学金实行打卡发放；社会救助直接送到贫困学生手中。同时，对资助对象实行一人一档，资助对象的“一书三表”分别由县、乡、校三级备存。

4. **落实责任追究**

湖南省各级政府教育行政部门按照“属地管理”和“谁主管、谁负责”的原则，建立责任制和责任追究制，省抓市、市抓县、县抓学校，一级抓一级，并通过相关专题会议、年度会议，层层签订责任状，层层抓落实。同时，将学生资助工作列入省政府教育督导室对县级政府教育工作督导评估，提高地方政府抓好学生资助工作的责任意识。为了了解全省学生资助工作的情况，强化监督，湖南省对学生资助实行“半年一清查，一年一审计”，发现问题，及时整改，确保学生的权益和国家资金的安全。

5. **加强资助队伍建设**

近几年来，国家出台的资助政策越来越多，要求越来越高，管理难度也越来越大，加强队伍建设是搞好中小学资助工作的关键。湖南省从以下两个方面入手，加强队伍建设。一是加强市（州、县）市区资助中心的标准化建设，对场地、人员、经费和设备设施作出了具体要求，同时还要求市州、县市区的资助管理中心要完善各项管理制度，保持资助队伍相对稳定。二是加强资助队伍培训。通过培训，熟悉政策，明确资助流程和监管措施，熟练掌握资助信息化管理手段，努力打造一支情为民所系、利为民所谋、依法管理、甘于奉献的中小学资助工作队伍。

三、创新中小学资助体系建设的成效

近几年来，在省委、省政府的正确领导下，在省教育厅、省财政厅及各市（州）政府、教育行政部门、学校的共同努力下和社会各界的支持下，建构和创新学生资助体系这项覆盖面广、工作难度大的工作取得了重大突破。2010—2011 年，仅国家资助就为全省义务教育阶段 636.5 万名学生全部免收杂费、课本费、作业本费，金额达 11.61 亿元。各级财政为 21.8 万名贫困寄宿生补贴生活费达 13.8 亿元。2010 年秋季以来，湖南省普通高中共发放国家助学金 3.67 亿元，资助学生 61.5 万人次，资助面达 20%，如期完成了创新中小学资助体系建设的各项目标。

（一）学生资助体系的构建与推进，促进了社会和谐发展

学生资助体系的建立，扩大了资助对象，加大了资助力度。在各级党委、政府及社会各界的努力下，学生资助工作呈良性发展态势，突出地表现在两个方面：一是资金的投入越来越多，受益面越来越大。2006—2011 年的 5 年中，各级财政的投入中小学资助资金从 3.1 亿元增加到了 29.08 亿元，扩大了 9.38 倍；受益人数从 175 万人次扩大到 698 万人次，扩大了 3.99 倍。二是实现了学前教育、义务教育、高中教育的全覆盖。湖南省的学生资助体系不断完善，不仅落实了资助资金，而且扩大了资助对象，实现了各级各类学校，即学前教育、义务教育、高中教育的全覆盖，家庭经济困难学生全覆盖。全省有 697 万学生获得资助，无论是在资助贫困学生方面，还是在促进优秀学生发展方面，都取得了巨大的效益，尤其是让大批家庭经济困难学生有书读，在一定程度上保

证了他们能够顺利完成学业，确保他们不输在人生的起跑线上，为湖南的经济发展、社会进步提供了强大的智力支持，从而有力地促进了社会稳定与健康发展。

（二）学生资助体系的构建与推进，打造了特色明显的学生资助“湖南模式”

湖南各级政府和有关部门，从关注民族、改善民生、惠及民生出发，构建了学生资助体系，创新了教育公平的制度，打造了独具特色的学生资助“湖南模式”。

1. 关注学生资助“湖南模式”的制度设计，在理念与操作上形成五大创新亮点

一是理论层面的创新。它将学生资助工作许多零散的制度、做法进行了有机的梳理、整合，提出了学生资助体系的价值取向、功能定位，构成了一个由政府资助系统和社会资助系统组成的较为完善的体系，使学生资助工作的理论支点更加清晰，框架更加完善，功能得以丰富，操作更加规范。二是政策层面的创新。有多项学生资助政策为全国或全省首创，如国家资助与社会捐助相结合，在全国首创了物质资助与精神资助相结合，在全国首创了将外来务工人员子女列入资助范围，得到了同等的对待与支持，保障了家庭经济困难学生受教育权利平等的实现，并取得了显著成效。三是操作方法层面上的创新。设计了一套公开、透明的操作程序，使整个资助工作经得起群众的督促；湖南学生资助工作网的运行，方便了学生及其家长的资助申请，使学生资助工作更加简易、可行；一些区（县、市）和学校也设计了具体的配套措施，从而使资助工作更有实效。四是经验层面的创新。各个区、县（市）、学校发挥了工作主动性，积极探索有效的方式方法，创新工作手段，积累了很多有价值的经验。株洲的“金秋助学”、长沙县的“9.8 助学”、湘西自治州的“宋祖英助学基金会”、茶陵的“义工联盟”等，使资助工作更有湖南特色。

五是资助项目的创新。形成了一些具有湖南特色的资助项目，如“宏志班”式的家庭经济困难学生资助模式，以公办学校为主解决符合条件的进城务工人员子女平等接受义务教育的“湖南模式”，城乡共建的“教育帮扶”工程，发达地区与民族贫困地区“对口支援”工程等。

2. 关注学生资助“湖南模式”方法设计，实现了资助与育人相结合的效益最大化

学校在资助的全过程中，注重做好资助对象的思想政治教育工作，加强诚信教育、感恩教育和心理健康教育。帮助家庭经济困难学生树立积极向上的心态面对学习和生活，避免学生由于家庭经济困难而产生思想贫困甚至心理健康危机。长沙市岳麓区用捐献的物品开办了一元爱心超市；开展自立自强教育活动，表彰和奖励在各方面表现优秀的家庭经济困难学生；组建家庭经济困难学生的“同心圆”志愿者服务团队，开展社区服务等公益活动。湖南师大附中建立了由学生自主管理的家庭经济困难学生关爱组织，不断为贫困学生创造“精神解困”的环境，弘扬感恩与回报社会，引导他们通过参加各种社会公益活动，让他们积极地追求知识，提升能力，发展自我。湘西自治州民族中学的“宏志班”，刚进宏志班时，少数民族学生胆子小，视野窄，比较自卑。如今，这些贫寒的少数民族学子不仅学习成绩突出，待人接物也落落大方，言谈举止间，已经不再局限于宏志班，而是将自己完全融入了整个学校的学习和生活之中。

（三）学生资助体系的构建与创新，使湖南学生资助工作上了一个新台阶

湖南的学生资助体系建设从落实科学发展观、关注民生的高度出发，依据湖南经济社会发展的实际，从理论与实践两个层面进行了探索，取得了重大突破，推进了湖南教育事业的可持续发展，增加了社会的满意度，产生了长远的效益。

1. 学生资助体系的构建与创新，在全国和全省产生了很好的反响，受到了上级领导的好评，其成果得到了推广

2004年8月16日，《教育部简报》第179期报道了《湖南采取各项措施加强助学工作》。2005年1月11日，《中国教育报》第1版以《湖南加大义务教育阶段助学力度》为题，介绍了湖南省中小学资助工作经验。2008年6月，教育部、财政部“两免一补”工作督查组督察湖南时，对湖南省“两免一补”工作给予了充分肯定，同时要求我们在现有基础上开拓新局面，创新新经验，在全国起示范作用。2008年4月18日，湖南省作为学生资助工作做得比较出色的典型代表，参加了财政部、教育部组织的义务教育经费保障机制座谈会，会上湖南省关于构建学生资助体系的改革经验引起较大反响。另外，湖南省学生资助体系建设在全国产生较大影响，先后有江西、浙江、广州、河南、青海等省市来我省考察学习。

2. 学生资助体系建设牵动了湖南教育工作的全局，推动了教育事业的快速、协调、可持续发展，获得全社会的高度认可

当前湖南的基础教育正在向优质化和均衡化发展，全省3岁以下幼儿入托率达到30%，3~6岁幼儿入园率达70%以上；义务教育在高标准、高质量普及的基础上向均衡化、优质化迈进；高中教育高质量普及，全省初中毕业生升入各类高中的比例达87%；中等职业教育和普通高中教育协调发展，职普招生比保持在57∶43左右；高等教育发展进一步加快，办学水平不断提升，全省高等教育毛入学率达到27%以上，全日制在校学生达到了106.79万人。另外，学生资助体系的推进，也为提升人均受教育年限作出了贡献，其做法深得广大学生家长及社会有识之士的赞赏，受到社会广泛好评。

综上所述，湖南以改善民生为指导思想，初步建设形成形式多样、功能完善、机制健全、项目丰富的学生资助体系，实现学前教育、义务教育、高中教育的全员覆盖，为构建和谐湖南作出了积极贡献。

义务教育学生资助工作绩效管理探索*

尽管2006年起江苏省就已经免除全部农村和大部分城区义务教育阶段学生的学费和杂费①，对家庭经济困难的农村义务教育阶段寄宿生发放生活费补助②，但由于区域经济发展差异、城乡二元经济结构依然存在和部分家庭多子女等原因，对经济欠发达地区特别是农村地区而言，义务教育阶段学生的资助工作依然任重道远。

一、公共财政体制下的义务教育学生资助制度

我国1998年开始进行公共财政建设和公共财政体制创新，强调财政的公共、公平和公益性质，将公共财政资源面向所有公民而不是某一部分人群提供基本公共服务，满足社会公共需要和解决社会公共问题，江苏省义务教育家庭经济困难学生资助制度就是在这一背景下建立和逐步完善的。

（一）义务教育经费保障制度是有效资助的前提

义务教育是国家统一实施的所有适龄儿童、少年必须接受的教育，是国家必须予以保障的公益性事业。与其他教育阶段相比，义务教育具

---

* 江苏省学生资助管理中心供稿。

① 有5个省辖市的部分城区义务教育阶段学生学费和杂费是在2007年秋学期起免除的。

② 2010年春季学期起，江苏省还全面免收农村义务教育阶段公办学校寄宿生住宿费。

有更强的外溢效应，它产生的社会收益远高于个人收益，因此是国家财政必须确保的基本公共服务之一。自1986年颁布义务教育法以来，我国义务教育得到了长足发展，确立了“在国务院领导下，由地方政府负责，分级管理，以县为主”的农村义务教育管理体制，逐步将农村义务教育纳入公共财政保障范围。2006年修订后的《义务教育法》明确提出“实施义务教育，不收学费、杂费”，“国家建立义务教育经费保障机制，保证义务教育制度实施”。

在国务院印发《关于深化农村义务教育经费保障机制改革的通知》之后，江苏省委、省政府决定自2006年秋季学期开始，全省农村义务教育阶段学生全部免收学杂费，同时从以下方面改革和完善农村义务教育经费保障机制：一是完善农村义务教育经费管理体制，将农村义务教育经费与乡镇脱钩，全额纳入县级财政预算并予以保障；二是2006年秋季，全省有743万名学生享受免学杂费政策（约占全省义务教育阶段学生的93%），2007年春季学期起，在全省城乡义务教育阶段全面实施免收学杂费，每位小学生年均减负约200元，初中生年均减负约300元，受惠学生达774万人。省财政每年仅安排免费教科书采购资金就达3.4亿元；三是不断提高公用经费保障水平，从2007年起，将免收学杂费补助资金和原财政预算内生均公用经费拨款归并，建立农村义务教育阶段学生免收杂费后公用经费补偿机制，小学和初中公用经费最低定额标准分别为每生每年230元、350元，2008年将定额标准提高到300元、500元，2009年春季学期再次提高后达到350元、550元，2010年进一步提高到370元、610元；四是省财政安排10.93亿元补助经济薄弱地区，保证学校正常运转，下达省补助资金1.68亿元。将农村教师纳入当地城镇职工医疗保险范围，安排3.23亿元专项经费构建校舍维修改造长效机制，省财政安排10.58亿元专项转移支付资金用于补助61个县（市）提高义务教育教师工资待遇。此外，江苏省还加强了义务教育经费保障相关的管理制度建设，确保地方财政资金拨付足额到位、中小学不挪用公用经费以及教师工资按时全额发放。

在建立义务教育经费保障制度之后，全省义务教育阶段学生特别是农村学生的主要经济负担——学费和杂费问题得到了妥善解决。特别是近两年来，在公共财政体制“基本公共服务均等化”理念的指引下，经过中央财政、省财政和地市、县财政的共同努力，江苏省正在努力使各地区城乡义务教育实现均衡发展，全省义务教育阶段正从“保证学生有学上”转向“保证学生上好学”。义务教育阶段学生资助工作的主要任务就是保证贫困家庭子女解决生活费问题、住宿问题和改善营养状况。

（二）江苏省义务教育阶段学生资助政策

江苏素有尊师重教的传统，加之全省经济发展总体情况较好，省财政对苏北和部分苏中欠发达地区转移支付力度较大，适龄儿童入学率和义务教育巩固率一直保持在较高水平。但是，在“留守儿童”现象越来越普遍，经济景气指数下降对外出务工农民收入影响较大，人口结构进入老龄化使农村家庭经济负担加重，农村医疗保障特别是大病救助体系尚未健全等因素的综合影响下，保证义务教育阶段学生不仅不辍学，而且能够健康地学习和成长是学生资助工作的必然要求。

为保障义务教育阶段家庭经济困难学生解决生活费问题，2005 年，江苏省财政投入 1 亿元实施“一补”，即对农村义务教育家庭经济困难寄宿生进行生活费补助，补助面不低于寄宿生总数的 10%，每生每年补助 300 元以上。2006 年，江苏省将农村义务教育阶段家庭经济困难寄宿生生活补助最低标准提高到每生每年小学 500 元、初中 750 元，将苏南、苏中和苏北地区补助覆盖面分别扩大到 8%、10% 和 15%。2010 年，再次将农村义务教育阶段家庭经济困难寄宿生生活补助最低标准提高到每生每年小学 750 元、初中 1 000 元。

2012 年春季学期起，江苏省将城市家庭经济困难学生纳入义务教育学生生活费补助范围，生活费补助平均资助比例为在校学生总数的 8%，其中苏南地区 6%、苏中地区 8%、苏北地区 10%，各地可根据经济发展水平和学生家庭经济困难程度，在不低于省定比例的基础上确定具体资助比例（但不得通过降低补助标准扩大资助面）。同时，将义务教育学生生活费补助标准提高到小学生每生每年 1 000 元（每天 4 元，每年按 250 天计）、初中生每生每年 1 250 元（每天 5 元，每年按 250 天计）。为保证义务教育阶段学生生活补助经费及时足额发放到位，江苏省制定了资助对象评定和公示制度，规定学校主要采取直接打入学生就餐卡、发放餐券或现金的方式发放生活补助经费，不得以任何理由用生活补助经费抵顶收费或抵扣欠款，定期向省学生资助管理中心上报资助学生信息档案。

此外，从 2010 年春季学期起，江苏省全面免收农村义务教育阶段公办学校寄宿生住宿费[①]，全省农村义务教育阶段公办学校寄宿生约 100 万人，住宿费收费标准为每生每学期 100 元~150 元，全省农民因此减负约 2.5 亿元。

（三）江苏省义务教育阶段学生资助配套措施

针对农村义务教育阶段儿童和家庭新特征，在义务教育均衡发展思想指导下，江苏省为保障农村义务教育阶段儿童的学习和生活，主要采取了以下配套措施：一是实施“农村初中留守少年儿童食宿条件改善工程”，总投入 6.8 亿元（省财政安排专项经费 3.5 亿元对经济薄弱地区给予扶持），帮扶建设 39 个县（市、区）550 个建设项目共新（改）建学生宿舍、食堂 64.8 万平方米，可新增 11.5 万名留守儿童住宿和 8.2 万名留守儿童就餐，农村留守少年儿童的食宿条件得到根本改善；二是实施以“课桌新、板凳新、讲台新、电灯亮”为主要内容的“三新一亮”工程，用 2 年时间为每个农村中小学生配齐符合标准的课桌凳；三是实施农村中小学“六有”工程，用 2 年时间实现全省每一所中小学有整洁的校园、满足需要的卫生食堂、冷热饮用水、水冲式厕所、安全的宿舍、寄宿生

① 此前，江苏省农村义务教育公办学校家庭经济困难寄宿生的住宿费由学校负责免除。

一人有一张床。这些工程的实施，较大地改善了农村中小学生的学习条件和生活环境，进一步缩小了城乡学校在办学条件上的差距。

二、义务教育学生资助绩效管理的总体思路

义务教育学生资助绩效管理既是一个新的理念，也是一个具体的政策实施体系。中共中央、国务院在《关于深化行政管理体制改革的意见》中明确，“推行政府绩效管理和行政问责制度”是深化行政管理体制改革，全面、正确履行政府职能，努力建设服务政府、责任政府、法治政府和廉洁政府的重要制度保障。要有效地实施义务教育学生资助绩效管理，就必须明确资助任务、掌握管理原理、确立绩效目标，以及建立绩效评价与绩效约束机制。

（一）义务教育学生资助工作的主要任务

义务教育学生资助绩效管理目标取决于现阶段的工作任务。2012 年 7 月，“基本公共教育”被作为一项“建立在一定社会共识基础上，由政府主导提供的，与经济社会发展水平和阶段相适应，旨在保障全体公民生存和发展基本需求的公共服务”，纳入《国家基本公共服务体系“十二五”规划》。“十二五”时期，政府提供的基本公共教育包括：① 为适龄儿童、少年提供免费九年义务教育，为农村义务教育阶段寄宿生提供免费住宿，并为家庭经济困难寄宿生提供生活补助；② 为贫困地区农村义务教育学生实施营养改善计划；③ 为农村学生、城镇家庭经济困难学生和涉农专业学生提供免费中等职业教育；④ 为家庭经济困难学生接受普通高中教育提供资助；⑤ 为家庭经济困难儿童、孤儿和残疾儿童接受学前教育提供资助。其中，前两项就是“十二五”期间义务教育学生资助工作必须

不折不扣完成的任务。

首先，在前期建设基础上，根据义务教育阶段学生寄宿需求，免费提供足够的符合条件的床位和生活配套设施。

其次，根据当地物价水平、居民可支配收入水平和人均消费水平，为包括寄宿生在内的所有义务教育家庭经济困难学生提供生活补助。

第三，为义务教育阶段家庭经济困难学生实施营养改善计划，具体实施时采取先农村再城市、先部分试点后全面覆盖的渐进原则。

为切实完成以上任务，还须在制度和机构建设方面提供必要的保障：一是制定和实施义务教育阶段家庭经济困难学生认定办法，由县级教育行政部门具体指导和监督义务教育学校落实认定制度，建立义务教育学校学生资助工作校长负责制；二是建立以县级学生资助管理中心专职人员为主、义务教育学校专（兼）职教师为辅的义务教育阶段家庭经济困难学生资助管理队伍，负责具体组织实施义务教育家庭经济困难学生认定工作，协调财政部门安排资助预算和下达资助经费，按时足额发放各项资助资金、统计上报资助信息；三是围绕资助绩效管理环节进行信息化建设，提高义务教育学生资助工作效率，增加资助经费支出透明度，确保资助目标人群覆盖率达到100%，为进一步建立家庭经济困难学生资助信息长期跟踪制度提供基础数据。

（二）资助绩效管理的主要理论

义务教育阶段学生资助绩效管理是以财政支出最终产生的收益和效果作为导向的新型公共管理方法，它通过指导和增进公共政策执行者共同参与绩效目标制订、预算执行、对产出和效果的评价和绩效目标提升的持续循环过程，使义务教育学生资助政策得到有效施行，从而实现公共财政支出结构合理化和效益最大化。近年来，国内在政府绩效管理的理论研究和实践探索方面都有长足进展，义务教育学生资助绩效管理思路正是在这一背景下产生的。在“花钱买效果”的公共预算观指导下，根据“公共委托—代理理论”“为‘顾客’服务理论”“目标—效果导向管理理论”，遵循财政支出的经济性、效率性和有效性原则，综合采用绩效预算、过程指导、绩效评价和绩效约束方法，确保义务教育学生资助工作实现政策目标。《国家基本公共服务体系“十二五”规划》提出要构建“由基本公共服务范围和标准、资源配置、管理运行、供给方式以及绩效评价等所构成的系统性、整体性的制度安排”组成的基本公共服务体系。建立健全基本公共服务体系，促进基本公共服务均等化，既是建立服务型政府的具体体现，也是公共财政体制的内在要求。基本公共服务体系的核心是财政支出预算，它确定了基本公共服务供给的数量和质量指标，就省级义务教育学生资助而言，就是省级政府花钱向县级政府和义务教育学校“购买”资助效果。这里有三个方面的含义：一是财政支出行为只是广大纳税人（人民群众）通过公共权力让渡的方式，委托财政和教育部门实施的公共资源配置行为；二是对公共部门而言，人民群众是其服务的对象（即“顾客”），“顾客”有权选择和评价公共部门的服务质量；三是绩效管理不建议采用过程跟踪的方法进行“精细化”管理，主张通过考核评价绩效目标的实现程度和实施效果的方式，充分调动和发挥下级公共部门和学校的主观能动性，从而实现财政资助经费支出绩效最大化。

（三）资助绩效管理的主要原则

义务教育阶段学生资助绩效管理应当遵循经济性、效率性和有效性原则，它们分别考察义务教育学生资助的财政效率、政策执行力和促进与改善教育公平的程度。

义务教育学生资助绩效管理的经济性原则，是指义务教育财政支出管理的财政效率，即建立有效的支出决策机制，优化支出结构和支出优先安排机制，确保完成同样数量和质量的资助任务的资源消耗最小化和投入组合最优化。这就要求在义务教育学生资助公共决策前要经过科学和认真地调查研究与分析，充分掌握不同地区、不同阶层和不同经济能力资助对象的家庭情况，各地各类义务教育学校为目标人群提供资助的条件和管理能力，各级政府财政可用于义务教育学生资助的财政资源和社会资源等信息。在具体决策过程中，要充分引入民主决策机制，注重发挥地市和县级教育与财政部门的能动性，有针对性和差别化地制定资助覆盖面、生均资助标准等，尽可能地细化各地各类义务教育学校实施资助政策的具体办法。

义务教育学生资助绩效管理的效率性原则，是指在义务教育学生资助政策实施过程中的政策执行力，即建立和实行有效的政策实施机制，确保目标人群资助全覆盖、财政支出与目标人群全匹配，确保为目标人群提供的公共服务数量和质量与政策目标一致。这就要求在实施义务教育学生资助政策前，必须建立合格的资助管理队伍，制定与中央政策一致、符合省情民意的实施细则。在具体的资助政策落实过程中，要建立和执行逐级指导和监督检查制度，对学校的资助对象认定、资金发放、住宿服务与管理、营养餐配送与发放等进行有效的过程管理。过程管理的目的是确保政策有效实施，应当注重考察基层和学校实施效果，尽量少介入和干预基层与学校的具体工作环节。

义务教育学生资助绩效管理的有效性原则，是指义务教育学生资助政策实施的结果促进教育公平改进的程度，对提高义务教育巩固率所发挥的积极效应，学生营养改善和身体素质提高程度，以及资助对象、学生家长和公众对资助政策实施结果的满意度。有效性是资助政策合理性和目标实现率的具体体现，也是评判政府提供义务教育学生资助公共服务质量的重要依据。

（四）资助绩效管理的主要方法

西方国家公共部门绩效管理实践已经逐步转向构建“整体性绩效管理框架”，就是将绩效管理作为一个由绩效战略、绩效评价、绩效控制、绩效沟通、绩效改进等因子构成的完整的系统和过程，这一思路值得义务教育学生资助绩效管理借鉴。新公共管理理论认为，绩效评价不仅是绩效管理工具箱中最重要、最基础的执行工具，同时又是促进和保证其他绩效工具发挥作用的元工具。[①] 义务教育学生资助绩效管理主要采取绩效评价的方法，将绩效评价贯穿绩效预算、政策执行、产出与效果评价和绩效约束全过程，亦即用科学的标准和程序对义务教育学生资助政策实施的结果和质量进行综合评价，并在此基础上提出增进资助绩效管理的意见，设定评价结果对下年资助资源投入和奖惩的影响系数，从而达到进一步增进今后义务教育阶段学生资助绩效的目的。

三、义务教育绩效评价制度及其实施机制

在各国家公共部门绩效管理实践中，由于政治体制不同，公共政策执行方式差异较大，政府绩效评价在公共管理中的应用仍处于探索阶段。江苏省教育厅和省财政厅从 2010 年起对全省学生资助工作进行绩效管理改革，研究制订了高校、中职和市县教育局学生资助工作绩效评价指标体系，省学生资助管理中心具体实施了 2010 年和 2011 年的资助绩效评价工作。

（一）义务教育学生资助绩效评价的制度保障

义务教育学生资助绩效评价分为两个层次：第一层次的实施主体是省级教育行政部门，评价对象是市县级教育行政部门；第二层次的实施主体是市县级教育行政部门，评价对象是其所辖各义务教育学校。对省级义务教育学生资助管理来说，绩效评价主要关注第一个层次，江苏省

① 卓越、赵蕾:《绩效评估：政府绩效管理系统中的元工具》,《公共管理研究》2008 年第 6 期。

将其纳入省对市县教育行政部门学生资助工作评价的范围。

义务教育学生资助绩效评价是对服务型政府效能的综合考察和评分，具有较强的技术性，工作涉及面很广，必须先明确和制定与资助绩效相关的各项制度。首先，要制定义务教育学生资助政策落实措施和管理规定，这是制定资助绩效目标、考核过程管理合规性的主要依据，包括义务教育家庭经济困难学生认定办法、农村义务教育学校免费提供寄宿条件及其经费保障办法、义务教育家庭经济困难学生生活费财政补助资金管理办法、农村义务教育学生营养改善计划实施办法等。其次，要研究制定全省义务教育学生资助绩效评价制度，明确评价对象、评价范围、评价周期，印发资助绩效评价指标体系、数据采集表和相关说明材料，如有条件可将综合评价得分规则一并下发以增加绩效评价的透明度和公平公正性。第三，要出台与绩效评价相关的奖惩制度，将义务教育学生资助绩效评价结果作为评价市县和学校年度资助工作的主要依据，建立义务教育学生资助专项奖补经费与绩效评价结果挂钩机制。第四，建立义务教育学生资助绩效问责制度，对绩效评价结果处于全省末尾的市县和义务教育学校，要从政策落实、机构建设、过程管理、资助效果等方面分析其绩效不理想的原因，形成初步整改建议和意见，以书面形式通知市县教育行政部门，限期提交落实整改意见的具体措施。

省级部门在研究制定具体制度措施时，应当紧扣中央和省委、省政府确定的义务教育阶段学生资助目标和总体任务，与省级财政部门充分沟通，到基层教育行政部门和学校充分开展调查研究，尽可能多和准确地掌握与义务教育学生资助相关的各类信息，既要保证尽快实现国家资助政策目标，也要结合全省各市县和学校实际循序渐进地开展绩效管理工作。为此，应充分研究并解决好以下两个问题：一是解决义务教育阶段学生资助财政投入问题，建立服务型政府、实现义务教育基本公共服务均等化的前提是解决义务教育阶段公共财政“缺位”状况，各级财政应当按财权与事权对等原则落实义务教育经费保障制度，特别是对经济欠发达地区要加大中央和省级财政转移支付力度，县级财政要加强专项资金管理，确保义务教育学生资助经费专款专用；二是科学认定义务教育学生资助目标人群，“基本公共服务均等化指全体公民都能公平可及地获得大致均等的基本公共服务，其核心是机会均等而不是简单的平均化和无差异化”①，在资助政策的制定和实施过程中应充分考虑区域经济发展差异、城乡学校办学条件差异和居民消费水平差异，一方面面向经济欠发达地区学校和薄弱学校加大财政投入，确保所有地区均能享受到基本的义务教育公共服务；另一方面要关注和解决城市学校和经济发达地区的相对贫困家庭子女生活费问题，由点带面地逐步提高全省义务教育资助经费。

（二）义务教育学生资助绩效评价的指标体系

1. 评价指标应具有科学性和可操作性

推行政府绩效管理和行政问责制度，首先要“建立科学合理的政府绩效评价指标体系和评价机制”②。为保证指标体系具有科学性和可操作性，义务教育阶段学生资助绩效评价指标的制订应当重点把握好以下几点：一是理顺和优化指标体系的内在逻辑关系，按照公共支出从经费预算、项目执行、项目产出与效果评价再到绩效反馈（约束）的完整流程，建立义务教育阶段学生资助绩效评价的一级指标。要根据工作重点设置指标权重，让基层教育行政部门和学校全面理解和把握绩效评价意图，真正达到以评促建的目的；二是注意指标的可量化性，要根据指标评价意图和工作实际，筛选建立客观性的评价指标和评价标准，确保每一项指标都有标准可依、能够精确地得出指标值和项目分值，少数必须保留的主观评价项目也要适当进行指数化处理，还可以采用问卷调查、在线调查等方式统计服务对象满意度和社会公众满意度；三是要做到指标条

① 《国务院关于印发国家基本公共服务体系“十二五”规划的通知》，http://www.gov.cn/zwgk/2012-07/20/content_2187242.htm, 2012-07-20.

② 《中共中央、国务院印发关于深化行政管理体制改革的意见的通知》，http://www.gov.cn/gongbao/content/2008/content_946042.htm, 2008-03-03.

理清晰、结构简洁，要在“结果导向”原则指导下做到“抓大放小”，即强调和突出评价义务教育学生资助的投入保障、政策执行力和资助效果，尽可能少地干预基层单位和学校的具体管理流程，还要避免不同的指标对同一事项或工作要求进行重复评价和重复计分。

2. **义务教育学生资助绩效评价指标**

根据上述义务教育学生资助绩效管理的理论、原则和绩效评价方法，江苏省在评价时设立了4项义务教育学生资助绩效评价一级指标：投入与预算执行指标、产出效益与效果指标、可持续发展指标和综合评价指标（见表4–2）。

表4–2　省级义务教育阶段学生资助绩效评价综合指标

一级至三级指标	权重	指标值	得分
1. 投入与预算执行指标	25	——	——
1.1. 预算执行指标	5	——	——
1.1.1. 市县级财政资金配套及时足额到位率	5		
1.2. 资金与财务管理指标	15	——	——
1.2.1. 项目资金支出实现率	5		
1.2.2. 资助专款专用率	5		
1.2.3. 合法合规支出率	5		
1.3. 财政投入影响指标	5	——	——
1.3.1. 省级财政资金投入乘数	5		
2. 产出效益与效果指标	35	——	——
2.1. 数量指标	10	——	——
2.1.1. “一补”资助学生人数	2		
2.1.2. 营养改善学生人数	2		
2.1.3. “一补”资金发放金额	2		
2.1.4. 营养改善补助资金	2		
2.1.5. 免费享受寄宿条件学生人数	2		
2.2. 质量指标	16	——	——

续表

一级至三级指标	权重	指标值	得分
2.2.1. “一补”目标人群实际覆盖率	4		
2.2.2. 营养改善目标人群实际覆盖率	4		
2.2.3. “一补”生均发放标准实现率	4		
2.2.4. 营养改善生均补助标准实现率	4		
2.3. 时效指标	5	——	——
2.3.1. 资助资金及时足额发放率	5		
2.4. 社会效益指标	4	——	——
2.4.1. 适龄儿童入学率	2		
2.4.2. 九年义务教育巩固率	2		
3. 可持续发展指标	25	——	——
3.1. 制度建设指标	15	——	——
3.1.1. 家庭经济困难学生认定制度	5		
3.1.2. 学生免费寄宿管理制度	3		
3.1.3. 生活费补助资金管理制度	2		
3.1.4. 营养改善计划实施制度及配套措施	5		
3.2. 机构建设指标	6	——	——
3.2.1. 市县学生资助机构建设质量	3		
3.2.2. 义务教育学校资助管理人员到位率	3		
3.3. 信息化建设指标	4	——	——
3.3.1. 市县子系统管理员工作质量	2		
3.3.2. 义务教育学校学生资助信息建库率	2		
4. 综合评价指标	15	——	——
4.1. 服务对象评价	10	——	——
4.1.1. 学生对“一补”满意度	5		
4.1.2. 学生对营养改善满意度	5		
4.2. 公众满意度指标	5	——	——
4.2.1. 当地群众对义务教育学生资助满意度	5		
综合得分	100	——	

“投入与预算执行指标”评价义务教育学生资助经费预算安排、拨付下达情况、资金使用合规性和财政效率等，分为3个二级指标：A.“预算执行指标”评价市县财政应当配套的义务教育学生资助专项经费及时足额到位率；B.“资金与财务管理指标”评价义务教育学生资助专项资金支出实现率、专款专用率和合法合规支出率；C.“财政投入影响指标”评价省级财政义务教育学生资助专项资金的投入乘数，即每1万元省财政专项资金投入能够带来多少义务教育学生资助总金额。

“产出效益与效果指标”评价义务教育学生资助所提供公共服务的数量、质量、时效性和社会效益：A.数量指标，包括“一补”资助学生人数、营养改善学生人数、“一补”资金发放金额、营养改善补助资金和免费享受寄宿条件学生人数；B.质量指标，包括“一补”目标人群实际覆盖率、营养改善目标人群实际覆盖率、“一补”生均发放标准实现率和营养改善生均补助标准实现率；C.时效指标，指资助资金及时足额发放率；D.社会效益指标，从适龄儿童入学率和九年义务教育巩固率两个角度进行评价。

“可持续发展指标”评价影响义务教育学生资助工作长期健康发展的因素：A.制度建设指标，包括家庭经济困难学生认定制度、学生免费寄宿管理制度、生活费补助资金管理制度和营养改善计划实施制度及配套措施；B.机构建设指标，包括市县学生资助机构建设质量和义务教育学校资助管理人员到位率；C.信息化建设指标，包括市县子系统管理员工作质量和义务教育学校学生资助信息建库率。

“综合评价指标”，从服务对象（学生）对义务教育家庭经济困难学生生活费补助和营养改善计划的满意度，以及社会公众（主要是学生家长）对义务教育学生资助的综合满意度这两个方面进行评价。具体评价时，采用学生在线调查和家长书面问卷调查方式。

在设立指标体系时还需根据年度评价工作的重点和资助工作开展的难点，适当权衡各级评价指标的权重。

（三）义务教育学生资助绩效评价实施程序

在省级政府部门已经制定出台义务教育学生资助工作效评价制度的前提下，由省学生资助管理中心按年度对市县义务教育学生资助工作进行绩效评价。考虑到评价报表中的准确数据必须在年度财决算之后才能获得，同时又必须在当年 4 月省级财政预算下达前得出评价结果（以便按评价结果下达绩效奖补经费），所以每年度义务教育学生资助绩效评价实施工作一般安排在每年 1—3 月，考虑到春节和寒假因素，实际工作时间非常紧张。

1. 义务教育学生资助绩效评价工作部署

元月初，省教育厅和省财政厅印发义务教育学生资助绩效管理实施办法，省学生资助管理中心根据该办法统一指标口径、明确计算公式、细化评价指标采集说明表，以正式文件下达到各市县教育行政部门。

2. 市县开展义务教育学生资助绩效自评价

春节前由市县学生资助管理中心组织所属义务教育学校采集评价数据，初步分析与绩效评价相关的指标值。春节后省学生资助管理中心开放绩效评价管理系统，市县业务经办人在系统中填报基础数据采集表，上报时系统对数据进行自动校验。全部市县在规定的时间提交自评采集数据后，评价系统根据预设的公式计算出各市县绩效评价综合表的指标值。省学生资助管理中心在对当年数据采集情况进行综合分析后确定当年评价的得分规则并植入系统，系统按得分规则对所有市县义务教育学生资助绩效自评价情况进行打分。市县学生资助管理中心在管理系统中打印义务教育学生资助绩效评价套表，连同绩效评价书面总结材料和附注证明材料报送省学生资助管理中心。

3. 绩效自评价数据规范性审核

为了防止和纠正义务教育学生资助绩效自评价中的数据虚报和错报现象，在自评价得分规则植入系统前，省学生资助管理中心在各市县提交数据后，组织业务人员对各市县上报的数据进行统一的合规性审核，对审核中发现的错误数据直接在评价系统中予以标注。市县在生成自评价报表时不得改动自评价报表数据，但是可以在评价申报材料中对填报不规范数据进行解释说明，同时亦可在评价系统相应数据备注项中予以说明。

4. 成立绩效评价专家组进行综合评价

各市县义务教育学生资助绩效评价材料上报后，省学生资助管理中心进行必要的整理和清查。省教育厅、省财政厅联合组成专家组，由全国学生资助管理中心、兄弟省份资助中心、省内外专家学者和省级部门职能处室负责人组成，集中对各市县上报的绩效评价材料进行审核，逐一确定绩效评价得分、撰写绩效评价审定意见。最后，专家组对全省义务教育阶段学生资助绩效评价工作进行综合评价，形成评价意见。

5. 公布绩效评价结论并下达奖补资金

义务教育阶段学生资助绩效评价专家组意见上报厅党组审定后，由省教育厅和省财政厅正式行文公布。省学生资助管理中心根据统一的绩效奖惩标准，测算各市县学生资助绩效评价专项奖补资金，一般情况下，绩效评价为优秀的地区年度奖补经费 15 万元、良好的地区年度奖补经费 10 万元。此外，资助绩效评价结果还作为评比全省学生资助工作先进单位的主要依据。

义务教育学生资助绩效管理离不开信息系统的开发和运用，对家庭经济困难学生的有效认定需要建立信息库，发放生活费补助资金和统计报表时需要建立报表系统，在开展资助绩效评价时更是离不开评价系统的支持。江苏省早在 2001 年就开始建立国家助学贷款信息管理系统，2007 年后逐步将生源地信用助学贷款、高校学生资助统计报表信息、市县学生资助统计报表信息、高校毕业生学费补偿贷款代偿信息和绩效评价管理信息纳入省级资助管理信息系统。目前，全省各高校、市县学生资助管理中心、省属中职学校和普通高中学校都已经成为管理系统的子系统用户，义务教育学校和幼儿园学生资助信息主要通过市县学生资助管理中心采集并集中导入管理系统。通过对信息系统的开发和广泛使用，在资助绩效评价指标体系的指引下，全省各地、各校学生资助管理工作已经走上规范化和制度化轨道。因此，可以说义务教育学生资助绩效管理既是一次资助理念的革新，更是一次以信息化手段为支撑的管理方法的革命。

建立学生营养改善计划推进机制*

四川省南江县位于四川东北边缘的秦巴山区，是全国扶贫开发工作重点县及全国第二大苏区——川陕革命根据地的中心之一，境内地形复杂，溪沟纵横，山水相依，有“八山一水一分田”之称，自然条件恶劣，人口居住分散。2011 年，地方财政收入仅 2.6 亿元，农民年人均纯收入 4 701 元，均低于全国、全省平均水平。全县有各类学校 487 所，学生 132 877 人，按政策享受营养改善计划试点学校 379 所（含村校），学生 79 292 人。

2007 年以来，南江县政府通过地方财政补贴，实行了“一小三热”工程，即建起小伙房，让学生在校有热饭吃、有热汤喝、有热水饮，解决村校学生午餐问题。自启动实施农村义务教育阶段学生营养改善计划以来，南江县创新机制，强化管理，逐步探索形成了“3456”学生营养改善计划工作推进机制。

一、建立三级管理机制，强化组织领导保障

管好用好孩子们的吃饭钱，被作为政府头等大事来抓。南江县坚持县、乡两级政府和部门、学校主要领导亲自抓、负总责，建立县乡政府、部门、学校三级管理机制。

* 四川省农村义务教育学生营养改善计划领导小组办公室供稿。

（一）建立三级责任机制

成立以县长任组长，分管副县长任副组长，食安办、教育局等18个部门负责人为成员的领导小组，下设学生营养办于县教育局，明确了成员单位工作职责。乡镇成立以乡镇长为组长的工作小组，学校成立学生营养办、膳食管理委员会。

（二）建立三级安全机制

强化学生营养食品安全，县与乡镇、乡镇与学校、学校与食堂经营管理人员分别签订安全责任书，县营养领导小组成员单位与学校、学校与供货商签订食品安全责任书，建立了三级安全监管网络。

（三）建立三级配套制度

县政府制定了《农村义务教育学生营养改善计划实施方案》，确定了供餐模式（见图4–15）、资金管理、食品安全管理、食堂建设等内容。

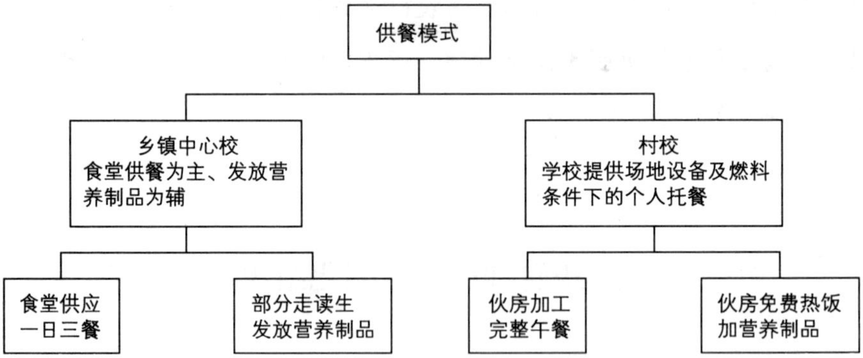

图4–15 供餐模式示意图

各成员单位制定了工作制度、专项资金管理试行办法、学校食堂会计核算办法、饮用奶管理工作规范、食品安全管理暂行办法、学生营养建议食谱、食品应急预案、留样检测制度、从业体检制度、责任追究制度等配套制度。

各乡镇政府和学校均制订了具体方案，落实了食堂专（兼）职管理人员，规范了营养改善计划专项档案。

二、坚持四个全面落实，全力改善供餐条件

坚持软件硬件并举，加强学校食堂建设，充实后勤服务人员，努力改善学生就餐条件。

（一）落实食堂建设资金

2012 年初，投资 1 500 万元，对现有 3.69 万平方米食堂（伙房）进行功能改造，购置了加工、消毒、冷藏、恒温、监控等设施设备，基本达到“三分开、一方便”的供餐条件。整合专项资金 3 150 万元，新建食堂 4.1 万平方米，今年秋季将全部投入使用。全县新建、功能改造后的食堂达到贮藏、加工、销售功能区分开；蔬菜、肉类粗加工、烹调加工操作间分开；蔬菜、肉类、食堂餐具清洗池分开；冷冻食品、成品、半成品原材料等分类贮存，原材料规范上架，信息标注齐全。

（二）落实食堂建设规划编制

完成了全县学校食堂建设规划（2012—2015 年）编制，计划投资 18 060 万元，新建和改扩建食堂（伙房）6 万平方米，购置设备设施 2 356 件（套），实现最大供餐能力 10 万余人。

（三）落实承包食堂回收期限

因历史原因，全县大部分学校食堂对外承包经营。为全面落实学生营养改善计划相关政策，计划在 2013 年秋季开学前全部收回对外承包的

学生食堂；在过渡期内，学校全程参与食堂管理，控制经营成本，公开经营管理成本，提升供餐质量。目前全面已回收食堂学校4所，相关回收配套政策正在制订中。

（四）落实食堂服务人员

目前对外承包经营食堂从业人员由食堂承包者负责工资筹集，并明文规定不能从专项资金中分摊人员工资；学校自办食堂从业人员由学校负责招聘，财政定额补助部分工资，工资水平不低于全市最资工资标准；村校伙房从业人员通过村民"一事一议"的方式解决，实行"学校提供场地设备及燃料条件下的个人托餐"模式。目前该县正积极统筹学校后勤管理人员编制，通过招聘或临聘人员财政定额补助方式逐年解决食堂从业人员。

三、规范五个实施流程，实行全程精细管理

南江县制定了《营养改善计划实施步骤与方法》工作手册，指导全县学校，在实施过程中加强精细管理，做到5个规范。

（一）规范大宗食品采购流程

根据上级文件精神，通过公开招标方式，在省定品牌内确定了牛奶供应商，大宗原材料米、面、油、肉、蛋、蔬菜在市、县内知名企业中通过公开招标方式确定3～5家协议定点供应商，实行分学区划片配送，形成竞争机制，便于从质量、价格、服务等方面进行考核管理和退出机制的执行，若其中一家供应商因违规需退出，随即由其他供应商替补，保证了及时供应，确保了原料质优价廉、源头可控。

（二）规范营养食谱制订流程

县学生营养改善计划专家组根据《中国居民膳食指南》中小学生每天营养素参考摄入量建议和主要食物营养成份表制订建议食谱，学校膳食管理委员会邀请县专家组结合本地时令蔬菜供应情况及学生饮食习惯，制订出了周一至周五各餐不同的食谱，并明确主料的数量。早餐以面食为主；中午和晚餐以猪肉和鸡肉为主，搭配时令蔬菜；每餐至少达到“一荤一素一汤”的标准，确保中小学生总能量和营养成分达到需求标准。

实行成本倒推法，根据每天就餐人数，每日食谱中米、面、油、肉、蔬菜等主料数量确定采购原料及其他辅料的需求数量，根据当地大宗物资采购优惠价测算出资金需求总额，加上其他成本支出，分摊到每位就餐学生，合理确定每类食谱价格，报县发改部门审核，经县营养办备案后，食堂按审核价格公示并实施；学校通过食堂财务专帐成本核算，根据月末帐面结余情况，提出下月食谱价格微调方案，并经膳食管理委员会讨论通过。

（三）规范食堂出入库加工流程

食堂负责人根据每日食谱主料数量、价格及每天平均就餐人数，由学校膳食管理委员会核定米、面、油、菜、肉等主料的出库量、出库金额；蔬菜当天采购，确保材料新鲜，直接进入加工间；营养制品根据领用人数出库；学校采取膳食管理委员会及加派值周教师的方式分组轮流值班监管、现场签字的方法，在食堂库房、加工操作间安装监控设备，录像资料保证半年内有据可查，减轻了值班人员的监管负担，发现克扣、返库等偷工减料现象，从严从重处罚，有效控制和监管了出入库及加工环节，教育、财政、发改等成员单位不定期到校抽查，确保食品数量、质量。

（四）规范食品销售发放流程

实行学校领导陪餐制度，核对是否与当日食谱的数量、质量一致。实行计算机售饭系统管理的学校，月末将学生消费明细表经学生本人、学生代表、班主任签字确认后汇总（见表 4–3）；未实行计算机售饭管理和实行包餐制的学生，实行班级学生代表每日考核，月末学生签字确认后汇总；营养制品发放实行分班领取、到班发放、班级考核到人、月末学生签字确认后汇总（见表 4–4）。

表 4–3　南江县农村义务教育学生营养改善计划学生食堂用餐确认汇总表

单位名称	学生总数	年度	所属月份	供餐模式	用餐人数	本月用餐天数	补助总额
				食堂（伙房）供餐			
备注：1. 此表做为财政直接支付附件，一式四联 2. 此表数据来源于《南江县农村义务教育学生营养改善计划用餐考核记录表（食堂供餐模式）》							

膳食管理委员会（签字）　　学校内审小组（签字）　　学校校长（签字）

表 4–4　南江县农村义务教育学生营养改善计划学生营养制品用餐确认汇总表

单位名称	学生总数	年度	所属月份	供餐模式	用餐人数	本月用餐天数	补助总额
				课间餐（营养制品）			
备注：1. 此表做为财政直接支付附件 2. 此表数据来源于《南江县农村义务教育学生营养改善计划用餐考核记录表（蛋奶模式）》							

膳食管理委员会（签字）　　学校内审小组（签字）　　学校校长（签字）

（五）规范专项资金拨付流程

学校通过分班消费明细表、班级考核明细表汇总食堂供餐和营养制品发放数据，经膳食管理委员会审核后，报县教育、财政部门审核，由财政国库中心每月将国家补助资金直接支付到食堂和营养制品供货商银行账户，杜绝现金交易（县级资金拨付流程见图 4–16，学校级资金拨付流程见图 4–17）。

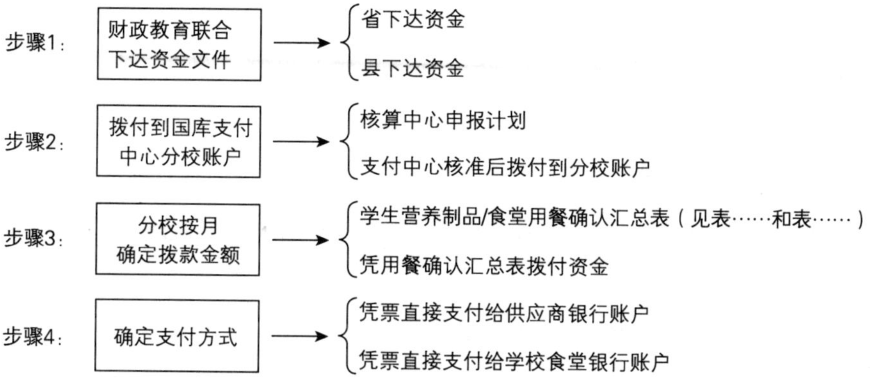

图 4–16　县级资金拨付流程图

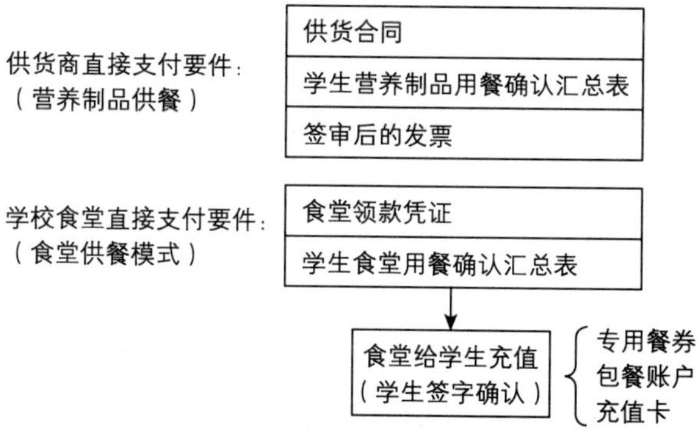

图 4–17　学校级资金拨付流程图

四、建立六大监管体系，确保食品资金安全

建立完善六大监管体系，确保营养改善计划实施过程的食品、资金安全。

（一）建立食品安全监管体系

把学校作为食品安全监管的重点场所，由县食安办牵头，各成员单位配合，及时发现查处食品安全问题和违法违规行为，督促严格落实食堂管理各项制度，做到源头可控、流向可查；县营养改善领导小组每半年对供货商进行综合评议，对食品原材料或营养制品供应商加大抽检频次，对不符合要求的供应商，一律取消其供货资格。制定并完善学校食品卫生安全突发事件应急预案，细化具体工作方案，做到有备无患。每周邀请一名家长或社会人士到校体验营养餐，增强现场食品安全监管力度。

（二）建立专项资金监管体系

建立县、校两级实名制管理系统，确保受益对象准确。县级系统实行动态网络管理，由学校适时更新，校级系统以学校售饭系统为依据，根据学生就餐人次核定人数；每月通过身份证号码实行县级系统数据与学校系统数据进行比对。

学校根据县《食堂会计核算办法》建立食堂专账，专项资金使用建立台账，食堂所有收支纳入专账管理，接受县、乡成员单位及学校膳食管理委员会的监管，每月按时公布收支及结余情况。专项资金实行县级国库专户管理，直接支付、封闭运行；实行“谁使用、谁负责”的责任追究制度，组织监察、审计、财政、教育等部门严密跟踪资金运行，做到去向明白（见表 4–5）。

表 4–5　食堂专账账簿设置表

账簿名称	记录人	依据	核对依据
库存材料数量金额明细账	保管员	入库单、出库单	会计库存材料金额账及实物数
现金日记账	出纳	收付款凭证	库存现金
银行存款日记账	出纳	收付款凭证	银行对账单
明细账（收入、支出、往来）	会计	记账凭证	记账凭证、总账
总账	会计	记账凭证或科目汇总表	明细账

（三）建立信息公开监管体系

通过县政务信息公开网、政府门户网站、营养改善计划网站、专题微博等主动公开营养改善计划有关政策法规、县级组织机构和职责、举报电话、电子邮箱、进展情况、专项资金财政预算决算报告等相关信息。全县学校统一公示内容及格式，主要公示组织机构信息、供餐模式及学生信息、学校食堂财务收支情况、营养食谱价格及每日陪餐领导信息。

（四）建立学生健康监管体系

在县教育、卫生等部门监管指导下，2012 年 3 月对全县中小学生进行了身高和体重的常规监测，乡镇及以上学校利用学校体质健康测试仪监测了肺活量，并全部记入了《学生体质健康测试卡》，录入了国家学生体质健康管理系统，并要求学校每学期初全面测试一次，从常规上监测学生营养改善计划实施效果。学生体质健康重点监测体系（血红蛋白检测）目前县教育部门与卫生部门正在制订方案，确定重点监测学校，逐步完善学生体质健康状况跟踪调查监测体系。

（五）建立宣传教育监管体系

在县委宣传部的监管指导下，开展好四个方面的教育。一是政策宣传教育。通过电视、网站、会议、宣传资料等形式大力宣传学生营养改善计划政策，让教师、学生、家长及社会全面了解政策、监督政策，做到阳光透明。二是健康教育。有效利用健康教育课、专题讲座等形式加强学生营养健康教育，培养学生科学膳食的习惯，引导他们饮食有规律，不暴饮暴食，不偏食，自觉抵制零食。目前正着手编辑初中学生营养膳食校本教材。三是感恩教育。餐厅里张贴“国之滴水恩，誓当涌泉报”等标语，营造“吃幸福营养餐、感恩祖国”的氛围；开展写感恩信、就餐三思、专题演讲等活动，让学生懂得党和国家对广大青少年的关怀，激发他们的爱国情怀，引导他们勤奋学习、立志成才、报效国家。四是从业人员的教育。每天进行晨检和班前培训，每两周进行一次业务操作、行为规范和食品安全知识等方面的培训；每月严格考核，评选星级服务人员。

（六）建立责任考评监管体系

在县委政府目标考核督察办公室、效能局的监管下，定期通报工作进展情况，宣传经验与做法；定期督查考核各成员单位的履职情况，对工作组织得力、按期完成任务、服务质量好、无违纪违规行为的予以表彰，对工作拖沓、行动不力，造成严重影响的从严追究相关责任。营养改善计划工作领导小组成员单位、乡镇工作开展和履职情况纳入县委政府对部门年度综合考核体系，出现食品安全和资金安全重大责任事故实行“一票否决”制度。

全力推进以一年免费教育为主的学前教育资助工作*

近年来，陕西省把发展学前教育作为贯彻落实全国教育工作会议和《国家中长期教育改革和发展规划纲要（2010—2020年）》（以下简称《教育规划纲要》）的突破口，结合“三年行动计划”，全省上下凝神聚力、完善政策、加大投入，努力构建学前一年免费教育学生资助体系。

一、学前一年免费教育背景

（一）全省经济快速增长的新时代考验

陕西地处我国西北部，其经济社会和教育发展在西北五省一直处于领先地位。面对“十一五”期间世界经济复杂多变、我国经济增速趋缓、通胀压力较大等严峻挑战，陕西省委、省政府带领全省人民，认真贯彻落实国家各项宏观调控政策，紧扣“科学发展、富民强省”的主题和转变发展方式的主线，坚持民生优先，以民生建设和产业结构调整为突破口，有效化解了各种风险和矛盾，全省经济保持平稳较快增长，实现了“十二五”起步之年稳健开局。据统计，2011年全年生产总值12 391.3亿元，比2010年增长13.9%。其中，第一产业增加值1 220.9亿元，增

* 陕西省学生资助管理中心供稿。

长5.9%，占生产总值的比重为9.8%；第二产业增加值6 836.27亿元，增长16.9%，占55.2%；第三产业增加值4 334.13亿元，增长11.7%，占35%。全省人均生产总值33 142元，比上年增长13.7%。财政总收入完成2 577.97亿元，比2010年增加776.87亿元，增长43.1%，比上年加快13.6个百分点。其中，地方财政收入完成1 499.07亿元，增加540.86亿元，增长56.5%，加快26.2个百分点。全省财政支出2 928.85亿元，增加710.02亿元，增长32%，提高11.5个百分点。

（二）“十二五”民生工程建设规划为全面推进新政策提供新保障

陕西全面实施民生工程，着力保障和改善民生，是省委、省政府深入贯彻落实科学发展观的重大举措。为实施好“十二五”民生工程，省政府专门召开会议进行了全面安排部署，并将民生工程规划列为六大重点专项规划的首位，编制了《陕西省“十二五”民生工程建设规划》（以下简称《建设规划》），规划投资3 000亿元以上。

陕西省“十二五”民生工程以人民最关心、最直接、最现实的利益问题为重，在“十一五”实施民生八大工程的基础上，提标扩面，不断开拓，全面推进促进就业、收入倍增、全民社保、教育提升、卫生健康、文化惠民、住房保障、消除贫困、改善环境、生产服务十大领域100类基本建设项目和政策性补助项目，着力构建符合省情、覆盖城乡、可持续的基本公共服务体系。

《建设规划》提出要“加快普及学前教育”，“实施学前教育推进工程和学前教育三年攻坚计划。实现学前一年免费教育，普及学前两年教育”。

（三）新时期陕西教育发展的基础稳固、动力强劲

改革开放特别是进入新世纪以来，陕西教育持续进步，成就显著，教育投入持续增长，办学条件明显改善；教育改革深入推进，教育开放逐步扩大；教育工作者队伍不断壮大，育人为本意识不断强化；教育质

量稳步提高，教育服务经济社会发展的能力显著提升；学前教育长足发展，普及程度逐步提高；义务教育“重中之重”地位进一步巩固，城乡免费义务教育全面实施，率先在西部地区实现“两基”目标，小学入学率达到99.65%，初中升学率达到99.93%；高中阶段教育快速发展，毛入学率达到83.26%，普通高中与中等职业学校招生规模大体相当；职业教育发展迅速，“一网两工程”“人人技能工程”深入实施并产生广泛影响，技能型人才培养能力明显增强。教育为提高劳动者素质，推动全省经济社会发展作出了重要贡献。从整体上看，陕西教育大省格局基本形成，教育改革发展已站在新的历史起点上。

（四）学前教育发展中的问题与人民群众的旺盛需求，促使政府推进新政策

在各级政府重视和社会力量的积极投入下，陕西学前教育事业发展速度较快，学前教育发展初具规模，学前一年教育基本普及。全省学前教育发展整体呈现出公办与民办同步发展、相互促进的良好态势。但从总体上来看，是民办多于公办的多元办园格局，民办幼儿园数量占全省总园数的76.33%。

优质公办园“入园难”，优质民办园“入园贵”问题突出。调研发现，陕西省公办园收费政策多年未变，不能适应形势需要。目前，全省公办幼儿园实行的是省物价部门按照“分类评估、按质定价”原则制定的收费标准，其中最高为省级示范园，全日制每人每月130元，寄宿制每人每月180元，其他各类标准逐步降低，最低为未入类园，各为35元和55元，分别是省级示范园收费的26.9%和30.56%；而民办幼儿园收费标准则由物价部门根据办园成本核定。调研显示，民办园收费在100元~1 500元，其中，收费在800元~1 500元的园所数量约占民办园总数的60%。公办幼儿园有财政拨款，教师队伍稳定，教育质量高，收费较民办园低；民办园实行自收自支，硬件条件和教师稳定性都不及公办

幼儿园，收费却更高，从而导致优质公办幼儿园“入园难”和优质民办幼儿园“入园贵”等诸多社会反映强烈问题的凸现，家庭经济困难儿童“入园难”“入园贵”的问题亟待解决。

二、学前教育资助政策体系

（一）认真学习领会《教育规划纲要》精神，理清发展新思路

2010 年 12 月，省委、省政府印发《陕西省人民政府关于大力发展学前教育的意见》，提出加快普及学前教育，构建学前教育公共服务体系，加强幼儿教师队伍建设，加强学前教育管理，强化安全卫生保健工作，加大学前教育经费投入，完善体制，加强政府领导。其中，明确提出“把学前教育纳入基本公共服务体系，从 2011 年秋季开始，逐步实施学前一年免费教育，到 2015 年，全省实现学前一年免费教育，普及学前两年教育，学前两年毛入园率达到 90%，学前三年毛入园率达到 85% 以上”。

（二）科学制定发展规划，为学前教育发展布好局

在明确陕西省学前教育发展的宏观任务之后，经省政府批准，在省教育厅专设基础教育三处，负责学前教育发展相关事宜。相继出台《陕西省学前教育三年行动计划（2011—2013 年）》和《陕西省关于加快发展学前教育的若干规定》，成为促进陕西省学前教育事业发展的两个重要文件。

根据陕西省情，在明确全省学前教育发展现状的基础上，《陕西省学前教育三年行动计划（2011—2013 年）》进一步确立全省学前教育发展指导思想、目标任务及工作要求。明确要求“2011 年 9 月全面启动学前

一年免费教育；2012 年继续实施学前一年免费教育，完善政策措施，稳定保障水平；2013 年继续全面实施学前一年免费教育，进一步完善政策和保障机制，提高保障水平”。加大资金投入，省级每年安排 4 亿元学前教育经费，用于支持城乡幼儿园建设和学前一年免费教育，并要求各市、县（市、区）也要设立学前教育专项经费用于该项政策的落实，并逐年提高占教育经费的比重。

《陕西省关于加快发展学前教育的若干规定》则明确了幼儿园布局建设、农村幼儿园发展、民办园的扶持、幼儿园管理等 10 个问题。文件指出“认真落实学前一年免费教育和资助政策”，建立免费教育的经费保障机制，并积极做好在园受助幼儿信息的基础管理工作。

（三）精心谋划，全面实施学前一年免费教育

为积极贯彻学前一年免费教育政策，陕西省政府办公厅出台了《陕西省学前一年免费教育实施方案》（以下简称《实施方案》），确定从 2011 年秋季学期起实施学前一年免费教育。为加强资助资金使用和管理，体现效益，省财政厅、省教育厅《陕西省学前一年教育助学金管理暂行办法》，提出“一免一补”政策：“一免”指免除学前一年在园幼儿的保教费，“一补”指对家庭经济困难的学前一年在园幼儿提供生活费补助。各市、县结合省政府要求，根据当地经济与教育现状，确定了市、县相应的实施办法和资助经费分担比例。

三、学前一年免费教育具体措施

（一）迅速行动，调研摸清全省学前一年教育底数

为贯彻落实《陕西省人民政府关于大力发展学前教育的意见》精神，

结合全省教育工作会议要求，省教育厅于2011年3月积极组织得力人员深入市县开展调研，了解全省学前教育事业发展的现状以及存在问题，并多次召开会议，研究落实学前一年免费教育工作。

根据2010年教育事业统计结果，截至2010年底，全省共有幼儿园（班）3 928所，其中城市822所、县镇668所、农村2 438所；公办幼儿园711所，占总数的18.1%，民办幼儿园3 217所、占总数的81.9%。全省在园幼儿约70.48万名，其中学前三年在园幼儿68.16万名，毛入园率62.19%。

根据省里“要确定学前免费教育的标准、来源”的精神，结合我省现行五类收费标准（示范园年生均1 300元、一类园900元、二类园700元、三类园500元、未入类园350元），按照“免除保教费后原运转水平不降低并略有提高”的原则，经测算并报省政府同意，陕西免除学前一年保教费以县为主组织实施，省财政统一按照全日制公办二类园现行收费标准，即按每生每年700元测算，按所需资金总量的80%对市县进行奖补。

（二）拟定实施方案，落实经费投入，启动免费计划

1. 免除学前一年幼儿保教费奖补资金分配办法

省财政以县为单位，采取人均财力、学前一年幼儿在园人数、学前一年毛入园率等因素进行测算，对人均财力6万元以下的县（区）给予奖励补助。人均财力超过6万元以上的县（区），由县（区）财政自行解决、予以保障。

2. 补助家庭经济困难学前一年幼儿生活费分配办法

按照2010年在园幼儿人数、20%资助面，以及年人均750元（即每生每天3元、一年250天）的标准测算，所需经费由省与市县按1∶1比例分担。

3. 建立学前教育公用经费保障体系

根据《陕西省人民政府关于大力发展学前教育的意见》精神，经研

究决定，从2011年起对达到基本办园标准的各类幼儿园（含公办、民办、机关企事业单位以及其他社会力量办园，下同）按在园的小、中、大班幼儿人数、每生每年200元的标准补助公用经费，所需资金由省与市县财政按1∶1比例分担，市县财政承担比例由各市结合实际情况合理确定，有条件的地方可视财力情况适当提高补助标准；对农村小学附设的学前班，省财政按每生每年1 000元补助公用经费；对各县（区）特殊儿童随班就读康复救援中心，省财政按每生每年1 500元予以奖补资助。

据统计，2011年秋季学期，全省各级共投入4.3亿元，免除33.66万名学前一年在园幼儿保教费，按照每生每天3元（一年按250天计算）的标准为6.73万名家庭经济困难学前一年幼儿补助生活费。同时，积极建立幼儿园生均经费拨款制度，投入2.38亿元，对达到办园标准的幼儿园补助公用经费。2011年全省学前教育支出33.25亿元，占全省教育经费总支出的4.18%。

（三）落实投入责任，强化资金管理与监督

资金监督与检查是衡量政策落实的一项重要指标。因此，《实施方案》要求各级教育督导部门要把学前一年免费教育作为教育督导的重要内容，强化监督检查力度。各级教育、财政、物价、审计、监察部门要加强对幼儿教育经费安排使用和教育收费的监督检查。同时，建立监督制度，设立监督举报电话，加强对幼儿园收费情况的监督和管理。

为了保障适龄幼儿接受学前教育，《实施方案》要求加大经费投入，提高资金效益。各市、县（市、区）人民政府新增教育经费要向学前教育倾斜，逐年提高预算内学前教育支出占整个教育支出的比重。学前一年免费教育省级补助资金直接拨付到县（市、区），即由省财政通过省级财政零余额账户直接拨付到县（市、区）设立的专项转移支付资金特设专户。各地要统筹资金使用，建立健全幼儿园预算编制制度和预算资金

支付管理制度，确保资金规范有效使用。

“一补”是整个免费教育政策的重要组成部分。开展“一补”工作要求实行园长负责制，指定专门机构，确定专职人员，具体负责此项工作。幼儿家庭于每年9月30日前向评审小组（由幼儿园园长、保育员和幼儿家长代表组成）提交《家庭经济困难幼儿生活补助申请表》及相关材料，作出正式申请，评审小组认真审评并予以公示及助学金发放。同时要求幼儿园每年11月15日前要将当年学前一年教育助学金政策的落实情况报同级教育、财政部门备案。“一补”资金的发放按补助标准以餐票、“代金券”等形式，直补到人，并经幼儿家长签字认领，不得以现金、实物或服务等形式，抵顶或扣减补助资金。各级财政、教育部门和幼儿园要切实加强家庭经济困难学前一年幼儿助学金的管理，严格执行国家财政法规和相关管理办法的规定，对助学金实行分账核算，专款专用，同时接受财政、审计、纪检监察、主管机关等部门的检查和监督。对于挤占挪用资金、弄虚作假套取资金等行为，按照《财政违法行为处罚处分条例》有关规定严肃处理。

（四）加大宣传力度，确保惠民政策落实

为做好相关政策宣传，让全社会，尤其是幼儿园师生和家长，了解陕西省实施学前一年免费教育的重大意义、主要内容、实施步骤、经费分担和有关保障措施，使党和政府的惠民政策家喻户晓、深入人心，2011年8月初，省教育厅编制、印发了《陕西省实施学前一年免费教育工作宣传提纲》，要求各相关部门积极做好政策宣传工作，及时组织开展宣传活动，为政策的实施营造良好的舆论氛围。2011年9月1日，省政府新闻办召开新闻发布会，向全社会公开宣传陕西省学前一年免费教育新政。

2011年秋季开学初，全省各地幼儿园通过标语、横幅、挂图、专栏、网络等形式，向社会深入宣传免费政策，为确保学前一年免费教育

工作的顺利开展创造良好的群众基础，并自觉接受人民群众对教育工作的监督。

四、推进学前教育发展取得的基本经验及初步成效

（一）党政领导重视程度前所未有

在全省教育工作会上，省委领导明确提出要求加快普及学前教育，坚持政府主导、社会参与、公办民办并举，加强规范管理，提高保教质量，提高教育公共服务的均等化水平。在政府工作报告中也强调，要积极推进学前一年免费教育、两年普及教育，力争三年内每个县城至少有两所、每个乡镇都有一所公办标准化幼儿园，基本解决入园难问题。省委领导多次深入幼儿园调研，召开专题会议，要求全省各级党委、政府要切实把学前教育摆在更加突出的位置。省政府先后制定了《陕西省大力发展学前教育的意见》《陕西省学前教育三年行动计划（2011—2013年）》，以及《陕西省学前一年免费教育实施方案》等文件，落实各级政府责任，加快普及学前教育，对加快学前教育发展产生了深远影响。一年来，各市立足实际，科学制订学前教育三年行动计划，真正把发展学前教育作为重大民生工程来抓。全省迅速形成了党委政府高度重视、强力推动，相关部门各司其职、密切配合，全社会广泛关注和大力支持学前教育资助工作的良好氛围。

（二）全省上下推动力度前所未有

2011 年初，省、市、县各级政府均建立了学前教育联席会议制度，成立了学前教育工作领导小组，统筹实施学前教育三年行动计划。省教育厅专设基础教育三处，部分市县教育行政部门也设立了学前教育管理

科室。省委、省政府把学前教育纳入市级党委、政府目标责任考核体系，分季度督办。省教育厅与各市教育行政部门签订了目标责任书，全年组织开展了两次大规模督查。2011 年 10 月下旬，省政府组织 10 个厅局 40 余名干部对全省各市学前教育推进工作进行了全面督查，并将结果通报全省。

（三）免费和资助政策前所未有

从 2011 年秋季学期起，陕西省免除所有公办幼儿园学前一年幼儿保教费，民办幼儿园按照公办幼儿园保教费标准予以减免。省、市、县政府建立学前一年免费教育经费保障机制和学前教育资助制度，对家庭经济困难幼儿、残障幼儿以及孤儿按照每生每天 3 元标准补助生活费。全年省、市、县各级财政投入专项资金 3.93 亿元，免除了 33.66 万名学前一年幼儿保教费，使 6.73 万名家庭经济困难的学前一年幼儿得到了生活补助，覆盖了全省 3 928 所幼儿园，覆盖面达到 100%。延安市吴起县从 2010 年开始就实行了学前三年全免费教育，这些惠民政策在全社会引起了广泛关注和高度肯定。

通过努力，全省各地、各部门不断创新资助机制，加大投入力度，呈现出学前教育资助工作发展的新格局。越来越多家庭经济困难儿童有了接受学前教育的机会。2011 年在园幼儿 94.99 万人，比 2010 年增加了 24.5 万人，学前三年教育毛入园率 80.14%，比 2010 年提高了 17.81%，学前一年在园幼儿（含学前班）37.7 万人，毛入园率 87.4%，比 2010 年提高了 11.8%。2011 年 9 月 5 日，全国学前教育三年行动计划现场推进会在陕西召开，中共中央政治局委员、国务委员刘延东出席会议并作重要讲话，对陕西推进学前教育发展的做法给予了充分肯定。同时，陕西省分别在国家科教领导小组办公室举行的全国教育工作会议一周年座谈会和教育部创新争优视频会上，交流了发展学前教育的做法和经验。

全面推行学前教育资助卡*

家庭经济困难学生资助工作事关教育公平和社会公平，是各级党委和政府都应该高度重视的民生工程。为进一步落实学生资助有关政策，完善学生资助体系，山东省于 2011 年秋季学期开始实施学前教育资助政策，设立山东省学前教育政府助学金，并于 2012 年秋季学期起率先全面推行山东省学前教育资助卡，加强助学金发放监管。

一、学前教育资助卡的设立

学前教育资助政策是新生事物，一方面，全省尚未建立针对学前教育管理的信息系统，各地幼儿园的管理主体多样，幼儿园的办园模式复杂，学前教育阶段在园幼儿没有固定的备案学籍且流动频繁，因此家庭经济困难儿童的认定和学前资助监管工作难度非常大。另一方面，中央和省级的学前教育资助政策规定，学前教育政府助学金不得以现金形式发放，不得以服务或实物等形式抵顶。我国相关法律及人民银行相关条例规定，学龄前儿童（16 周岁以下公民）为无民事行为能力主体，无法直接办理银行卡，这对学前教育政府助学金的发放造成了很大的困难。这些困难和问题在学前教育政策落实之初如果得不到较好地解决，学前

---

* 山东省学生资助管理中心供稿。

教育资助政策的推进将举步维艰，学前教育政府助学金的评审、发放等各环节将无法得到有效监管，并会引发一系列不良的社会反响。

针对上述困难和问题，山东省召开了全省学前教育资助政策专题研讨会，会议形成了设立山东省学前教育资助卡的统一意见，并就资助卡涉及的相关内容进行了深入研究。会后省教育厅与人民银行济南分行进行了沟通和协调，人民银行济南分行对学前教育资助卡的设立表示肯定，并给予了大力支持和帮助。山东省学生资助管理中心联合人民银行济南分行组成调研组深入市、县进行了认真调研，在此基础上就加强助学金发放监管工作进行了会商，就资助卡的推行形成了统一意见。一是根据有利于资金监管的原则，在国家及人民银行相关法律、规定范围内，确定了受助儿童本人为办卡主体，在开卡后，由其法定监护人代为激活和保管。二是根据最大限度方便受助儿童的原则，确定营业网点乡村覆盖率大的商业银行为主办商业银行。三是根据最大限度减轻受助儿童家庭经济负担的原则，确定免收学前教育资助卡各类费用。四是根据有利于信息监控的原则，确定了办卡及助学金发放监控信息周期监控机制。在多次会商和充分研讨的基础上，2012 年 5 月，山东省教育厅与人民银行济南分行联合下发《关于推行山东省学生资助卡加强助学金发放监管工作的通知》，最终确定以邮政储蓄银行和农村信用合作联社两家城乡网点覆盖区域最广的商业银行为主要承办银行，于 2012 年秋季学期在全省推行山东省学前教育资助卡（以下简称“资助卡”）。

二、学前教育资助卡的内容

资助卡是面向山东省享受学前教育政府助学金政策的受助儿童发行的、用于助学金发放的借记卡。资助卡使用专用发卡银行标识代码，卡面式样统一设计，并印有“山东省学前教育学生资助卡”字样。

资助卡免收开卡手续（工本）费，持卡人自开卡之日起3年内享受免年费和免小额账户管理费的优惠。资助卡的发卡行以省内中国邮政储蓄银行、农村信用合作联社（农村商业银行、农村合作银行）为主，发卡银行免收助学金集中发放的本行代发手续费。

资助卡实行“一人一卡、集中申领、本人激活”原则，每位受助儿童只能办理一张资助卡。资助卡由幼儿园集中办理或由上级主管学生资助管理机构统一集中办理。幼儿园或学生资助管理机构为儿童集中开卡时，向当地发卡银行提供受助儿童有效身份证件复印件（有效身份证件为儿童本人户口簿复印件、监护人居民身份证复印件），委托幼儿园或学生资助管理机构代理开户的授权书，各幼儿园须为儿童提交的身份证件信息的真实性、准确性和有效性负责。发卡银行受理业务后，在5个工作日内完成集中开卡业务，开卡后由各幼儿园负责分发给受助儿童家长或监护人。资助卡由儿童家长或监护人持开卡时提供的有效身份证件原件到发卡银行网点柜台激活并签订相关协议后正常使用。

三、学前教育资助卡试点推行效果

目前，山东省已有淄博、潍坊、临沂、济南、滨州五市在全市范围内试点推行了学前教育资助卡，全省范围内自2011年秋季学期起，已逐步推进学前政府助学金集中发放模式。

山东省两家主办资助卡业务商业银行的业务网点可覆盖全省所有的行政村，且资助卡的相关办理规定将受助儿童确定为办卡主体，彻底解决了儿童办卡难问题。学前资助卡免年费、免开户费、免小额账户管理费，三项优惠可节省儿童在办理普通借记卡时需承担的相关手续费平均每人每卡20元~26元，全省累计节省约400万元，一定程度上减轻了困难儿童家庭的经济负担。山东省学前助学金实行集中发放模式，减少了助学金发放环节，学前资助卡发卡银行免收助学金集中发放的本行代发手续费，降低了资金划转成本，以上政策平均缩短资金发放时长1.3个月，有效提高了助学金划拨效率，确保了助学金及时、真实、准确发放（见表4-6）。

表4-6 学前教育政府助学金发放时限统计表（单位：月）

市	2011年全市平均发放时限	2012实施资助卡及集中发放后全市平均发放时限
全省平均	4	2.7
济南市	3.2	1.9
烟台市	5.7	3.8
威海市	4.2	3.5
东营市	4.4	3.4
淄博市	3.6	2.5
潍坊市	3.1	1.8
济宁市	4.2	2.6
泰安市	3.6	2.8
日照市	3.3	3.0
莱芜市	3.1	2.3
德州市	4.2	2.7
滨州市	3.8	2.6
聊城市	6.5	3.5
菏泽市	3.6	3.0
枣庄市	3.9	2.1
临沂市	3.8	2.1

注：发放时限为助学金自上级下达日至发放日间的时长。

山东省全面推行资助卡，通过办卡及发放环节的信息监控，便于各级学生资助管理机构实时掌握每所幼儿园的助学金发放情况，在未实行学前教育资助卡之前，全省管理机构可监控助学金发放信息范围平均为57.24%，实施学前教育资助卡信息周期监控机制之后，管理机构监控范围达99.86%，因此学前资助卡的推行在加强政府监管、信息监控方面作用显著。学前资助卡“一人一卡、集中申领、本人激活”的原则，有效防范了不法之徒利用儿童信息套取、骗取助学金等违规违法行为的发生，维护受助儿童的切身利益。

附录 1：学生资助大事记

一、2002 年学生资助工作大事记

4 月，财政部、教育部印发《国家奖学金管理办法》（财教〔2002〕33 号），由中央政府出资，面向全国普通高校全日制本、专科生设立国家奖学金，每年对 4.5 万名家庭经济困难、品学兼优的全国普通高校全日制在校本、专科生提供无偿资助，并要求获奖学生所在学校减免其当年的全部学费。其中，一等国家奖学金每年资助 1 万名，每人每年 6 000 元；二等国家奖学金每年资助 3.5 万名，每人每年 4 000 元。

6 月 7 日，教育部、财政部印发《关于对全国部分贫困地区农村中小学生试行免费教科书的意见》（教基〔2001〕15 号），对免费提供教科书的对象、教科书种类和采购方式等作出了具体规定。

二、2003 年学生资助工作大事记

2 月 24 日，首届国家奖学金发放仪式在人民大会堂举行。时任国务院副总理李岚清出席仪式，并向获得国家奖学金的大学生代表发放了奖学金。时任财政部部长项怀诚、时任教育部部长陈至立在仪式上分别代

表财政部、教育部讲话。

8月，教育部、财政部决定在中央财政职业教育专项经费中，专门安排2 000万元用于资助中等职业学校贫困家庭学生，推动各地和各中等职业学校积极探索新形势下资助中等职业学校贫困家庭学生的有效途径。

9月13日，国务院印发《关于进一步加强农村教育工作的决定》（国发〔2003〕19号），提出加快推进“两基”攻坚和建立健全资助家庭经济困难学生就学制度的要求，明确提出到2007年，争取全国农村义务教育阶段家庭经济困难学生都能享受到“两免一补”（免杂费、免书本费、补助寄宿生生活费），不让学生因家庭经济困难而失学。

三、2004年学生资助工作大事记

2月16日，财政部、教育部印发《对农村义务教育阶段家庭经济困难学生免费提供教科书工作暂行管理办法》（财教〔2004〕5号），明确规定享受免费教科书的对象、政策覆盖范围、教科书科目、工作流程等。

6月，国务院办公厅转发《教育部 财政部 人民银行银监会关于进一步完善国家助学贷款工作若干意见》（国办发〔2004〕51号），实施以建立风险补偿制度为核心的国家助学贷款新政策、新机制。

9月3日，教育部与中国银行签署了为期两年的《中央部属高校国家助学贷款业务合作协议》和《配合中央部属高校国家助学贷款工作的全面合作协议》。

9月6日，国务院召开全国高校贫困家庭学生资助工作电视电话会议。时任中共中央政治局常委、国务院副总理黄菊出席会议并讲话，强调要从践行“三个代表”重要思想和落实科学发展观的高度，加强领导，狠抓落实，把解决高校贫困家庭学生困难这件大事抓紧办好。时任国务委员陈至立出席并主持会议。

四、2005 年学生资助工作大事记

1 月 28 日，教育部、财政部印发《免费教科书政府采购工作暂行办法》(教财〔2005〕6 号)，提出从 2005 年开始中央财政免费提供的教科书实行政府采购，并对采购对象、采购方式、采购的书目范围、采购价格指导标准作出规定，同时要求各地加强对免费教科书政府采购工作的管理。

2 月 2 日，国务院办公厅转发《财政部 教育部关于加快国家扶贫开发工作重点县“两免一补”实施步伐有关工作意见》(国办发〔2005〕7 号)，提出中央将从 2005 年春季学期起，对国家扶贫开发工作重点县的农村义务教育阶段贫困家庭学生全部免费发放教科书，要求地方政府相应免除这些学生的学杂费，并逐步补助寄宿生生活费。免费教科书采购价格标准提高至小学生每学期每人 35 元、初中生 70 元、特教生 35 元。

7 月，财政部、教育部印发《国家助学奖学金管理办法》(财教〔2007〕75 号)，由中央政府出资，面向全国公办全日制普通高校本、专科生中的贫困家庭学生设立国家助学奖学金。其中，国家奖学金每年资助 5 万名家庭经济困难、品学兼优的学生，每人每年 4 000 元；国家助学金每年资助 53.3 万名家庭经济特别困难学生，每人每年 1 500 元。

10 月 28 日，国务院发布《国务院关于大力发展职业教育的决定》(国发〔2005〕35 号)，明确提出“建立职业教育贫困家庭学生助学制度”。

12 月 24 日，国务院印发《关于深化农村义务教育经费保障机制改革的通知》(国发〔2005〕43 号)，提出“按照明确各级责任、中央地方共担、加大财政投入、提高保障水平、分步组织实施”的基本原则，逐

步将农村义务教育全面纳入公共财政保障范围，建立中央和地方分项目、按比例分担的农村义务教育经费保障机制（即新机制）。新机制提出，全部免除农村义务教育阶段学生学杂费，对贫困家庭学生免费提供教科书，并对家庭经济困难寄宿生补助生活费。

五、2006 年学生资助工作大事记

1 月 19 日，财政部、教育部印发《关于确保农村义务教育经费投入加强财政预算管理的通知》（财教〔2006〕3 号），明确了各级财政应承担的资金责任，并要求各地加强财政预算，建立健全农村中小学校预算编制制度。

1 月 19 日，财政部、教育部印发《全国农村义务教育阶段学生免收学杂费的实施管理办法》（财教〔2006〕4 号），明确了免除学杂费政策的对象、标准，以及中央和地方分担比例、实施步骤等。

2 月 9 日，教育部办公厅印发《关于进一步做好农村义务教育经费保障机制改革实施工作的通知》，要求各地积极做好农村义务教育经费保障机制改革实施工作，在实施过程中建立责任制、协调落实资金、编制预算、完成省内培训、加大宣传力度、组织专项督查等。

7 月 11 日，教育部与中国银行签署 2006—2010 学年《中央部门所属高校国家助学贷款业务合作协议》和《配合中央部门所属高校国家助学贷款工作的全面合作协议》。

7 月 24 日，财政部、教育部印发《关于完善中等职业教育贫困家庭学生资助体系的若干意见》（财教〔2006〕74 号），对加快和完善中等职业学校学生资助体系作出明确规定，从 2006 年起，中央安排专项资金，建立中等职业教育国家助学金，用于资助中等职业学校贫困家庭学生。

该文件已于2011年2月21日废止。

7月24日，财政部、教育部印发《中等职业教育国家助学金管理暂行办法》(财教〔2006〕73号)，对中职国家助学金的资助对象、标准、申请、评审、发放和管理作出明确规定。该文件已于2011年2月21日废止。

8月4日，财政部、教育部印发《关于在中部地区开展农村义务教育经费保障机制改革试点工作的通知》(财教〔2006〕88号)，从2006年秋季学期起，在河北、山西、吉林、黑龙江、江西、河南、湖北七省各选择一个县开展农村义务教育经费保障机制改革试点工作。

9月1日，财政部、教育部印发《高等学校毕业生国家助学贷款代偿资助暂行办法》(财教〔2006〕133号)，决定自2006年起，对中央部门所属全日制普通高校应届毕业生，自愿到西部地区和艰苦边远地区县级人民政府驻地以下地区（不含县级人民政府驻地）基层单位工作，服务期达到3年以上（含3年）的学生，其在校期间的国家助学贷款本金及其全部偿还之前产生的利息由中央财政代为偿还。

9月1日，经修订的《中华人民共和国义务教育法》正式实施，其中第二条增加了“实施义务教育，不收学费、杂费”的条款；第四十四条规定“各级人民政府对家庭经济困难的适龄儿童、少年免费提供教科书并补助寄宿生生活费。”

六、2007年学生资助工作大事记

2006年底至2007年初，财政部、教育部联合成立完善家庭经济困难学生资助政策体系工作小组。时任教育部副部长袁贵仁、财政部副部长张少春带队赴陕西、江苏等省进行调研。在调研基础上，两部共同起草关于建立健全普通本科高校、高等职业学校和中等职业学校家庭经济困难学生资助政策体系的方案，上报国务院。

3月5日，温家宝总理在第十届人民代表大会第五次会议上郑重宣布，从2007年新学年开始，在普通本科高校、高等职业学校和中等职业学校建立健全国家奖学金、助学金制度，为此中央财政支出将由2006年的18亿元增加到95亿元，2008年将安排200亿元，地方财政也要相应增加支出；同时，进一步落实国家助学贷款政策，使困难家庭的学生能够上得起大学、接受职业教育。

5月9日，国务院常务会议审议并通过了《国务院关于建立健全普通本科高校、高等职业学校和中等职业学校家庭经济困难学生资助政策体系的意见》。

5月13日，国务院印发《关于建立健全普通本科高校、高等职业学校和中等职业学校家庭经济困难学生资助政策体系的意见》（国发〔2007〕13号）。《意见》阐述了在我国建立健全家庭经济困难学生资助政策体系的必要性和重大意义，提出了“扩大受助学生比例，提高资助水平，从制度上基本解决家庭经济困难学生的就学问题”的政策目标，明确了“加大财政投入、经费合理分担、政策导向明确、多元混合资助、各方责任清晰”的基本原则，规定了建立健全家庭经济困难学生资助体系的主要内容，并对贯彻落实工作提出了具体要求。

5月16日，国务院在北京召开全国家庭经济困难学生资助工作会议，贯彻落实国发〔2007〕13号文件精神，全面部署相关工作。时任国务委员陈至立出席会议并作重要讲话。

5月21日，教育部召开2007年第七次新闻发布会，介绍《关于建立健全普通本科高校、高等职业学校和中等职业学校家庭经济困难学生资助政策体系的意见》的有关情况。财政部副部长张少春、时任教育部部长助理杨周复出席新闻发布会。

6月21日，财政部、教育部印发《中等职业学校国家助学金管理暂行办法》（财教〔2007〕84号），对中职国家助学金资助范围、对象、标准、申请、评审和发放程序及管理监督等作了具体规定。

6月21日，财政部、原劳动社会保障部印发《关于做好技工学校国家助学金发放管理工作的通知》(财教〔2007〕85号)。

6月26日，教育部、财政部印发《关于认真做好高等学校家庭经济困难学生认定工作的指导意见》(教财〔2007〕8号)，对高等学校家庭经济困难学生认定原则、认定标准、认定程序及组织实施等作出规定。

6月26日，教育部、财政部印发《高等学校勤工助学管理办法》(教财〔2007〕7号)，对高等学校勤工助学工作原则、服务对象、岗位设置、薪酬标准、组织管理等作出规定。

6月26日，财政部、教育部制定并下发《普通本科高校、高等职业学校国家奖学金暂行管理办法》(财教〔2007〕90号)，对国家奖学金的奖励标准与申请条件、名额分配与预算下达、申请与评审程序以及发放、管理与监督等作出具体规定。

6月26日，财政部、教育部印发《中等职业学校学生实习管理办法》(教职成〔2007〕4号)，对中职学生实习的资格、时间、岗位、组织与管理等作出具体规定和要求。

6月27日，财政部、教育部印发《普通本科高校、高等职业学校国家励志奖学金暂行管理办法》(财教〔2007〕91号)，对国家励志奖学金的奖励标准与申请条件、名额分配与预算下达、申请与评审程序以及发放、管理与监督等作出具体规定。

6月27日，财政部、教育部印发《普通本科高校、高等职业学校国家助学金暂行管理办法》(财教〔2007〕92号)，对国家助学金的标准与申请条件、名额分配与预算下达、申请与评审程序以及发放、管理与监督等作出具体规定。

6月29日，按照财政部、教育部印发的《高等学校毕业生国家助学贷款代偿资助暂行办法》(财教［2006］133号)，经全国学生资助管理中心审核，首批164名赴西部地区基层地区就业的中央部属高校毕业生，享受国家助学贷款代偿政策。

7月10日，教育部下发《关于认真做好2007年高等学校新生入学“绿色通道”和贯彻落实新资助政策有关工作的通知》（教财〔2007〕9号），要求各地、各高校切实做好2007年全日制公办普通高校家庭经济困难新生入学“绿色通道”工作，全面贯彻落实高校家庭经济困难学生新资助政策。

7月12日，教育部印发《关于进一步做好农村义务教育经费保障机制改革有关工作的通知》（教财〔2007〕10号），要求落实农村义务教育阶段寄宿生生活补助政策，做好补助资金的发放和管理工作。

8月1日，财政部、教育部、国家开发银行在北京联合召开会议，研究开展生源地信用助学贷款工作，并作紧急动员。财政部副部长张少春等有关领导参加会议。

8月13日，财政部、教育部、国家开发银行联合印发《关于在部分地区开展生源地信用助学贷款试点的通知》（财教〔2007〕135号），决定在江苏、湖北、重庆、陕西、甘肃五省市开展生源地信用助学贷款试点工作。

8月29日，财政部、教育部、国家开发银行在甘肃省会宁县联合举行生源地信用助学贷款试点地区签约仪式，启动生源地信用助学贷款试点工作。时任教育部部长助理杨周复、时任甘肃省省长助理郝远出席启动仪式。

9月12日，国务院新闻办公室举行家庭经济困难学生资助工作新闻发布会，时任教育部部长周济介绍国家资助家庭经济困难学生等方面的情况，并答记者问。

11月21日，教育部、财政部召开国家奖学金评审领导小组会议。时任教育部副部长袁贵仁、财政部副部长张少春出席会议，研究国家奖学金评审有关工作，并向时任北京大学党委书记闵维方、四川大学校长谢和平颁发国家奖学金评审委员会主任委员聘用证书。

11月26日，教育部、财政部印发《关于调整完善农村义务教育经费保障机制改革有关政策的通知》（财教〔2007〕337号），一是明确了中西部农村义务教育阶段家庭经济困难寄宿生的生活费基本补助标准（小学生每生每天2元，初中生每生每天3元）；二是从2007年秋季学期开始，向全国农村义务教育阶段所有学生免费提供国家课程的教科书；三是从2008年春季学期起，进一步提高国家课程免费教科书的补助标准（小学由每生每年70元提高到90元，初中由每生每年140元提高到180元），同时建立部分科目免费教科书的循环使用制度。

12月11日，教育部在北京召开2007年高校国家奖学金评审工作会议，部署开展国家奖学金评审工作。

12月25日，教育部、财政部印发《关于全面实施农村义务教育教科书免费提供和做好部分教科书循环使用工作的意见》（教基〔2007〕23号），决定从2008年春季学期起，实行部分国家课程教科书的循环使用制度。

12月27日，教育部、财政部印发《国家奖学金评审办法》（教财〔2007〕24号），对评审组织、评审条件、评审程序等作了规定。

12月29日，教育部发布《关于2006—2007学年度国家奖学金获奖者的公告》（教财〔2007〕28号），批准北京大学雷鸣、清华大学王睿等5万名学生获得2006—2007学年度国家奖学金，并将国家奖学金获奖学生名单发布在教育部门户网站上。

七、2008年学生资助工作大事记

1月4日，全国学生资助管理中心开通“中职学生资助政策咨询投诉电话”，并向社会公布电子信箱，受理政策咨询及举报投诉。

1月16日，2006—2007学年度国家奖学金颁奖大会在北京召开，时任国务委员陈至立为国家奖学金获奖学生代表颁奖，并作重要讲话。时任国务院副秘书长项兆伦、时任教育部副部长袁贵仁、财政部副部长张少春、时任教育部部长助理杨周复等有关部门负责人参加会议。

4月24日，教育部印发《关于进一步做好城市义务教育免除学杂费试点工作的通知》（教财函〔2008〕19号），要求北京等地做好城市义务教育免学杂费试点工作。

5月22日，财政部、教育部印发《关于切实做好高校地震受灾学生资助工作的紧急通知》（财教〔2008〕70号），将生源地为地震重灾区的农村学生和城市家庭经济困难学生全部纳入当年国家助学金资助范围，并发放特殊困难补助和伙食补助。

5月6日，“全国中等职业学校学生管理信息系统”正式运行。“信息系统”为中央、省、市、县、中职学校做好学生学籍管理与资助信息动态管理提供技术支持。

8月12日，国务院印发《关于做好免除城市义务教育阶段学生学杂费工作的通知》（国发〔2008〕25号），决定从2008年秋季学期开始，全部免除城市义务教育阶段公办学校学生学杂费，免除学杂费的标准按照各省级人民政府制定的城市义务教育阶段学校“一费制”中杂费标准执行；向全国享受城市居民最低生活保障政策家庭的义务教育阶段学生免费提供教科书，并对家庭经济困难的寄宿学生补助生活费。

8月29日，财政部、教育部联合下发《关于对汶川地震重灾区家庭经济困难学生实施特别资助政策的通知》（财教明电〔2008〕1号），在2008—2009学年，对生源地为地震重灾县的学生，高中阶段及高校家庭经济困难学生免除学费，高中阶段家庭经济困难学生补助生活费，扩大高校国家助学金发放范围。

9月9日，财政部、教育部、银监会下发《关于大力开展生源地信用助学贷款的通知》（财教〔2008〕196号），进一步扩大生源地信用助学贷款覆盖范围，大力推进生源地信用助学贷款工作。

八、2009 年学生资助工作大事记

2 月 22 日，教育部、财政部在北京召开 2007—2008 学年度国家奖学金颁奖大会，中央政治局委员、国务委员刘延东出席大会，为国家奖学金获奖学生代表颁奖并作重要讲话。时任教育部部长周济、时任教育部副部长袁贵仁、财政部副部长张少春、时任教育部部长助理杨周复等有关部门负责人参加会议。

3 月 11 日，财政部、教育部印发《高等学校毕业生学费和国家助学贷款代偿暂行办法》（财教〔2009〕15 号），将原高校毕业生基层就业国家助学贷款代偿政策扩大到学费补偿贷款代偿，将政策覆盖范围扩大到中西部地区。

4 月 20 日，财政部、教育部和总参谋部印发《应征入伍服义务兵役高等学校毕业生学费补偿国家助学贷款代偿暂行办法》（财教〔2009〕35 号），决定从 2009 年起对应征入伍服义务兵役的普通高校应届毕业生实施学费补偿贷款代偿政策。

5 月 25 日，教育部、财政部、银监会、国家开发银行在安徽省合肥市联合召开 2009 年全国家庭经济困难学生资助工作会议。教育部部长助理林蕙青出席会议并讲话。

10 月 21 日，总参谋部、总政治部、教育部、公安部、民政部和财政部联合印发《征集各级各类学校应届毕业生工作暂行规定》（参动〔2009〕88 号），明确规定普通高校在读翌年毕业生，参军入伍服义务兵役可享受学费补偿贷款代偿政策。

12 月 10 日，财政部、教育部、国家发改委、人力资源和社会保障部

联合召开落实中等职业学校免学费工作视频会议。财政部副部长张少春、教育部副部长鲁昕、人力资源社会保障部副部长王晓初出席会议并讲话。

12月14日，财政部、国家发改委、教育部和人力资源社会保障部联合印发《关于中等职业学校农村家庭经济困难学生和涉农专业学生免学费的工作意见》(财教〔2009〕442号)，决定从2009年秋季学期起，实行中等职业教育免学费政策。《意见》阐述了中职免学费工作的重大意义，对免学费工作的基本原则、主要内容、配套改革措施等作了具体规定。

九、2010年学生资助工作大事记

1月28日，财政部、教育部和人力资源社会保障部联合印发了《中等职业学校免学费补助资金管理暂行办法》(财教〔2010〕3号)，对中职免学费范围、对象、标准、资金分担及监督管理等作出了明确规定。

5月27日，财政部、教育部、国家发改委、人力资源社会保障部印发44万份《国家中职学生资助政策助你翱翔、助你成功》宣传画，广泛张贴到全国中职学校、初中学校及街道、乡镇。

7月26日，教育部与中国银行签署《中央部门所属高校2010—2014学年国家助学贷款业务合作协议》，中国银行继续承办中央部属高校国家助学贷款业务。教育部部长袁贵仁、中国银行股份有限公司董事长肖钢出席签约仪式。

7月29日，中共中央、国务院正式颁布《国家中长期教育改革和发展规划纲要(2010—2020年)》，把“促进公平”作为今后一段时期我国教育改革发展的一项重大工作方针，将“家庭经济困难学生资助”列为教育领域10个重大项目之一。《教育规划纲要》明确提出“健全国家学生资助政策体系。各地根据学前教育普及程度和发展情况，逐步对农村家庭经济困难和城镇低保家庭子女接受学前教育予以资助。提高农村义务教育家庭经济困难寄宿生生活补助标准，改善中小学生营养状况。建立普通高中家庭经济困难学生国家资助制度。完善普通本科高校、高等职业学校和中等职业学校家庭经济困难学生资助政策体系。完善助学贷款体制机制。推进生源地信用助学贷款。建立健全研究生教育收费制度，完善资助政策，设立研究生国家奖学金。根据经济发展水平和财力状况，建立国家奖助学金标准动态调整机制”。

8 月 26 日，根据《教育规划纲要》关于建立国家奖助学金标准动态调整机制的精神，财政部决定从 2010 年秋季学期起，将高校国家助学金平均资助标准由原来的每生每年 2 000 元提高至每生每年 3 000 元。

9 月 14 日，财政部、国家发展改革委、教育部和人力资源社会保障部印发《关于扩大中等职业学校免学费政策覆盖范围的通知》（财教〔2010〕345 号），决定自 2010 年秋季学期起，将中等职业学校城市家庭经济困难学生纳入免学费政策范围。

9 月 16 日，教育部办公厅印发《关于开展中等职业教育国家助学金和免学费政策落实情况检查工作的通知》（教监厅函〔2010〕12 号），对中职国家助学金和免学费政策落实情况检查工作的范围、内容及工作安排和要求作出了明确规定。

9—12 月，教育部组织开展全国中等职业教育国家助学金和免学费政策落实情况专项检查。在各地自查自纠基础上，教育部于 11 月 2 日召开专项检查工作部署会议，对专项检查工作提出明确要求。副部长鲁昕、中央纪委驻部纪检组组长王立英出席会议并讲话。会后，教育部组织 17 个检查组赴 30 个省（区、市），抽查 60 多个地市和近 140 所中职学校。

9 月 19 日，财政部、教育部印发《关于建立普通高中家庭经济困难学生国家资助制度的意见》（财教〔2010〕356 号），从 2010 年秋季学期起，建立以政府为主导、国家助学金为主体、学校减免学费等为补充、社会力量积极参与的普通高中家庭经济困难学生资助政策体系。

9月27日，中国人民银行、财政部、教育部、人力资源社会保障部印发《关于全面推行中职学生资助卡加强中职国家助学金发放监管工作的通知》(银发〔2010〕273号)，决定从2010年秋季学期起，使用“中职学生资助卡”发放国家助学金，并探索国家助学金集中发放模式。

11月3日，财政部、教育部决定从2010年秋季学期起上调中西部地区农村义务教育阶段家庭经济困难寄宿生生活费基本补助标准，每人每天提高1元，即年生均补助标准达到小学750元，初中1 000元。

11月3日，财政部、教育部印发《普通高中国家助学金管理暂行办法》(财教〔2010〕461号)，对普通高中国家助学金资助对象、标准、评审程序以及资金发放与管理等作出明确规定。

11月21日，国务院印发《关于当前发展学前教育的若干意见》(国发〔2010〕41号)，提出“建立学前教育资助制度，资助家庭经济困难儿童、孤儿和残疾儿童接受普惠性学前教育”。

12月5日，教育部、财政部、人力资源社会保障部、国家审计署印发了《关于严禁虚报学生人数骗取中等职业学校国家助学金、免学费补助资金的通知》(教职成〔2010〕15号)，对中等职业学校管理、学籍管理、助学金发放模式、助学金和免学费补助资金评审机制、举报投诉受理工作机制、监督检查机制、违规查处措施等进一步作出了明确规定。

12月20日，教育部在北京召开2010年高校国家奖学金获奖学生暨全国学生资助工作先进单位表彰大会。会议向国家奖学金获奖学生代表颁发了证书，对学生资助工作先进单位代表进行了表彰。教育部部长袁贵仁出席会议并讲话。

12月21日，教育部、国家发改委、财政部、人力资源社会保障部印发《关于做好2009年秋季学期至2012年春季学期中等职业学校第三学年顶岗实习困难专业家庭经济困难学生免学费工作的通知》(教职成〔2010〕17号)，对中等职业学校第三学年顶岗实习困难的专业范围、免学费标准、免学费资金补助方式及资金分担比例等作出了具体规定。

十、2011年学生资助工作大事记

6月15日，财政部、教育部、国家发改委、人力资源社会保障部印发全新设计的44万份《国家中职学生资助政策助你翱翔、助你成才》宣传画，公布了全国学生资助管理中心和省级资助管理部门咨询投诉电话和电子信箱，广泛张贴到全国中职学校、初中学校及街道、乡镇。

8月25日，教育部办公厅印发《关于开展中等职业教育国家助学金和免学费政策落实情况检查工作的通知》(教监厅函〔2011〕12号)，决定2011年继续在全国开展中等职业教育国家助学金和免学费政策落实情况检查工作。

9月5日，财政部、教育部印发《关于建立学前教育资助制度的意见》(财教〔2011〕410号)，要求地方政府对县级以上教育行政部门审批设立的普惠性幼儿园在园家庭经济困难儿童、孤儿和残疾儿童给予资助。

10—11月，教育部组织开展全国中等职业教育国家助学金和免学费政策落实情况检查。在各地自查自纠基础上，教育部组织检查组赴8个省（区、市）重点检查，抽查了41所中等职业学校及其29个校外教学点。

10月19日，财政部、教育部、总参谋部印发《应征入伍服义务兵役高等学校在校生学费补偿国家助学贷款代偿及退役复学后学费资助暂行办法》(财教〔2011〕510号)，决定从2011年秋季学期起，对应征入伍服义务兵役的全日制普通高校在校学生，给予相应的学费补偿或国家助学贷款代偿，对退役后复学的原高校在校学生给予相应的学费资助。

10月25日，财政部、教育部、民政部、总参谋部、总政治部印发《关于实施退役士兵教育资助政策的意见》(财教〔2011〕538号)，决定从2011年秋季学期起，对退役一年以上、考入全日制普通高等学校的自主就业退役士兵给予学费资助。

11 月 8 日，全国高校学生资助育人工作实践与理论研讨会在湖南省衡阳市召开。会议对优秀论文作者予以表彰，并邀请部分代表在会上进行交流发言。

11 月 23 日，国务院办公厅印发《关于实施农村义务教育学生营养改善计划的意见》（国办发〔2011〕54 号），决定从 2011 年秋季学期起，在集中连片特殊困难地区启动农村义务教育学生营养改善计划试点工作。

11 月 24 日，国务院召开部署实施全国农村义务教育学生营养改善计划电视电话会议，贯彻国务院常务会议精神、交流地方工作经验、动员部署全国农村义务教育学生营养改善计划实施工作。中共中央政治局委员、国务委员刘延东出席会议并作重要讲话。国务院副秘书长江小娟、教育部部长袁贵仁、财政部副部长张少春、国务院食品安全委员会办公室主任张勇等有关部门负责人参加会议。

附录 2：国家学生资助政策文件目录

序号	类别	文件名	文号	发文单位	发文日期
1	综合	《国务院关于建立健全普通本科高校、高等职业学校和中等职业学校家庭经济困难学生资助政策体系的意见》	国发［2007］13 号	国务院	2007.5.13
2	综合	《国务院关于进一步加强农村教育工作的决定》	国发［2003］19 号	国务院	2003.9.17
3	高校	《财政部 教育部 民政部 总参谋部 总政治部关于实施退役士兵教育资助政策的意见》	财教［2011］538 号	财政部 教育部	2011.10.25
4	高校	《关于印发〈应征入伍服义务兵役高等学校在校生学费补偿国家助学贷款代偿及退役复学后学费资助暂行办法〉的通知》	财教［2011］510 号	财政部 教育部	2011.10.19
5	高校	《财政部 教育部 总参谋部关于印发〈应征入伍服义务兵役高等学校毕业生学费补偿国家助学贷款代偿暂行办法〉的通知》	财教［2009］35 号	财政部 教育部 总参谋部	2009.4.20

续表

序号	类别	文件名	文号	发文单位	发文日期
6	高校	《财政部 教育部关于印发〈高等学校毕业生学费和国家助学贷款代偿暂行办法〉的通知》	财教［2009］15号	财政部 教育部	2009.3.11
7	高校	《财政部 教育部 银监会关于大力开展生源地信用助学贷款的通知》	财教［2008］196号	财政部 教育部 银监会	2008.9.9
8	高校	《教育部 财政部关于认真做好高等学校家庭经济困难学生认定工作的指导意见》	教财［2007］8号	教育部 财政部	2007.6.26
9	高校	《教育部 财政部关于印发〈高等学校学生勤工助学管理办法〉的通知》	教财［2007］7号	教育部 财政部	2007.6.26
10	高校	《财政部 教育部关于印发〈普通本科高校、高等职业学校国家助学金管理暂行办法〉的通知》	财教［2007］92号	财政部 教育部	2007.6.27
11	高校	《财政部 教育部关于印发〈普通本科高校、高等职业学校国家励志奖学金管理暂行办法〉的通知》	财教［2007］91号	财政部 教育部	2007.6.27
12	高校	《财政部 教育部关于印发〈普通本科高校、高等职业学校国家奖学金管理暂行办法〉的通知》	财教［2007］90号	财政部 教育部	2007.6.26
13	高校	《国务院办公厅转发教育部等部门关于教育部直属师范大学师范生免费教育实施办法（试行）的通知》	国办发［2007］34号	国务院 办公厅	2007.5.9

续表

序号	类别	文件名	文号	发文单位	发文日期
14	高校	《教育部 财政部 人民银行 银监会关于印发〈国家助学贷款风险补偿专项资金管理办法〉等有关文件的通知》	教财［2004］15号	教育部 财政部 中国人民银行 中国银行业监督管理委员会	2004.6.8
15	高校	《国务院办公厅转发教育部 财政部 人民银行 银监会关于进一步完善国家助学贷款工作若干意见的通知》	国办发［2004］51号	国务院办公厅	2004.6.12
16	高校	《中国人民银行 财政部 教育部 国家税务总局关于进一步推进国家助学贷款业务发展的通知》	银发［2001］245号	中国人民银行 财政部 教育部 国家税务总局	2001.7.27
17	高校	《国务院办公厅转发中国人民银行等部门关于助学贷款管理补充意见的通知》	国办发明电［2000］27号	国务院办公厅	2000.8.26
18	高校	《国务院办公厅转发中国人民银行等部门关于助学贷款管理若干意见的通知》	国办发［2000］6号	国务院办公厅	2000.2.1
19	高校	《中华人民共和国财政部关于印发〈助学贷款呆坏账损失核销的规定〉的通知》	财金［2000］158号	财政部	2000.5.9

续表

序号	类别	文件名	文号	发文单位	发文日期
20	高校	《国务院办公厅转发中国人民银行等部门关于国家助学贷款管理规定（试行）的通知》	国办发［1999］58号	国务院办公厅	1999.6.17
21	中职	《财政部 国家发展改革委 教育部 人力资源社会保障部关于扩大中等职业学校免学费政策覆盖范围的通知》	财教［2010］345号	财政部 国家发展改革委 教育部 人力资源社会保障部	2010.9.14
22	中职	《财政部 教育部 人力资源社会保障部关于印发〈中等职业学校免学费补助资金管理暂行办法〉的通知》	财教［2010］3号	财政部 教育部 人力资源社会保障部	2010.1.28
23	中职	《教育部关于印发〈中等职业学校学生学籍管理办法〉的通知》	教职成［2010］7号	教育部	2010.5.13
24	中职	《财政部 国家发展改革委 教育部 人力资源社会保障部关于中等职业学校农村家庭经济困难学生和涉农专业学生免学费工作的意见》	财教［2009］442号	财政部 国家发展改革委 教育部 人力资源社会保障部	2009.12.14
25	中职	《教育部 财政部关于印发〈中等职业学校学生实习管理办法〉的通知》	教职成［2007］4号	教育部 财政部	2007.6.26

续表

序号	类别	文件名	文号	发文单位	发文日期
26	中职	《财政部 教育部关于印发〈中等职业学校国家助学金管理暂行办法〉的通知》	财教［2007］84号	财政部 教育部	2007.6.21
27	中职	《财政部 教育部关于完善中等职业教育贫困家庭学生资助体系的若干意见》	财教［2006］74号	财政部 教育部	2006.7.24
28	普通高中	《财政部 教育部关于印发普通高中国家助学金管理暂行办法的通知》	财教［2010］461号	财政部 教育部	2010.11.3
29	普通高中	《财政部 教育部关于建立普通高中家庭经济困难学生国家资助制度的意见》	财教［2010］356号	财政部 教育部	2010.9.19
30	义务教育	《国务院办公厅关于实施农村义务教育学生营养改善计划的意见》	国发办［2011］54号	国务院 办公厅	2011.11.23
31	义务教育	《财政部 教育部关于进一步加强农村义务教育经费保障机制改革资金管理的若干意见》	财教［2009］2号	财政部 教育部	2009.2.3
32	义务教育	《国务院关于做好免除城市义务教育阶段学生学杂费工作的通知》	国发［2008］25号	国务院	2008.8.12

续表

序号	类别	文件名	文号	发文单位	发文日期
33	义务教育	《教育部关于进一步做好城市义务教育免除学杂费试点工作的通知》	教财函［2008］19号	教育部	2008.4.24
34	义务教育	《财政部 教育部关于调整完善农村义务教育经费保障机制改革有关政策的通知》	财教［2007］337号	财政部 教育部	2007.11.26
35	义务教育	《教育部关于进一步做好农村义务教育经费保障机制改革有关工作的通知》	教财［2007］10号	教育部	2007.7.12
36	义务教育	《财政部 教育部关于在中部地区开展农村义务教育经费保障机制改革试点工作的通知》	财教［2006］88号	财政部 教育部	2006.8.4
37	义务教育	《财政部 教育部关于印发〈农村义务教育经费保障机制改革中央专项资金支付管理暂行办法〉的通知》	财库［2006］23号	财政部 教育部	2006.4.6
38	义务教育	《财政部 教育部关于确保农村义务教育经费投入加强财政预算管理的通知》	财教［2006］3号	财政部 教育部	2006.1.19
39	义务教育	《财政部 教育部关于印发〈全国农村义务教育阶段学生免收学杂费的实施管理办法〉的通知》	财教［2006］4号	财政部 教育部	2006.1.19

续表

序号	类别	文件名	文号	发文单位	发文日期
40	义务教育	《教育部 财政部关于印发〈免费教科书政府采购工作暂行办法〉的通知》	教财［2005］6号	教育部 财政部	2005.1.28
41	义务教育	《财政部 教育部关于印发〈对农村义务教育阶段家庭经济困难学生免费提供教科书工作暂行管理办法〉的通知》	财教［2004］5号	财政部 教育部	2004.2.16
42	学前教育	《财政部 教育部关于建立学前教育资助制度的意见》	财教［2011］410号	财政部 教育部	2011.9.5

后　　记

《完善家庭经济困难学生资助体系》一书，是教育部组织编写的“中国教育改革发展丛书·典型经验系列”之一。全国学生资助管理中心按照教育部的统一部署和工作要求，经过策划论证、材料收集、数据统计分析、撰写初稿、集中审稿、征求修改意见，终成定稿。

全国学生资助管理中心前身为全国学生贷款管理中心，历经十余年的建设与发展，其主要职能是负责统筹管理我国学前教育、义务教育、普通高中教育、中等职业教育和高等教育的学生资助工作。十多年来，在党中央、国务院的亲切关怀下，在教育部的直接领导和财政部等有关部门的大力支持下，全国学生资助管理中心大力推动落实国家资助政策，全面监管各级各类学生资助工作，及时总结推广高校和地方学生资助工作经验，不断探索符合中国国情的学生资助管理模式，掌握了大量详实的第一手材料和数据，为本书的编写奠定了良好基础。

本书由全国学生资助管理中心负责组织编写，中心主任张光明同志担任主编，中心参加编写的人员有：马建斌、涂义才、周春树、喻小明、李红翔、左涛、李兰香、丁华、王澜、张萌思、皇甫磊、尹华扬、盛莉、山兰蝶、吕杰、于立影、丁文正、张瀚文、刘婕、焦旭、张兼贝、李华东等。参与本书编写的省教育厅和高校主要人员有：陈龙春、杨昌江、陈忠斌、马彦周、钟一彪、田润等。高校和地方典型经验材料由相关高校和省、市、县教育部门提供。

由于本书的撰写时间较紧，加之编者水平有限，书中难免有疏漏和不足之处，敬请读者批评指正。

编写组

2012年8月

图书在版编目（CIP）数据

完善家庭经济困难学生资助体系 / 张光明主编. —北京：人民教育出版社，2012.9

（中国教育改革发展丛书 / 袁贵仁总主编）

ISBN 978-7-107-25279-2

Ⅰ. ①完… Ⅱ. ①张… Ⅲ. ①特困生-教育捐款-研究-中国 Ⅳ. ①G526.726

中国版本图书馆CIP数据核字（2012）第219441号

责任编辑 王迎兰
装帧设计 吴丽丹
责任校对 王 屹
责任印制 孙云鹏
出版发行 人民教育出版社
联系地址 北京市海淀区中关村南大街17号院1号楼
邮　　编 100081
网　　址 http://www.pep.com.cn
联系电话 010-58759829
印　　刷 人民教育出版社 印刷厂印装
开　　本 787毫米×1092毫米 16开
印　　张 23.25
字　　数 305千字
版　　次 2012年9月第1版
印　　次 2012年9月第1次印刷
定　　价 46.50元